中国百村调查丛书
『九五』国家社会科学基金重点项目
『十一五』国家社会科学基金重点项目
『十五』国家重点图书出版规划项目

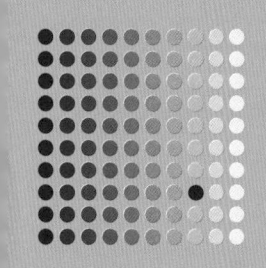

中国百村调查

中国百村调查

中国百村调查丛书·拉塔湖村

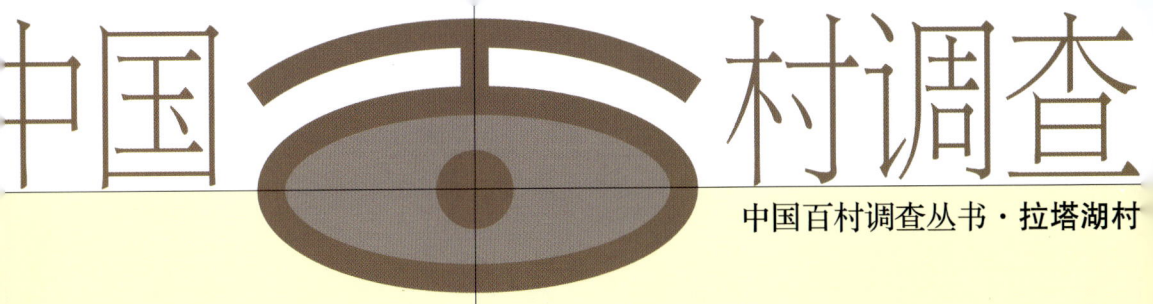

辽河岸畔锡伯村

THE XIBO VILLAGE AT THE BANK OF LIAO RIVER

曹晓峰 等/著

社会科学文献出版社
SOCIAL SCIENCES ACADEMIC PRESS (CHINA)

撰写者 / 前言　　曹晓峰

  第一章　村落概况和背景
    第一节　拉塔湖村概况　　王磊
    第二节　锡伯族的历史与现状　　李阳
    第三节　拉塔湖的传说　　李阳

  第二章　经济发展　　王磊
    第一节　村域经济
    第二节　水稻种植业的发展
    第三节　渔业的发展
    第四节　农业机械化的发展
    第五节　对拉塔湖村经济发展的思考

  第三章　村民生活与观念变迁　　王磊
    第一节　生活水平的变化
    第二节　生活方式的变迁
    第三节　价值观念的演变

  第四章　婚姻、家庭和生育
    第一节　婚姻状况　　王伟
    第二节　家庭状况　　王伟
    第三节　生育状况　　王伟
    第四节　村民关系网络和交往　　王伟
    第五节　婚丧习俗　　李阳

  第五章　社会分层与社会流动　　李晓南
    第一节　社会分层状况
    第二节　社会流动状况

  第六章　文化建设
    第一节　文化事业发展　　王磊
    第二节　民族文化保护　　李阳
    第三节　道德风尚培养　　王磊

  第七章　社会事业　　王磊
    第一节　社会保障
    第二节　医疗卫生
    第三节　社会治安

  第八章　村落组织结构与治理模式　　魏素蕊
    第一节　村党组织
    第二节　村民自治组织
    第三节　村务管理与村务公开

附　录 / 1　拉塔湖村问卷调查报告　　王磊
   2　拉塔湖村村庄整治规划与行动计划　　王磊整理
   3　拉塔湖村获得的荣誉　　王磊整理
   4　村党支部书记马喜军获得的荣誉　　王磊整理

中国古村调查

拉塔湖村村委会

农家书屋赠书仪式

村一角

现代化远程教育示范点

马喜军书记为参观团讲解锡伯族历史文化

锡伯族舞蹈

绿树成荫的村路

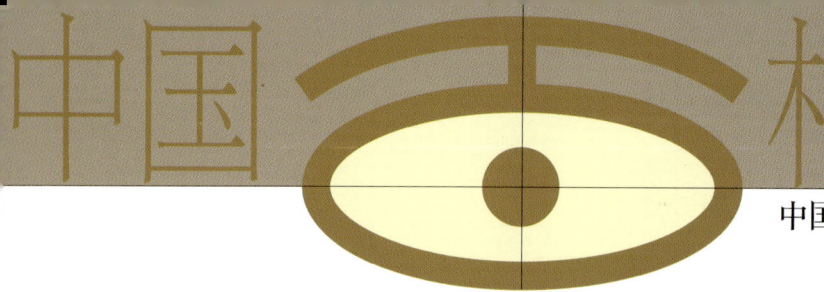

中国百村调查

中国百村调查丛书·拉塔湖

农机致富

鱼塘

机械化收割

锡伯族村民在拉网捕鱼

放牧　养鹅

中国百村调查丛书总编辑委员会

主　　编　陆学艺　何秉孟

副 主 编　张晓山　水延凯　谢曙光　谢煜桐

常务编委　（以姓氏笔画为序）
　　　　　　王开玉　王春光　王思斌　王雅林　牛凤瑞
　　　　　　邓壬富　叶南客　乐宜仁　刘　敏　刘豪兴
　　　　　　折晓叶　杜受祜　李友清　何耀华　汪开国
　　　　　　宋宝安　张卓民　张厚义　陈光金　邵　峰
　　　　　　金嘉祥　赵树凯　俞　萍　顾益康　郭书田
　　　　　　黄　健　曹晓峰　曹锦清　詹天庠　廖　逊
　　　　　　戴建中　魏子熹　樊　平

编　　委　（以姓氏笔画为序）
　　　　　　马福伦　王　颉　王晓毅　史昭乐　朱玉坤
　　　　　　朱启臻　乔亨瑞　刘　倩　刘少杰　孙兆霞
　　　　　　杨宜音　杨海波　邹农俭　邹德秀　宋国恺
　　　　　　张大伟　张友琴　张书琛　张永春　陈　昕
　　　　　　陈婴婴　范广伟　周伟文　胡　荣　胡必亮
　　　　　　胡建国　钟涨宝　秦均平　秦谱德　徐建国
　　　　　　郭泰山　唐忠新　曹贵根　龚维斌　彭立荣
　　　　　　程贵铭

秘 书 长　谢曙光（兼）　张厚义

副秘书长　王　颉　范广伟　陈光金　樊　平　马福伦

总　　序

中国百村经济社会调查，是继全国百县市经济社会调查之后，又一项由中国社会科学院组织协调的大型社会调查研究项目。进行这项大规模调查研究的目的，是为了加深对我国国情的认识，特别是为了加深对我国现阶段农民仍占总人口70%的农村社会的认识。

1988年初，中共中央宣传领导小组提出，为了拓宽拓深对社会主义初级阶段理论的认识，要进行国情调查。中国社会科学院承担了这项工作，指派专业人员进行策划、拟定开展国情调查的方案，并于1988年4月在全国社科院院长联席会议上，向全国社会科学界发出了"开展县情市情调查"的倡议，得到了各省、市、自治区社会科学院、党校、高校和政策研究机构的响应和支持，并得到国家社会科学基金会的资助，被列为"七五"国家哲学社会科学重点课题（以后又列为"八五"国家哲学社会科学重点课题），从此，此项大规模的国情调查就在全国31个省、市、自治区开展起来。

1988年8月，在全国范围内选定了41个县市作为国情调查的第一批调查点。8月在郑州召开了首次国情调查协调会议，会议主题是讨论如何开展此项调查，怎样选点、怎样调查、调查内容和调查方法，与会代表对此项国情调查的重要意义和目标作了进一步的讨论，还就如何组建调查专业队伍等问题交流经验；会议还讨论修订了统一的县、市情调查提纲和调查问卷。

1989年5月24～25日在南京召开了第二次国情调查协调会议。会议是在南京师范大学召开的，由当时中国社科院分管政法社会学片的副院长郑必坚同志主持，会议集中讨论了本次国情调查成果的编写方针问题，与会者结合已写成的《定州卷》等初稿，进行了热烈讨论。最后确定，国情丛书的编写方针是，以描述一个县（市）1949年以来，特别是改革开放以来的政治、经济、社会、文化的发展状况为主的学术资料性专著。实事求是，以描述为主，要具有科学研究价值、实用价值。会议还决定，本丛书正式定名为《中国国情丛书——百县市经济社会调查》。

1990年8月在北京西郊青龙桥军事科学院招待所召开了第三次国情调查协调会议。出席这次会议的有总编委会的主要成员和各地分课题组的负责人共80余人。会前中国社科院党组决定了总编委会的组成人员，主编丁伟志，副主编陆学艺、石磊、何秉孟、李兰亭，何秉孟和谢曙光分别为正副秘书长。经过多方协商，丛书由中国大百科全书出版社出版，出版社总编辑梅益等领导同志给予了极大的支持，并于1991年成立以谢曙光同志为主任的中国国情丛书编辑部，专事这套丛书的编辑出版工作。该编辑部后来成为总编委会事实上的日常办事机构。

本次会议的主题是研讨如何定稿。丁伟志同志在会上提出了这套丛书要在坚持正确的政治方向的同时，坚持严肃认真的科学态度，从实地调查到写作、定稿都要贯彻真实、准确、全面、深刻的方针，并为此作了详细的阐述。经过讨论，大家一致通过这个方针，认为这是实现这项大型经济社会调查既定目标的保证，也是检验每项调查、每本书稿的标准。为了保证丛书的质量，会议还确定，各地的书稿定稿后，先送总编委会，由总编委会指定专家进行审阅，通过后再交出版社编辑出版。本次会议还就第二批调查点的布点问题作了认真部署。

青龙桥会议以后，各课题组对初稿按总编委会的要求进行了认真修改，第一批书稿陆续送到北京。经何秉孟同志为首的专家审稿组的认真审阅，丛书编辑部编辑加工，第一本《中国国情丛书——百县市经济社会调查·定州卷》于1991年4月正式出版。20世纪30年代，社会学家李景汉教授曾写过《定县社会概况调查》，定州卷则是描述了30年代以来，特别是1949年以后40多年的经济社会的变迁状况。

1991年4月，总编委会在河北省香河县中国科学院大气物理所的工作站召开了第四次国情调查协调会议。其间，国情调查的第二批点21个县市的调查已在各地展开，会上总结了国情调查3年来的经验和教训，对第一批点还未定稿的几个县市作了如何扫尾的安排，对第二批点的调查和写作提出了规范化的要求，特别强调从第二批点开始，都要求对城乡居民进行500~700户的问卷调查，此后问卷由总编委会统一印制，抽样、调查方法由总编委会数据组统一规定。经过大家讨论，认为强调县市调查要有居民家庭问卷调查，这是使本项调查更加科学规范，并能获得更深层第一手资料的保证。大家一致同意，从第二批调查点起，没有城乡居民家庭问卷调查及其数据分析的，不能通过评审和出版。会议上总编委会对第三批调查作了部署。

1991年9月总编委会在中国社科院报告厅举行了《中国国情丛书——百县市经济社会调查》定州卷、兴山卷、诸城卷、海林卷、常熟卷首批5卷成果发布会。丛书总编委会顾问邓力群、中国社科院副院长刘国光、著名学者陈翰笙等专家学者与上述5卷的主编和调查点的党政负责同志共百余人出席了会议。著名经济学家董辅礽、文献专家孙越生等学者对丛书首批成果作了评述。专家们对这项大型国情调查首批出版的成果都表示了充分的肯定和赞赏。从此，这套丛书就在国内外公开发行。

1993年7月，总编委会在中央党校召开了第六次国情调查协调会议。在会前，考虑到此项国情调查已经进行了6年，各地涌现了一批从事此项调查的专业骨干，他们都有继续长期进行国情调查，并作进一步研究的希望和要求，为了便于交流和研讨问题，经过酝酿并得到中国社会科学院的批准，决定成立中国社会科学院国情调查研究中心，由陆学艺任主任，何秉孟、谢曙光为副主任，北京和各地的一部分专家（多数是从事此项调查的）为研究员，聘请丁伟志、邢贲思为顾问。在协调会议期间国情调研中心举行了成立大会。此次协调会主要是研究讨论并解决调查点的调研、写作中的问题。考虑到前两批点，调查已经完成，但由于研究分析和写作、统稿等方面的原因，有些卷的质量达不到要求（有连续三次退回修改的），而调查的材料已有3~4年了，所以会议要求，第

一、第二批点未完成写作任务的，都要求再做新的调查，要把近几年的变化写进去。会议还布置了第四批点的调查。

到1994年底，有约50个县市完成了调研和写作，出版了30余卷。就全国范围说，100个县市调查的布点工作已经结束，但各地的课题组仍在继续进行调研和审稿工作。开始时总编委会商定，每个省市自治区根据人口区划的不同，部署2~5个调查点，要求选取不同经济发展程度、不同类型（山区、丘陵、平原等）和有各种代表性的县市，以求全面、准确地反映整体国情。1995年以后，总编委会根据各地调研的实际情况，又陆续批准了一些新调查点，以求填平补齐，使布点尽可能达到合理。另外还有一些是由于丛书出版以后，社会反响很好，有些市、县的领导主动要求列为调查点，如新疆的吐鲁番市、广东的珠海市等，总编委会根据总的布局平衡，也批准了一些新点，所以到最后全国一共布点108个。

1994年以后，总编委会的几位同志曾先后到湖北、新疆、广西、辽宁、山东、广东、江苏、云南、江西、海南、黑龙江等省区，同当地的社会科学院、党校的同志一起走访了这些省区被调查点县市的领导和群众，听取他们对丛书的意见，也参加一部分书稿的评审会或出版后的发布会。各地对本丛书调研、写作和出版都很重视，给予了很高的评价，有不少卷被当地评为社会科学优秀著作并获奖。

从1988年2月，中国社会科学院开始酝酿组织这项大型国情调查时起，直到1998年10月最后一卷出版，历时10年零8个月，终于完成了这项国情调查任务，这是中国自1949年以来进行的少数几次大规模经济社会调查之一。先后共出版了105卷，总数4000多万字。后来，经过总编委会和国情丛书编辑部的同志开会评议、协商，从中减去了5卷。所以，最后送交中国社会科学基金会作为最终成果的是100本。当时预定的目标，是希望通过对100个县市经济社会政治文化等方面的调查，对1949年以后特别是改革开放以来所取得的成就以及现代化建设中面临的各种矛盾、问题进行全面系统的调查研究，从多种角度、各个层面来提供第一手的真实准确的资料和数据，以便进一步摸准摸清我国的基本国情，拓宽加深对于社会主义初级阶段理论的认识。可以说，这个目标是基本实现了。这100本国情丛书，每一本都是以描述一个县（或市）的历史和现实发展状况为主的学术资料性专著，它既可以作为制定政策和发展战略的依据，也可以作为全面研究基本国情或研究社会科学某一方面专题的资料，亦可作为进行国情教育的基础参考书，所以这套丛书既具有实用价值，又有科学研究价值。因为它是在20世纪80~90年代真实记录分布在全国31个省市自治区的各种类型、各种发展水平的100个县（市）的实际状况和发展轨迹，这些资料来之不易，十分珍贵，所以这套丛书又具有保存价值，历史愈悠久，其价值愈可贵。

国情丛书出版以后，受到国内外学术界的欢迎，被认为是社会科学界的一项很重要的学术资料基本建设，具有十分重要的学术价值。广东省社会科学院的一位领导说，将来这套丛书的资料和数据能培训一大批博士、硕士出来。实际工作部门的同志也很欣赏，诸城市委的领导在读了《诸城卷》之后，认为这部书是诸城的百科全书，应该是诸城干部特别是市委、市政府的领导干部必读的书，对熟悉市情，对做好工作，以及对外交流都很有意义。中国社会科学院在建院20周年，评选建院以来优秀成果时，给"中国国情丛书——百县市经济社会调查"颁发了特别荣誉奖。

国情丛书总编委会原来有个设想，在100个县市情调查告一段落以后，要组织相应的课题组，对这100个县市调查提供的资料和数据，分门别类，进行纵向的专题研究，写出如农业、工业、社会、文化、教育、科技等专题研究专著，最后进行综合研究，写出集大成的国情分析报告。20世纪90年代中期曾经启动过几项专题研究，但因人力、财力等各方面的原因，此项研究计划并没有付诸实施，这是美中不足的一个方面，有待以后弥补。

1996年，当百县市调查基本告一段落的时候，课题组内外的一部分专家提出，百县市经济社会调查是一项重大的学术成果，对认识国情有很重要的价值。但一个县市，面积上千、几千平方公里，几十万、上百万人口，所以，对县市经济社会的调查，总体上属于中观层次的调查。

对农村基层情况的调查还是比较少。而中国是一个农民占绝大多数的大国,改革开放以后,农村率先改革,这20年,农民变化最大,农村基层社会变化最深刻,这是决定中国社会主义现代化命运的基础,是弄清国情必不可少的。如能在百县市情调查的基础上,再做100个村的调查,从微观层面上对这些村乃至村里的每个农户在改革开放以来的变化状况加以调查,经过分析,全面系统地加以描述,形成村户调查的著作,这就更有意义了。百村调查是百县市经济社会调查的姊妹篇,两者结合起来研究,将相得益彰,对加深认识中国的基本国情,就更加完整了。对此建议,总编委会的几位同志经过反复研究,认为这个意见很好,而且很及时。于是做了两件工作:一是组织一个课题组,到河北省三河市行仁庄进行试点调查,形成村的调查提纲、调查问卷和写作方案,以便为将来开展此项调查作准备;二是在1997年7月写出了"中国国情丛书——百村经济社会调查"的课题报告,向国家社科基金会申请立项,基金会的领导同志认为这个创意很好,很有价值。但因为此时国家社科基金"九五"重点课题都已在1996年评审结束,立项时间已过,不好再单独立项。后来经过总编委会同国家社科基金会反复协商,基金会考虑到百县市经济社会调查课题组很好地完成了任务,考虑到再作一次百村调查是百县市国情调查的继续,很有必要。所以,于1998年10月特别批准了"百村经济社会调查"这个课题,将其补列为国家社科基金"九五"重点项目,并专门下批文确认,批文为98ASH001号。

"百村经济社会调查"立项后,受到各地社会科学界,特别是原来进行百县市经济社会调查的单位和专业工作者们的欢迎,至今已经有30多个单位组织了课题组,并已陆续选点、进点,开展了村情的调查。

"百村经济社会调查"的目的,同样还是为了加深对全国基本国情的认识,特别是要对全国农村、农民、农业的现状和发展有一个科学的认识。"不了解中国农民,就不了解中国社会"至今仍不失为至理名言。现阶段的农民境况到底怎样?他们在做什么?想什么?特别是他们将来会怎样变化?中国的农村将怎样实现社会主义现代化?不同地区的状况是不同的。我们要通过对不同地区、不同类型、不同发展程度的农村进行调查研究,来描述、反映中国50年来农村、农业、农民变化的状况。

行政村是中国农民世代代繁衍生息的最基本的地域单元,也是构成中国农村社会最基础层次的政治单元。20世纪80年代中期以后,农村实行了村民自治,由全体村民直接选举村委会主任和委员,组成村民自治委员会,实行民主选举,民主决策,民主管理,民主监督。十多年来,中国的村民自治已经取得了很大的成绩,积累了很多经验,造就了农村社会安定有序的政治局面。所以,党的十五届三中全会称赞村民自治是中国农民的又一个伟大创造。

行政村还是一个事实上的经济实体。它的前身是人民公社下属的生产大队。原来在政社合一体制下,既有组织生产经营的经济功能,又有行政功能。改革以后,农村实行家庭联产承包责任制,在生产大队一级组织村民自治委员会。法律规定,村委会是土地集体所有的承担者,是土地的发包单位。这些年实践的结果有多种情况,有些集体经济比较雄厚的村,在村民自治委员会以外,还组建有农工商公司或(合作)经济委员会,同受村党支部(或党委)领导,村是一个比较完整的经济实体,但这类村是少数。现在全国绝大多数村的状况是,村已不是完整的集体经济、生产经营单位,村作为集体所有土地的发包单位,把土地(包括山林等)分包给农户,农民家庭成为自主生产经营的实体。其中的一些行政村,还有一部分经济职能,对农业生产实行统一灌水排水、统一机耕、统一供种、统一植保等社会服务。而在经济不发达和偏远山区,行政村连这类社会化服务也办不到,只是一个基层的行政单位和土地发包单位。

从农村实行家庭承包责任制至今,已经二十多年了,总的发展是好的,农村有了很大的变化,但各地区村庄的发展过程和发展状况千差万别,农户分化的状况也是千差万别。我们这项百村经济社会调查,就是要通过对这100个村及其农户的调查,对这些村自1949年以来,特别是改革开放以来的政治、经济、社会、文化的变化过程、变化状况"摸准、摸清",经过综合分析,通过文字、数据、图表把这个村过去和现在的状况如实地加以描述,既能通过这个村的发展展示农村50年、20年来发展的一般规律,也能展示这个村特有的发展轨迹。

现在展示在大家面前的是一套与"中国国情丛书——百县市经济社会调查"有着天然联系的关于现实中国农村的调查研究成果,经与出版单位反复酝酿,最后定名为《中国百村调查丛书》,后缀所调查的村名。每本书有一个能概括该村庄内在特质的书名,如行仁庄是一个内发型村庄为基本特质的村落类型,我们就把这一卷定名为《内发的村庄》。

"中国百村调查丛书"同样是一项集体创作、集体成果。参加这项大型国情社会调查的,有国家和各省、市、自治区的社会科学院、大学、党校以及党政研究机构的社会科学工作者,同被调查地区的党政领导干部相结合,并得到他们的支持和帮助,并且只有被调查行政村的干部和群众积极配合,实行专业工作者、党政部门的实际工作者和农民群众三结合,才能共同完成这项科学系统的调查任务。

中国百村调查丛书
总编辑委员会
2000年12月

前　言

从 1988 年起，我就参加了国家哲学社会科学"七五"、"八五"重点课题——百县市经济社会调查，并先后参与和主持了辽宁省的营口市、抚顺市、海城市（县级）、彰武县和丹东市的调查工作，直到 1997 年《中国国情丛书——百县市经济社会调查·丹东卷》出版，一晃就是 10 年。2005 年，我又与张卓民先生主持完成了《中国国情丛书——百县市经济社会追踪调查·营口卷》，即《解读营口模式》。在这 10 多年中，通过深入调查，我加深了对市、县经济、政治、社会、文化基本情况的了解，也加深了对中国特色社会主义理论（当初的提法是"社会主义初级阶段理论"）的认识。

2009 年初，在北京又遇到了陆学艺先生。陆学艺先生在主持百县市经济社会调查和百县市经济社会追踪调查课题的过程中，言传身教，使我受益匪浅。陆先生提出，过去我们进行的社会调查是在市、县的层面上，属于中观层面的调查。但是要真正了解中国社会尤其是农村社会就应该了解到村，因为村才是中国农村的最基层单位，对村的调查当属于微观层面的调查。陆先生建议我能够组织对一个村的调查，作为中国百村调查的组成部分，我欣然承诺。

选择一个什么样的调查点是首先要考虑的问题。百村调查已经出了许多成果，其中有很多具有典型意义。2008 年辽宁社会科学院的曲彦斌和大连大学的同春芬等就出版了对辽宁省大连市后石村的调研成果《和谐渔村》。后石村是一个具有现代化雏形的新渔村，它的典型意义在于"坚持巩固发展集体经济，鼓励支持非集体经济发展，以当地基础条件为出发点，以发展工业企业为契机"，探索出了一套工业企业与渔村融为一体、经济社会和谐发展的新渔村建设模式，被广泛誉为"后石模式"。类似的典型村还有许多。那么还有什么村能反映辽宁的特色呢？最后我们想到了选一个锡伯族村。

了解锡伯族的人可能不多。锡伯族是鲜卑的后裔，自隋唐至元朝，又以室韦、失韦等同音异写的族称活动在嫩江西岸。明朝时和汉族、蒙古族、女真族等民族杂处。17世纪中叶以后，锡伯族生活在我国的东北部，后来由于自然迁徙以及统治民族的频繁调遣分散到辽宁、北京、山东等地。清乾隆二十九年（1764年），清政府又抽调东北的锡伯族八旗官兵1020人连同眷属共计3275人移驻新疆伊犁地区，从而形成了锡伯族的聚居地东西分居的局面。目前，我国国内的锡伯族人口近19万，主要分布在新疆伊犁地区的察布查尔锡伯族自治县（有4万余人）、辽宁（有5万余人）和吉林（有3000多人）等省份，辽宁是锡伯族聚集人口最多的地区之一。

辽宁省沈阳市沈北新区是除新疆察布查尔锡伯族自治县以外的全国第二大锡伯族聚居区，现有锡伯族人口22386人（据第五次人口普查数据），分别占全国的13%、全省的18.6%、全市的41.8%。全区共有3个少数民族乡镇，即兴隆台锡伯族镇（1983年成立乡，后改为镇）、黄家锡伯族乡（1984年成立）、石佛寺朝鲜族锡伯族乡（1990年成立），占全区少数民族乡镇的3/8，多以优质水稻种植为主要产业。全区锡伯族人口占20%以上的锡伯族村（社区）有27个、10%以上的村有5个。

沈北新区的黄家锡伯族乡是全国最大的锡伯族聚居乡之一，全乡所辖的15个行政村中有7个是锡伯族村，锡伯族人口占全乡人口的45%。拉塔湖村是黄家乡7个锡伯族村之一，其中锡伯族人口占62%。该村的锡伯族人口所占比例在全乡不是最大的，其经济社会文化发展在整个黄家乡也不是最好的。所以选择该村作为调查对象比较理想。

虽然我们选择的是锡伯族村落，但是在调查中我们发现，该村的锡伯族已经失去了自己的民族语言和文字，淡化了自己的风俗习惯，其文化更多地与汉民族相融合，自己民族保留下来的特色东西并不是很多。经过深入的了解得知，除新疆察布察尔地区外，这种现象在东北地区特别是辽宁地区比较普遍。但这也恰恰反映了辽宁地区锡伯族发展的状况，是该村的特色所在，所以我们最后确定本书的名字为"辽河岸畔锡伯村"。

拉塔湖村的集体经济并不发达，第二产业和第三产业规模很小。作为一个以第一产业尤其是水稻种植和淡水养殖为主的村落，之所以做到了经济发展、村民富裕，除其区位优势（位处沈阳市郊区、辽河岸畔）、资源优势（土地面积多、水资源丰富）之外，与以马喜军为党支部书记的领导班子不无关系。拉塔湖村的快速发展是在马喜军放弃城里的工作回到村里担任党支部书记以后。在他的带领下，村领导班子以发展经济、富庶村民为己任，革故鼎新、开拓进取，使村经济发展到一个新阶段，使村民收入跃上一个新台阶。不仅如此，村领导班子还注意协调发展、全面发展。拉塔湖村做到了村容整洁、文化丰富、社会和谐、民主管理。这也是通过对拉塔湖村的调查得到的启示之一。

由于对一个村的调查是综合性的全方位的，所以在调查中我们的课题组由社会学、经济学、管理学、民俗学的调查人员组成。运用了多种研究方法，包括：文献法，收集该村的经济、社会、政治、历史、民俗等背景材料；访谈法，与村干部座谈、个体访谈、小组访谈；问卷法；观察法，课题组成员吃住在村民家，亲身体会村民的日常生活。

整个工作历时一年半的时间。第一阶段从2010年5月中旬开始至11月中旬结束，进行实地调查。第二阶段从2010年11月开始至2011年4月，进入写作阶段，形成初稿。第三阶段从2011年4月开始至2011年8月，进行补充调查，修改初稿。第四阶段从2011年8月开始至2011年

11月，修订稿件。

调查和撰写的分工是：

第一章第一节王磊，第二节、第三节李阳；第二章王磊；第三章王磊；第四章第一节、第二节、第三节、第四节王伟，第五节李阳；第五章李晓南；第六章第一节王磊，第二节李阳，第三节王磊；第七章王磊；第八章魏素蕊；附录1问卷调查报告王磊；附录2、3、4均由王磊整理。

我负责课题的组织协调、整体设计、调查点的确定和联系、文章的修改和书稿的定稿工作。王磊除了调查和撰写了大部分内容以外，还协助我进行了大量的日常组织和联络工作。

该项调查工作的完成和本书可以出版，得到了各方面的大力支持。辽宁社会科学院高度重视，为我们提供了人力、物力和经费的支持；辽宁社会科学院的曲彦斌研究员和沈阳市沈北新区文化局的仇兴辉副局长帮助我们选点并提供了相关信息；拉塔湖村党支部和村委会以及乡亲们给予了积极配合，在此一并表示感谢。还要感谢陆学艺老师的指点、中国社会科学院社会学所马福伦老师的协调以及社会科学文献出版社丁凡同志的精心编辑。

在本书即将付梓之际，我的心情是矛盾的。一方面，感到轻松。在调查和写作中克服了许多困难，现在终于完成了。另一方面，感到不安。一是前期理论准备不足，对一些现象和问题分析得不够透彻。二是实际调查不够深入，难免有疏漏和不准确之处。再加上拉塔湖村受自然灾害的影响几度变迁，历史资料留存得不多。这些都会影响本书的质量。我们衷心地希望专家学者和各界人士给予批评指正。

曹晓峰

2011年11月21日

目 录

第一章 村落概况与背景 …… 1
  第一节 拉塔湖村概况 …… 1
  第二节 锡伯族的历史与现状 …… 12
  第三节 拉塔湖的传说 …… 23

第二章 经济发展 …… 27
  第一节 村域经济 …… 27
  第二节 水稻种植业的发展 …… 31
  第三节 渔业的发展 …… 38
  第四节 农业机械化的发展 …… 46
  第五节 对拉塔湖村经济发展的几点思考 …… 53

第三章 村民生活与观念变迁 …… 60
  第一节 生活水平的变化 …… 60
  第二节 生活方式的变迁 …… 72
  第三节 价值观念的演变 …… 81

第四章 婚姻、家庭和生育 …… 89
  第一节 婚姻状况 …… 90

目　录

第二节　家庭状况 …………………………………… 93
第三节　生育状况 …………………………………… 101
第四节　村民关系网络和交往 ……………………… 104
第五节　婚丧习俗 …………………………………… 108

第五章　社会分层与社会流动 …………………………… 124
第一节　社会分层状况 ……………………………… 124
第二节　社会流动状况 ……………………………… 133

第六章　文化建设 ………………………………………… 152
第一节　文化事业发展 ……………………………… 152
第二节　民族文化保护 ……………………………… 159
第三节　道德风尚培养 ……………………………… 167

第七章　社会事业 ………………………………………… 176
第一节　社会保障 …………………………………… 176
第二节　医疗卫生 …………………………………… 186
第三节　社会治安 …………………………………… 195

目 录

第八章　村落组织结构与治理模式	203
第一节　村党组织	203
第二节　村民自治组织	216
第三节　村务管理与村务公开	234
附录 1　拉塔湖村问卷调查报告	250
附录 2　拉塔湖村村庄整治规划与行动计划	266
附录 3　拉塔湖村获得的荣誉	273
附录 4　村党支部书记马喜军获得的荣誉	275
参考文献	277

第一章 村落概况与背景

第一节 拉塔湖村概况

辽宁省沈阳市沈北新区黄家锡伯族乡拉塔湖村坐落在辽河岸畔，位于全国锡伯族第二大聚居地沈北新区北部。拉塔湖村地势平坦、土地肥沃、资源丰富，是远近闻名的鱼米之村。近年来，拉塔湖村以科学发展观为统领，以建设社会主义新农村为目标，以举办民族团结进步活动为载体，加快了生态之村、魅力之村、和谐之村的建设步伐。

一 拉塔湖村名称的由来

拉塔湖村所属的七星山地区形成于公元前4000年左右的新石器中晚期，延续至今。拉塔湖地区在远古时期曾是辽河的河道，后来因为河水改道，该地区露出水面，成为滩地。由于其曾经是古河道，地势低洼，大小湖泊繁多，沟沟岔岔，纵横交错，当地一直被称为"邋遢湖"。后来，由于这一地区最大的湖——后湖生长出莲花，该地区又被称为"莲花湖"。到了辽金时代，在七星山上建有一座砖塔，每当夕阳西下，辽代古塔倒影正好映在后湖的水面上，景色绝美，因此该地区又改回原来的名称。但这时"邋遢"改成了"拉塔"，"拉塔湖"村名由此产生。拉塔夕照曾经是著名的"盛京八景"之一。

二 发展历史

拉塔湖村于1948年11月解放后像全国的许多村庄一样，经历了一系列巨大的发展变革。1950年秋，拉塔湖村进行土地改革。当时全村共有地主18家，牲畜170多口，耕地5000余亩。土地改革将地主的土地和财产按照人口均分的方法分给全村170多户贫雇农，村人均分地7~8亩，世代的贫雇农终于有了属于自己的土地和牲畜。

但是，分得土地的农民并没有因此而过上富足的生活。1951年和1953年辽河洪水泛滥，大部分村民不得不迁徙到附近的新城子和沈阳市内等地谋生。拉塔湖村的村民由原来的170多户骤减到10多户，大部分耕地都荒芜了。1954年，沈阳市北部防洪大堤建成，拉塔湖村的水患被制服了，村里的人口开始逐渐增加，出现了欣欣向荣的景象。1955年"农村合作化运动"开始，由于本村人口较少，拉塔湖村与大黑台子村合并成立了胜洪高级合作社。村里的土地全部交给农业合作社，村民进入了集体劳动、挣工分的农业合作化时代。1958年"大跃进"开始后，全国各地普遍成立人民公社，拉塔湖村改称为拉塔湖大队，隶属于新城子人民公社。

"文化大革命"结束后，拉塔湖村进入了新的历史发展时期。20世纪80年代初，拉塔湖村开始实行家庭联产承包责任制，拉塔湖村由原来的一个生产大队拆分成两个生产小队。1984年，生产队的集体财产被全部分配给农户，生产队的历史彻底结束，拉塔湖大队也改成了拉塔湖村。随着"大锅饭"式的生产方式被打破，村民的生产积极性日渐高涨，生活状况逐渐好转。1980~1982年是村里开荒地高峰时期，以往的荒甸子都被人们开垦成了耕地。到1982年，全村的耕地由20世纪70年代的1000多亩陡然增加到了3000多亩，水稻的种植面积也开始增加，并逐渐形成规模。1998年拉塔湖村开始第二轮土地承包，这一时期拉塔湖村按照国家有关政策对村民开荒地进行重新分配，30年不变的土地政策成为拉塔湖村经济社会发展的最重要保障。2004年在沈北新区撤乡并镇的过程中拉塔湖村与本乡的黄岗子自然村合并，成立如今的拉塔湖行政村。截至2010年10月，拉塔湖村共有190户，715人。其中，锡伯族433人、占60.56%，汉族233人、占32.59%，满族23人、占3.22%，朝鲜族16人、占2.24%，蒙古族10人、占1.4%。

提起拉塔湖村的发展历史，不能不说起"文化大革命"期间在此成立的沈阳市"五七干校"。"文化大革命"期间，为了贯彻毛泽东的"五七指示"让干部接受贫下中农再教育，1968年10月，沈阳市"革命委员会"决定将党政机关干部、科技人员和大专院校教师等下放到农村，在拉塔湖村创建"五七干校"。沈阳市"五七干校"占地142亩，其中占用耕地130亩，荒地12亩。在1968～1977年的近10年间，沈阳市"五七干校"共在拉塔湖村开垦荒地近2000亩。

图1-1 "五七干校"学员在劳动之余自娱自乐

图片来源：http://baike.baidu.com/view/60716.htm。

1977年，沈阳市"五七干校"恢复为沈阳市委党校。1978年7月，沈阳市委党校补办了征用拉塔湖村土地的手续。同年，沈阳市委党校迁到沈阳市内，其开垦的耕地及占用的拉塔湖村的土地与沈阳冶炼厂进行换建，并由沈阳冶炼厂向拉塔湖村支付征地补偿款4.3万元。1998年，沈阳冶炼厂解体，其接管的耕地归还给拉塔湖村，其占用的土地归沈阳市教育委员会所属，沈阳市教育委员会同年又将其划给沈阳电视大学使用至今。

从拉塔湖村发展的历史可以看出，新中国成立后拉塔湖村的村域大小、人口规模、耕地规模、建制和沿革变化很大。拉塔湖村的发展历史是我国农村发展历史的一个缩影，留下了深刻的时代烙印。现在，拉塔湖村正在经济社会的快速发展中续写新的历史篇章。

三 自然环境与区位条件

1. 地形地势

地处沈北新区的拉塔湖村，作为辽河平原中部众多的村落之一，其自然环境也具有辽宁自然环境的突出特点。

辽宁省位于我国东北地区的南部，是中国东北经济区和环渤海经济区的重要接合部。地理坐标处在东经118°53′至125°46′，北纬38°43′至43°26′之间。西南与河北省交界，西北与内蒙古自治区相依，北和东北与吉林省接壤，东南隔鸭绿江与朝鲜民主主义共和国为邻，南临黄海、渤海。全省地势由北向南逐渐降低，东、西两侧较高，中部和沿海地区地势较低。黄海、渤海海岸线长达1650余公里。东部有长白山山系千山山脉，自东北向西南伸入黄海和渤海，构成辽东半岛。千山山脉的山峰均在1000米，两侧丘陵起伏，海拔多在500米以下。北有来自吉林省南伸的哈达岭与千山山脉相接于沈阳之东，形成辽东丘陵，海拔高度均在200米以下。此区地势由北向南显著降低，近海部分海拔仅有200~500米，并有清河、柴河、浑河、太子河、柳河、饶阳河、东沙河流经此地，地

势平坦，土壤肥沃。省内西部的辽西丘陵山地，由河北省燕山山脉的一部分和努鲁儿虎山（老虎山）及松岭山脉所组成，最高处海拔1000米左右，地势由西北向东南呈阶梯式递减，到渤海沿岸又构成了一条狭长的海滨平原，称为辽西走廊，海拔均在50公尺以下，是关内外的交通要道，此间有大凌河、小凌河、女儿河、六股河由西向东流入渤海。

拉塔湖村所在的沈阳市位于辽宁省中部、辽河平原中部，东部为辽东丘陵山地，北部为辽北丘陵，地势向西、南逐渐开阔平展，由山前冲洪积平原过渡为大片冲积平原。地形由北东向南西、两侧向中部倾斜。最高处是新城子区马刚乡老石沟的石人山，海拔441米；最低处为辽中县于家房的前左家村，海拔5米。市内最高处在大东区，海拔65米；最低处在铁西区，海拔36米。皇姑区、和平区和沈河区的地势略有起伏，高度在41～45米之间。东陵区多为丘陵山地；沈北新区、于洪区北部有些丘陵山地，往南逐渐平坦；苏家屯区除南部有些丘陵山地外，大部分地区与洪区一样，都是冲积平原。新民、辽中两县的大部分地区为辽河、浑河冲积平原，有少许沼泽地和沙丘，新民县北部散存一些丘陵。沈阳市低山丘陵的面积为1020平方公里，占全市总面积的12%。山前冲洪积倾斜平原分布于东部山区的西坡，向西南渐拓。

总体上看，拉塔湖村所在的沈北新区地势平坦，土地肥沃，水资源充足，农业生产条件在辽宁省内比较有优势，这显然是拉塔湖村生存与发展的重要的自然基础。

2. 气候特点

拉塔湖村地处欧亚大陆东岸、中纬度地带，因此气候类型属于温带大陆性季风气候，总的气候特点是：寒冷期长、风较大、雨量集中、日照充足、四季分明。全年平均气温多在5℃～10℃之间；年降水量一般在500～1000毫米之间，日最大降水量118.6毫米，全年降水量主要集中在夏季，6～8月降雨量占全年降水量的60%～75%；年平均风速3.4米/秒，最大风速25.2米/秒；年日照时数为2300～2900小时，无霜期一般在130~200天之间；最大积雪厚度20厘米；最大冻土深度1.4米；地区基本地震烈度为7度。

拉塔湖村四季分明，气候独具特色。

春季（3~5月）：主要气候特点是回暖较快，风大干旱。进入春季后，由于太阳高度角增高，日射强度增强，致使蒙古高压迅速北撤，其间虽有冷空气入侵，但降温强度已逐渐减弱，因此气温回升较快。4月平均气温为8℃~10℃，此时，发源于太平洋上空的暖湿西南季风尚未到来，雨量虽比冬季有所增加，但其量尚少，雨量在70~130毫米之间，占全年降水量的13%~16%。春季该地区常处于蒙古境内和海上两个高压之间，加之西来的气流不断涌入和加深，致使南、北大风交替出现。受地形影响，4月风速较大，风沙天气较多。

夏季（6~8月）：主要气候特点是雨量充沛，高温潮湿。由于太平洋高压势力增强并逐渐北移，潮湿的东南季风则沿着高压的西侧向北移动，受其影响，夏季降水频繁，且雨量集中。季雨量一般可达400~600毫米以上。夏季三个月以7月气温最高，8月次之，6月再次之。7月常年平均气温均达23℃~25℃，极端最高气温达35℃~40℃。

秋季（9~10月）：主要气候特点是雨量骤减，气温速降。入秋以后，由于太阳高度角渐低，日射强度减弱，太平洋高压随之南撤，西北季风开始增强，所以雨量急剧减少，全季大部分地区雨量在80~140毫米之间，占全年总雨量的14%~19%。由于寒潮不断侵袭，北风次数逐渐增多，气温迅速下降，9月平均气温一般都在15℃~19℃之间，平均风速在5米/秒以下，从9月下旬至10月上旬见初霜。因此，颇有秋高气爽之感。

冬季（11~2月）：主要气候特点是气候干冷，为期漫长。入冬以后，由于北方高压势力不断增强，西北风势力很强，干冷的空气源源不断地从北、西两个方向侵入，因此空气干冷、降雪稀少，1月平均气温-10℃~-17℃，极端最低气温在-25℃~-35℃之间，土壤封冻期可达3个月。冬季降水一般只有20~60毫米，占全年总量的3%~9%。

3. 区位条件

拉塔湖村全境介于东经120°48′至123°10′，北纬42°40′至42°54′之间。村庄位于沈阳市新城子区西北部，南距沈阳市区中心约36千米，东南距新城子区城区中心约12.8千米，东距黄家锡伯族乡政府8.5千米。村庄位于黄家锡伯族乡域西缘，村域与本乡的黄岗子村于2004年合并而成，与石佛寺乡的沙岗子村、大黑台子村接壤。村庄地处村域中北部，建设布局是沿乡道黄拉线两侧形成片状发展，大部分村民居住生活区建筑用地位于路南、路东，并且有一些鱼塘星罗棋布，乡道北侧和西侧则集中了其余的村民住户和很大规模的市属共建用地，整个村庄建设范围约6.772千米。总体上看，拉塔湖村域面积不大，交通条件不是十分方便。

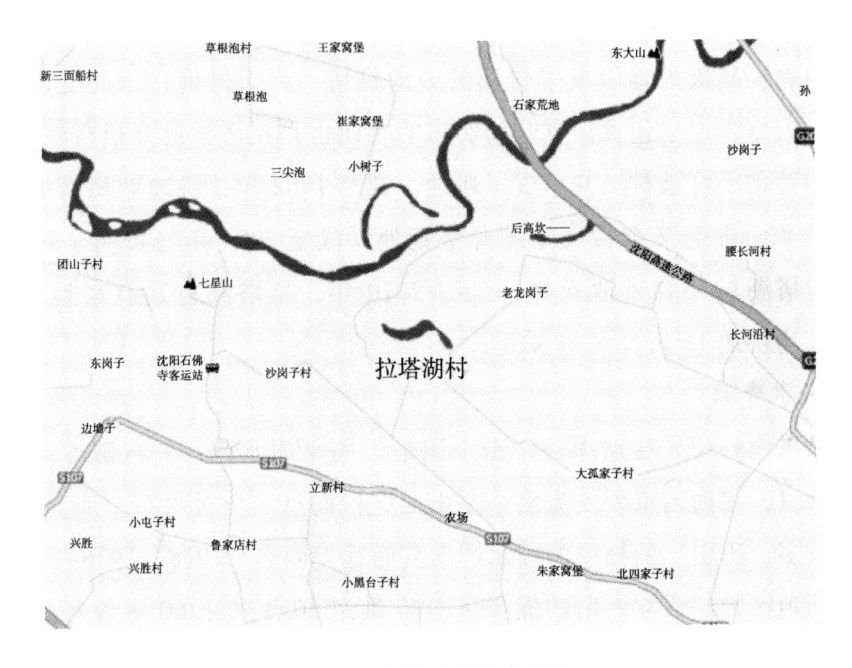

图 1-2 拉塔湖村区位示意

四 资源条件

所谓"自然资源"，有广义和狭义之分。狭义的自然资源只包括实物性资源，即在一定社会经济技术条件下能够产生生态价值或经济价值、从而提高人类当前或可预见的未来生存质量的天然物质和自然能量的总和。而广义的自然资源则包括实物性自然资源和舒适性自然资源。总体上看，拉塔湖村的资源主要包括土地资源、水资源和旅游资源等。

1. 土地资源

拉塔湖村土地资源比较丰富，与我国其他农村地区"人多地少"的情况不同，"人少地多"是拉塔湖村的一个显著特征。历史上的拉塔湖由于地势低洼，十年九涝，人烟稀少，大片的土地都闲置、撂荒。1954年沈北大堤修成以后，洪水得到有效控制，人口数量逐渐增加，开垦的土地面积逐年加大。到20世纪70年代，全村的耕地面积达到1000多亩。1981年，耕地面积达到2000亩以上。1982年拉塔湖村开始实行的家庭联产承包责任制极大地激发了村民的劳动热情，此后村里开垦的荒地越来越多。家庭联产承包责任制开始实施的时期也是拉塔湖村开地高峰时期，以往的荒甸子都被村民开垦成了耕地。截至1982年，耕地面积增加到了3000多亩。此后又有村民陆续开垦荒地，截至2004年与黄岗子村合并前，拉塔湖村共有耕地6000余亩。2010年，拉塔湖村共有耕地10000亩，人均耕地15亩，均为水田。

2. 水资源

拉塔湖村位于辽河岸边，距全国最大的平原水库——石佛寺水库不足3公里，辽河的重要支流之一左小河穿村而过。全村水系丰沛，河洼、滩涂较多，历史上的拉塔湖因水产丰富而远近闻名。1958~1976年之间，拉塔湖地区曾经成立专门的捕鱼队。20世纪50年代末60年代初是捕鱼队的全盛时期，当时捕鱼队的成员多达50多人，全年可以捕鱼十万余斤。丰富的水资源为拉塔湖渔业发展创造了必要条件。2010年，全村总计有52个鱼塘，可利用养殖水域面积达到1000亩，已开发的水域面积近700亩。丰沛的水资源是水稻种植业发展的重要前提，拉塔湖村的所有水田均采用抽取地下水的方式灌溉。近年来，拉塔湖通过节水措施，

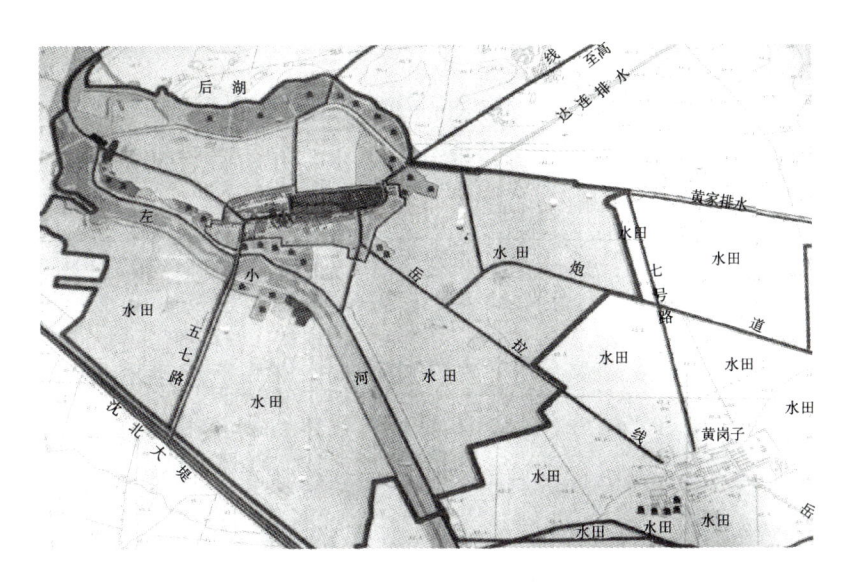

图1-3 拉塔湖村耕地分布

控制和减少水稻灌溉用水，实现了水资源的可持续发展。

3. 旅游资源

拉塔湖北距沈北新区七星山风景区4公里，西距石佛寺水库旅游区近3公里，依山傍水，具有得天独厚的旅游资源。拉塔湖不仅拥有美丽的传说，拉塔夕照也是盛京八景之一。而且，拉塔湖村锡伯族人口超过全村总人口的50%，是典型的锡伯族聚居区。锡伯族具有独特的文化传统、民情风俗，民族文化源远流长，是当地宝贵的人文旅游资源。总之，拉塔湖村既具有自然风景旅游资源又具有人文景观旅游资源，具备旅游业发展的基础。在沈北新区全力发展生态旅游、特色旅游、文化旅游、品牌旅游的过程中，拉塔湖村将在旅游观光、休闲度假、民俗文化、"农家乐"旅游等方面发挥出巨大的旅游潜力。

五 基础设施及村容建设

进入21世纪，特别是2005年以来，拉塔湖村加大了基础设施建设和村容整治的力度，改善了全村生态环境，提高了村民的生活质量。

1. 基础设施建设

在基础设施建设方面，拉塔湖村近年来重点加强了道路与广场的建设。

一是对经过本村的乡道黄拉线在基本保持现有路径的基础上进行了改造，村庄路段宽度拓展到10米，并就村庄道路与其相接的交叉口进行了整治。整治后的黄拉线交叉口间距和交叉口行车视距均符合相关规范要求。

二是理顺村庄道路路径，区分等级结构，在现有基础上进行适当拓宽与连接，使得道路通畅便捷，方便了村民出行和车辆安全驾驶。村庄主要道路按照三、四级标准整治，横断面均按照单幅公路型、黑色柔性路面标准整治。三级路整治宽度为10米，形成道面宽4米，两侧各设置1.0米保护性路肩；四级路整治宽度为5米，行车道面宽3米，两侧各设1.0米保护性路肩。

三是村庄三级路面结构采用沥青上拌下贯式（1.5厘米+4厘米）路面、级配碎石基层形式，村庄四级路面等路面结构均采用了沥青表面处置（2.5厘米）路面、级配碎石基层形式。

四是村庄内道路两侧均配设了浆砌石矩形边沟，并适当采取了人行道绿化，栽植适宜当地气候的乔木、灌木、草皮等树木、花木的措施，提高了绿化覆盖率。

五是结合村庄排水与土地整理将村庄原有广场南侧小块用地以及现有积水沟及四周洼地改造绿化形成了面积共约2600平方米的块状和条状公共绿地，为村民提供了休憩活动空间。

六是把办公场所前的场地改造成了广场，既对外展示浓郁的锡伯族乡村风貌，又为村民添加了一处休闲活动场所（约800平方米）。

七是村庄民用燃气实行秸秆气化整治，2008年燃气普及率达到100%，燃气站设在村庄西部低洼闲置土地上，燃气管网采用支状系统主要沿道路铺设。

八是村民委员会办公场所内设置了信息网络接入点，为村民传递科

技文化信息。还设置了邮政代办点，为本村村民提供报纸杂志订阅、书信接转等服务，报刊信函投递工作由固定的投递员承担。

2. 生态整治

在生态环境的整治方面，拉塔湖村近年来重点做了以下工作。

（1）实行人畜分离。村庄用地整治和产业布局、结构调整及发展村域经济相结合，将村庄内村民养殖的全部畜禽迁到村域东南部的集中养殖基地内，集约、适度规模发展，确保了人居环境卫生和畜禽养殖生产、防疫等达到要求。

（2）建设卫生厕所。继续普及使用卫生厕所，将一般民居旱厕改为"双瓮"或"三个"形式，并结合住宅庭院设计，调整厕所位置。有条件的村民住户和新建村民为住宅设置了室内冲节水厕所。在村委会、公共绿地等添设了公共卫生厕所，为村民提供方便。

（3）处理生活垃圾。完善了村庄内的生活垃圾收集方式，一般在过境公路和村内主要景观道路之外的村内道路沿线或住宅路旁每间隔约200米位置就设置一处小型垃圾收集点，在村域西北部废弃地中利用低洼地块集中倾填村庄收集的生活垃圾。生活垃圾清运、填埋均由村集体负责，日产日清。注意对村民倾倒垃圾的管理教育，使村民养成了良好、整洁、卫生的生活习惯。

（4）实施排水工程。

一是生活污水。村庄生活污水基本为村民日常生活排水，因排水量有限、水质单一，村庄不进行集中排放与处理，粪便污水结合村庄改厕，采用农户自备防渗沉污井或化粪池收集，用作堆肥。

二是生产污水。对牲畜家禽养殖排水，结合人畜分离和本村集中畜禽养殖基地建设，进行了集中收集和无害化处理，用作农耕堆肥。

三是雨水。结合村庄内各级道路整治，主要利用道路两侧砌石矩形边沟和对村庄内的汇水流经路径进行梳理组织排水，除路边采用净深0.4~1.2米的矩形明沟外，在村庄中整治现有渠塘，汇集、疏导区域汇水。排

水沟纵坡坡度一般大于3‰,村庄场地地表坡度均按坡向边沟或明沟的竖向形式整治,使雨季降水及时汇集排至村庄内外坑塘、河沟等天然水体。地表坡度一般为3‰~4‰。

拉塔湖村通过加强基础设施建设及村容村貌的整治工作,提升了村民人居环境水平和农村社会文明水平,改善了农村生产条件,提高了广大村民生活质量,焕发了农村社会活力,也从根本上改变了农村传统的农业生产生活方式。

第二节 锡伯族的历史与现状

锡伯族是一个勤劳、勇敢、智慧的民族,在漫长的历史进程中,她用辛勤的劳动和超凡的智慧,创造了自己优秀的文化和光辉的历史,塑造了自身坚忍不拔的民族精神。

锡伯族是鲜卑的后裔,南迁的鲜卑人在公元4~6世纪建立了许多王朝,由于长期的民俗融合导致逐渐失去了原本的民族特色,只有仍留居在大兴安岭以及嫩江西岸,并以绰尔河、洮尔河流域为中心区域活动的一小部分人继续保持了原来的生活习俗。自隋唐至元王朝,他们在史书记载里又以室韦或失韦等同音异写的族称为名活动在嫩江西岸。明朝时期和汉族、蒙古族、女真族等民族杂处。

17世纪中叶以来,锡伯族就繁衍生息在我国的东北部,是东北地区的少数民族之一。随着历史的变迁和为适应气候、地理等因素而进行的民族内部的自然迁徙以及统治民族频繁的调遣,他们由原来生活的地区分散到辽宁、北京、山东等地。清乾隆二十九年(1764年),清政府又抽调东北的锡伯族八旗官兵1020人连同眷属共计3275人,移驻新疆伊犁地区。从那时候起,就有一部分锡伯族人民分布于祖国大西北,形成今日东、西分居的局面。锡伯族在全国的分布状况,呈现大分散、小集中的局面。

一 锡伯族人的生产活动

锡伯族是渔猎民族,这与他们所生活的自然环境、地理条件有着密切的关系。锡伯族的狩猎没有过多禁忌,如獐子、野猪、狼、鹿、堪达尔罕(四不像)、野鸡、兔子等都是狩猎的对象,只忌打狐狸,因为锡伯族很早就有供祭仙家佛(胡家,也就是狐狸)的习俗。狩猎的季节以秋、冬为旺季,春、夏季主要是捕鱼。

锡伯族的打猎方法主要是放围,狩猎的工具也很简单,有弓箭、木棒、长矛、独木舟、线网等等。弓箭很早就是锡伯族的狩猎工具,也是自卫武器,因此,骑马射箭便成了锡伯族的特长,十几岁的儿童即能骑马驰骋于深山旷野之间。渔猎是锡伯族早期主要的生产活动,后来随着畜牧业和农业的出现,渔猎远不及畜牧业和农业那样重要了。清乾隆时期(1736~1796年)以后,狩猎场所成为训练旗兵的武功技艺的练兵场,渔猎就成为一种娱乐活动了。

二 锡伯族人的文化生活

锡伯族人民经过长期的社会生产实践,在创造丰富的物质财富的同时也创造了自己民族丰富多彩的精神财富。

1. 语言和文字

关于锡伯族的语言和文字问题,过去和现在都有着不同的见解。语言是一个民族区别于其他民族的主要特征之一,是确定民族属性的主要依据。东北地区的锡伯族世代相传的有关语言文字的传说中提到,我们的祖先鲜卑,是有悠久文化的民族;原来有文字,是"呼杜木文",形象与蒙古文相似;有语言,是"吉甫西语",音调与达呼尔语相近。[①] 以上的记载可以说明,锡伯族有自己的语言,其语言与达呼尔语相近似。达

---

① 《锡伯族简史》编写组:《锡伯族简史》,民族出版社,1986。

呼尔语类似蒙古语,以此推断锡伯语言应该是阿尔泰语系蒙古族语。

16世纪末叶,满洲民族在东北地方兴起,其势力日益扩大,很快征服了邻近的部落,先后归附满洲的锡伯族人陆续被编入八旗,从此,锡伯族人普遍学会了满语。在1599~1764年的一个半世纪中,锡伯语言中除了个别词汇保留下来之外基本改用了满语文。遗留的词汇与满语掺和使用,又吸收了大量异族借词,这就是锡伯族的语言状况。

2. 文学艺术

锡伯族文学的一个特点是,她在本民族文学的基础上大量吸收了满、汉民族的文学精华;另一特点是口头传诵的民间文学占着主要地位,作家文学也不同程度地接受了民间文学的滋养和哺育。

锡伯族的文学创作扎根于锡伯族劳动人民生产生活的土壤里,直接表达锡伯族人民的愿望。锡伯族文学早期以民间文学为主,用的是锡伯人民喜闻乐见的形式,后期作家文学有了发展。无论是锡伯族的民间文学还是作家文学,两者都具有鲜明的民族特色。

锡伯族的文学有很长的历史,文学形式多种多样。就民间文学的形式而言,有民歌、民间故事、念说等等,创作文学有诗歌、戏剧、小说等等。其中民歌、民间故事和念说最具有锡伯族特色。

锡伯族的民歌在生活中产生,真实地反映了劳动人民的生产生活状况,歌颂了纯真的爱情,控诉了封建礼教,表现了锡伯族人民对自由、幸福的追求。表现手法是以自然景物作比喻,即兴创作。锡伯族民歌一般可以分为两大类,第一类反映一定的生活内容,如,《巴纳衣舞春》、《猎人歌》、《亚其娜》等广为流传;第二类是情歌,多采用男女对唱的形式,几乎人人会唱。

锡伯族的民间故事包括传说故事、神话故事、生活故事和寓言故事等,故事情节紧凑,语言优美,富有想象力。故事就其题材、内容、形式等方面来说是丰富多彩的,大部分故事都是人格化了的。在锡伯族民间,说故事非常普遍,除了文人和老年人之外,妇女说故事的特别多。

她们召集子孙，围坐在炕上的火盆旁或者油灯下，津津有味地讲述各种故事，丰富文化生活的同时，还达到教育的目的。

念说也是锡伯族传统的民间文学形式之一。由于锡伯族很早就与汉族文化有了紧密的联系，因此在民间文学中受汉文化的影响特别大。念说的主要内容，除本族民间传奇故事之外，全是汉族的古典章回小说。念说专有音调，其音调抑扬顿挫，富有感情，很能引人入胜。念说一般在家庭或工地窝棚里进行，是一种群众性的文娱活动和文化生活，从来没有人把它当做谋生的职业，所以很普及，男女老少都喜欢听。念说这种民间文学形式多少年来一直被人们所喜爱，也对传承锡伯族文化有特殊意义。

锡伯族是个能歌善舞的民族，席间或劳动休息时要聚在一起，歌声不绝，舞蹈不停，欢乐异常。锡伯族的音乐包括戏剧音乐和说唱音乐。锡伯族的戏剧音乐具有独特的、明朗而庄重的风格，有些地方与汉族的郿鄠音乐很相似。说唱音乐是指民歌的曲调而言的。在察布查尔的一个地区，大约就有九种不同的"街头歌"，其曲调各异。锡伯族音乐的代表乐器有"东布尔"、"苇笛"、"墨克纳"等。

三 锡伯族人的生活习俗

1. 饮食与服饰

锡伯族的饮食习惯有独到之处，其民族内部也因居住地区不同而有一些差异。住在新疆的锡伯族，主食以小麦、大米为主，高粱次之，常吃"发面饼"（大烤饼），也吃馒头、面条、大米饭、高粱米饭等等。冬季喜欢喝"五他"（油茶），更喜欢喝牛奶和奶茶。东北的锡伯族主食以高粱、苞谷为主，小米、小麦、大米次之。

锡伯族男子一般都有吸叶烟和饮酒的嗜好。据说，从前家家户户都做黄酒。家家户户都养猪、鸡、鸭、牛、羊、马，肉食自给自足，还要种植各种蔬菜作为副食。同时也喜欢野味，每逢冬雪春化都外出打猎捕鱼。每逢农历四月十八，煮面酱做"米顺"，盛入瓦缸中，用以做菜调味，或用青黄瓜、青椒等蘸着吃。到秋末，则将韭菜、青椒、芹菜、包心菜、胡萝卜等切成细丝，腌制"哈特混素吉"（即咸菜，也叫"花花菜"）。此外，锡伯族的韭菜盒子、南瓜饺子、鱼汤等也别有风味。

锡伯族有一种吃猪肉的独特方式，每当杀猪之后，将清炖的猪肉切成片或灌肠，将煮熟的猪血拌成酱状，并配以蒜泥或大葱拌着吃，其味道香而不腻，这种吃法，只能在杀了猪的头两三天之内采用。

每年的除夕晚上，全家人动手包饺子，初一五更下锅吃饺子，初二日吃长寿面，先做好肉汤，然后清水煮挂面，捞出过凉水，夹面于肉汤碗内吃，这象征着人们平安地送走了旧岁，迎来了新年，预祝长寿无恙，万事如意。

锡伯族忌食狗肉。

锡伯族的服饰因时代的不同和地区的差异以及各民族相互间的影响而有所差异和变化。在清代，锡伯族男子服装喜用青、蓝、棕等颜色，女子喜用各色方格布，幼儿则多穿各色花布衣服。以前男子服式与满族服式基本相同，男子为了便于骑马与操作，都穿左右开衩的长袍和短袄，戴圆顶帽。妇女穿旗袍，扎裤脚，着白袜绣花鞋。姑娘们都梳着单长辫，结婚后结发，妇女们喜欢戴耳环、手镯和戒指，年老的妇女在春夏秋三季里多包白头巾，冬季戴棉帽，帽边缝海豹皮，叫做"坤秋帽"。

图1-4 锡伯族女人的服饰

到了清末的时候，锡伯族与汉族人在经济、文化方面的交往日益密切，因此，服饰也逐渐与汉族相同了，唯有西迁到伊犁地区的锡伯族妇女，仍喜欢穿旗袍。随着生产的发展和生活水平的不断提高，服装用料越来越讲究，样式越来越多样化，除老年妇女还保持穿长衣的习惯外，其余人着装普遍与汉族着装相同。

2. 岁时习俗

锡伯族有自己的传统节日，这些传统节日有一部分与汉族相同，纯属本民族的特殊节日的则不多。如春节、清明节、端午节等都与汉族一致，但在过节形式上与汉族稍有差异，如端午节要泼水，门户悬挂蒲艾，饮雄黄酒，以布条等作申，端午节前半个月就将申系在儿童肩背上。到了端午节那一天，到河渠边上，将申丢进河水里流去，有除灾辟邪之意。这一天年轻人还要赛马、叼羊和郊游等。

锡伯族人一般在农历十二月二十三日夜祭灶神（送灶神爷上天），报人间吉祥，谓之过小年。农历十二月二十三日这一天下午在灶神爷神位前供发面饼、油炸饼之类，到晚间把神像取下，在神像嘴上抹蔗糖水（为求灶神爷上天之后，不汇报人间的私心杂念），然后投入灶火中烧化，一家人向着灶火跪下送灶神上天。

到了除夕日，即大年三十，家家开始杀猪宰羊，赶做各种年菜、年饼、炸油果子。午后列出各神祖之像，挂喜利妈妈（详见后文宗教信仰部分）和祖宗遗像等设供祭拜。一家人携纸钱带木锹之类到墓地打扫坟上积雪，之后在各家大门口堆一些麦草放火烧着，同时摆设饭桌，供祭祖宗，全家叩头。晚间内外点灯，室内外通亮。子女先给父母叩头，然后家长率领一家大小到族长家向家谱叩头拜年，以后分头到亲友家互拜祝贺，谓之辞旧岁，直到三更回家，全家一起包饺子。到了午夜在巷口或者后院，焚化冥资（烧纸钱），谓之烧包袱，也有终夜不睡，谓之守岁。

初一，天不亮就煮饺子，全家团聚吃饭，以后合族拜贺。

农历正月十六的"抹黑节"是锡伯族的特色节日之一。这一天，人们清早起来，把晚间准备好的抹黑布或者毡片带上，上街去相互往脸上抹黑。见了老年人，先请安，后跪一腿，再向老人脸上抹黑，只抹一点点，以示尊敬。锡伯族很早就开始过抹黑节了。传说，抹黑节的用意是"请求五谷之神，使庄稼免得黑穗病，保证丰收"。所以抹黑是人们代替谷物受神灵的惩罚。

锡伯族的清明节也叫做"航西"，农历的三月为清明节。在清明节里，无论贫富，各家必携酒墓祭，培坟土。七月也是这样，谓之七月清明。为了加以区别，把三月的清明称为"鱼清明"，七月的清明称为"爪清明"。

农历四月十八的"西迁节"是锡伯族特有的节日，是为了纪念锡伯族的西迁，已延续了200余年。这一天，由各牛录旗下档房主持，在寺院内起灶，宰杀羊，煮羊肉汤和高粱米饭，集合男女老少，在寺庙里团聚，共进晚餐，以回忆在西迁的前一天，东北的锡伯族都聚集在沈阳"锡伯族家庙"（太平寺）共进离别前的野餐时的情景。

四　锡伯族人的信仰与道德风尚

1. 宗教信仰

古代锡伯族由于生产力水平较低，人们对许多复杂的自然与社会现象无法理解，因此凡是不可理解的现象，都以为是神在作怪，于是产生了万物有灵的观念。

后来，锡伯族人信萨满教。由普通人变成萨满，必须有一段复杂而离奇的经历。一个人患了病，替他跳神治病的萨满认定他可以做萨满，那么经过跳神祈祷之后，病人如果恢复健康，就可以做萨满。

被认为可以成为萨满的人，要经过一种特定的仪式，跟着萨满师傅学习"法术"领神。这样连跳几十天，每日宰杀山羊，最后选择一天举行喝血（山羊血）和上刀梯仪式。在锡伯人心目中，只有上了刀梯的萨满才能沟通上下界、跳神治病，否则就是一般的萨满，不能跳神治病。

刀梯的做法是，在正屋外西南方向，离屋二三十步，竖立两根松木，高约三十尺，木杆上系铡刀、马刀之类做成刀梯，刀刃向上。选择一天，本屯或外屯的人们都前来观看萨满上刀梯，助威并证明其上过刀梯的事实。上刀梯的前一天晚上，这个萨满要迎接上界赐给的"护心铜镜"一块，由萨满师傅把铜镜授给其徒弟，以后跳神治病时，戴在胸前护心。次日上午，跳神"喝血"之后，就该上刀梯了。上刀梯的萨满光着脚，脚掌贴纸数层，手拿黄纸，按阶梯踩着刀刃上到最高一段时，萨满师傅在刀梯周围来回跳神，口中念念有词，手击单面鼓，摇手摆腰，待萨满上到刀梯顶端之后，下面的萨满师傅对徒弟发问：东南西三面各看到什么。萨满回答完毕后便下刀梯。下刀梯是从顶端猛地翻跟斗跳下，下边早已准备好深坑，坑里填满了麦草之类柔软的东西，在其上面还有四个男子，准备一条被子，接跳下来的萨满，被子虽不能接住，但起到了缓冲作用，使跳到草坑的萨满不受任何损伤。经过这一仪式之后，才能成为一个真正的萨满。

锡伯族的萨满有男萨满和女萨满，据传说过去多为女萨满，到了19世纪末20世纪初，男萨满才多起来。萨满为了得到"神灵的告示"，必须行巫祭。先迎主神及诸灵，次述愿望，乞求宣托命令，最后上供歌舞，对神灵谢恩。

锡伯族遇到以下情况才请萨满跳神：家人遇有疾病，经多方治疗无效时，就请萨满跳神除邪和问卜；家宅不宁，灾难层出不穷时，也请萨满跳神压住邪气。

萨满在跳神治病时，穿戴特制的衣帽和法具。萨满帽是用铁片制成的，帽子前面中央有一块玻璃镜，起驱鬼的作用，后面中央，有两根飘带；胸前垂一面护心小铜镜；腰围布裙，布裙上又围12条飘带，每根飘带上均绣有各种图案；在飘带外还围圆形布条裙子，腰上系大小不等的13块铜镜（合起来四五十斤重），为的是跳动起来，让铜镜相碰而震动的声音把鬼怪吓退。萨满用的鼓，是用山羊皮蒙面制作而成的单面鼓，背面用铁条或者皮绳穿着铜钱，跳神时敲鼓驱鬼。

锡伯族除了信仰萨满教之外，还信仰喇嘛教（藏传佛教）。16世纪清朝初期，由于朝廷鼓励信奉喇嘛教，故锡伯族有不少人信奉了喇嘛教。清康熙三十六年（1697年），锡伯族由嫩江、齐齐哈尔等地迁入盛京（现沈阳市）所属各城之后，于康熙四十六年（1707年）在盛京修建了喇嘛庙太平寺。西迁伊犁的锡伯族，在伊犁河南岸定居之后，于乾隆四十六年（1781年）又在锡伯营镶白旗（五牛录）修建了靖远寺，共有锡伯族喇嘛四五十名，由总管档房拨出四百亩农田作为寺庙香火之地。

锡伯族人有的也信"仙家佛"，"仙家之神位"供在不住人的外屋，即"哈什包"（库房）里，因此，又称仙家佛为"哈什包"。祭期不固定，祭祀时烧香供酒，只有家长磕头。供奉仙家佛的屋里，妇女是不能进出的。

除此之外，锡伯族还崇拜关帝神、虫神、龙王、土地神等等。

锡伯族崇拜祖先尤其胜过信奉萨满、喇嘛和其他诸神灵。锡伯族供奉男女祖宗。女祖宗叫做"喜利妈妈"，男祖宗叫做"海尔罕玛法"。

喜利妈妈在东北锡伯族中汉译为"子孙妈妈"，意思是有了女祖宗，子子孙孙才能不断地繁衍生息，一代接一代地传下去。喜利妈妈的象征仪标是：一条两丈多长的丝绳，上系小弓箭、小靴鞋、箭袋、摇篮、铜钱、布条、羊（猪）膝骨、木锹、木叉等物。其中羊膝骨表明辈数，即添一辈人加一个羊膝骨；小弓箭表明是男孩，两个羊膝骨之间只添一张小弓箭；布条表明是女孩，在这一辈有几个女孩，就有几块布条；摇篮、小靴鞋表示子孙满堂；箭袋表示男儿长大之后成为骑射能手；铜钱表示一家生活富裕；木锹、木叉等表示农业丰收。

喜利妈妈平时装入纸袋里，挂在西屋西北角墙上；每逢春节前的除夕日，由袋内取出，从西北角斜拉到东南角，烧香磕头。到农历二月初二，再装入纸袋，挂回原处。因为是妇女主持家务，所以供奉在屋内，

有母系社会的遗风。

制作喜利妈妈所用的东西,要到本村人口多、辈数全的家户去找,并邀请家族中年纪最大、子孙满堂的人来制作。

喜利妈妈的另一个作用,主要是记其一家的辈数、人口数和男女数等,起到谱书作用。

男祖宗叫做"海尔罕玛法",是供在西屋外西南墙角上的。那里钉有木板一块,上放香炉,墙内掏洞,里面有木盒子,木盒里有一块布,布上画着的男人坐像即这一家的男祖宗。因为男子经常在外放牧、狩猎,故将其神位供在室外。

海尔罕玛法后来也被神化为保护牲畜的神。在古代锡伯族的经济生活中,畜牧业占着相当重要的地位,他们对牲畜的繁殖和安全是非常关心的,所以每家都供奉海尔罕玛法,逢年过节烧香磕头,主人还要把自己最心爱的骏马献给海尔罕玛法。献马仪式是将羽毛或红布条系在马尾上,然后把马拴在海尔罕玛法的神位前面,贡献此马给海尔罕玛法骑用。

锡伯族崇拜祖先的习惯承袭了鲜卑人的风习。随着世代的进步,人们心目中的宗教色彩越来越淡薄,对祖先的崇拜犹存。

2. 道德风尚

一个民族的道德风尚是这个民族共同心理素质的体现,从以下归纳的几方面可以了解锡伯族的道德风尚。

(1) 尊重老人。锡伯族人民从古到今,在锡伯族的社会生活中,特别尊重老年人,老年人的地位特别高,不但说话有威信,而且在多种场合都会受到优待和尊敬。如和老年人一同外出或出入大门,一定要让老年人先行,青年人只能跟随在后面;路上相遇,青年步行或骑马,必须让路,骑马者下马站立道旁,等长者过去之后才能继续行路;和老年人说话,青年人要离开座位,站在老人前面静听,非自己回话之时不能随便插话;青年人每日见长者,均行请安礼;青年人不能和老年人同桌吃饭,要侍立饭桌之前,照顾老年人用饭。

21

（2）互助合作。这一风尚在锡伯族的生产生活中屡见不鲜。外出狩猎或者捕鱼多是集体行动，不是一两个人单独活动，狩猎时合屯的男人都要出去；在围场上，不论认识与否，都十分亲切，相互谦让；猎获物是分配平均的，不管出力与否，只要在狩猎的队伍里，人人都有一份；每逢屯中有人修建新房，全村人都来无偿劳动，大家动手，互相帮助；离村屯几十里外种田，人们就三五十家自愿合作，集体生产，集体收获，按劳力、畜力等平均分配。这种风尚从古到今十分盛行，过去的"岳喜制"到新中国成立后得到进一步肯定和发展。锡伯族自己生产的蔬菜、果品以及牛奶等可以互相吃用。

（3）重视教育。整个民族都重视教育，人们都爱好学习。过去锡伯族人口少，生活流动性较大，文化十分落后。为了民族的生存和发展，从祖辈开始到今，都非常重视教育，久而久之，重视教育、爱好学习已成为一种风尚，哪怕在经济十分贫困或社会环境不安宁的情况下，锡伯族的教育活动也是不中断的。他们不管迁移到哪里，只要有三四十户聚居在一处，就捐筹资建校舍，聘请能人教育子女。察布查尔锡伯中学就是解放以前锡伯族人民捐款修建的大型中学。锡伯族除了学习自己民族语文之外，也爱学各兄弟民族的语言文字，以此提高和发展本民族的文化，他们都懂三种以上的语言，所以有"翻译民族"的称号。

（4）勤劳勇敢，忠于职守。这也是锡伯族世代相传的优良传统。从西迁伊犁以来二百多年的历史来看，锡伯族在1820年西迁至伊犁的37年的时间里，开凿了200余里的"察布查尔布哈"，开荒7.8万余亩农田；继而又开凿了"皇渠"、"锡伯渠"、"哈尔博户渠"、"阿布德拉渠"；与此同时还修筑了高达丈余尺的大小城堡8座、锡伯营驻守管辖的卡伦18处，此外协助索伦营、厄鲁特营驻守3座卡伦、换防台站，远去喀什噶尔塔尔巴哈台等处，每两三年换防一次，每次都是150人或者300多人。

第三节 拉塔湖的传说

拉塔湖村山清水秀，不仅拥有盛京八景之一的拉塔夕照，而且是远近闻名的鱼米之村。拉塔湖村人杰地灵，在拉塔湖的历史上不乏勇气可嘉的有识之士，同时也不乏回肠荡气的美丽传说。

一 关于拉塔湖来历的传说

关于拉塔湖的来历有一个美丽的传说。

相传很久以前，拉塔湖是个方圆好几里的天然湖。拉塔湖原名叫莲花湖，面积很大，湖水清澈，长满荷花，鱼虾成群。周围的人们大多是以打鱼、捞虾为生。

一天傍晚，人们正在湖边拉网打鱼，突然天空阴云密布，下起瓢泼大雨，湖水翻花，浪有三丈多高，湖里的鱼虾都被折腾死了，水面上的荷花变成了泥花。雨越下越大，湖水猛涨，住在湖边的人没有办法，只好搬到七星山上躲难。这件事，惊动了石佛山上的石佛道人。道人问明情况，告诉人们说，要解除大水的灾难，必须在七天内建成一座七层镇邪宝塔。于是人们顶风冒雨，日夜赶建宝塔。一天、二天、三天……到第七天莲花湖里的浪头更高了，有 10 多丈。那天傍晚人们冒雨把镇邪塔建成，即时塔顶发出一道白光射向莲花湖，顿时，雨过天晴，湖水平静，人们看见一条巨龙一动不动地躺在滩上，原来是恶龙在作怪啊！这时，在清澈的湖面上映出七星山上宝塔的影子，从此，人们把莲花湖改名叫拉塔湖。

事实上，这个传说生动地反映了这一奇景的客观存在和拉塔湖人勤劳勇敢的优良品质，寄托了人们对美好生活的向往。

二 菱花和巴吐嘎热的故事

在拉塔湖地区还流传着菱花和巴吐嘎热的故事。

在黄家锡伯族乡西二三十里处，有个很大的湖，湖西傍着石佛寺山，山上有座练兵塔。晴天，山上宝塔的影子就会倒映在湖中，非常神奇，于是此地得名为拉塔湖。这个湖很大，方圆足有几平方公里，湖大水深，碧波荡漾，鱼虾满湖，水禽嬉戏。每到夏末秋初，湖里就会长满菱角和蕨头。这里盛产的菱角和蕨头还有一段美丽的传说。

相传，在很久以前，这里并没有村落，一潭湖水静静地卧在一片大草原之中，当时湖中长的不是菱角和蕨头，而是满湖荷花。湖中，锦波荡漾、鱼虾嬉戏、禽鸟翔集、鸣彻长空，再加上满湖盛开的荷花，不禁让人心醉神驰。岸上，草木繁盛、獐狍成群、野鸡、野兔随处可见，是个美丽而富饶的好地方。

当时这里人烟稀少，离湖岸边最近的地方，只住有两户人家。一家姓巴吐，是锡伯族人，以放牧打猎为生，另一家姓杨，是汉族人，以捕鱼和种地为生。巴吐家有个男孩子，取名嘎热，杨家生了一个女孩，取名菱花，比嘎热小两岁。两家人和睦相处，每逢巴吐家打到野味总要跟杨家一起分享，杨家捕到鱼虾或采了莲藕、莲籽，也总要送给巴吐家尝鲜。所以，小嘎热和小菱花从咿呀学语开始就整天在一起玩耍，形影不离。

光阴荏苒，一晃小菱花长成了大姑娘，出落得亭亭玉立。菱花不仅容貌美丽，而且心地善良、待人诚恳、孝顺爹娘，缝补衣衫、绣花织网都是能手。嘎热也长成了大小伙子，高高的身材，非常帅气，性格爽朗大方、待人和气，对阿麼、额聂也很孝顺，从小练就了一身好武艺，无论是骑马还是射箭都技艺高超。

菱花帮着爹娘种田打鱼，织网捞虾；嘎热帮着阿麼、额聂放牧打猎，两家异性兄弟日子都过得红红火火。

嘎热和菱花本来就是青梅竹马、两小无猜，虽说还像亲兄妹一样互相关心、互相帮助，可是在日渐长大的两个人心中渐渐萌生了另外的情愫。老人们看在心里喜上眉梢，背地里议论都说他们是天生的一对，就像石佛寺的山和湖一样分不开，于是两家老人就都攀着做了亲家。

嘎热和菱花白天帮家人干活，晚上成了他们相会的时光。菱花唱歌、翩翩起舞，嘎热则拨动琴弦为她伴奏，一对恋人沉浸在无限的幸福和甜蜜之中。

但是世界上并不是只存在美好和善良，邪恶的东西同样存在。石佛寺山的练兵塔下，有一个大石龟，经过千年修炼成精。它时而兴起妖风，刮坏庄稼和房屋，时而发水冲跑牛羊，掀翻渔船。只要它一钻进湖底翻腾，湖水就会暴涨，方圆几十里都要遭殃。附近村庄的人们纷纷远走他乡，或到石佛寺山上去避难。巴吐一家和杨家也跑到山上去避难。有人说曾在夜里看见石龟下山钻进湖中洗澡，它一洗澡湖水就翻滚涨起来。于是人们许愿每年农历七月十五都用"三牲"给石龟上供。可好景不长，石龟不满足于享受"三牲"供品，而是看中了菱花姑娘。老石龟想，只把湖水喝干，人和牛羊都无法生存，把嘎热逼走，菱花就可以到手了。

于是老石龟每天半夜去湖里喝水，没过几天，人们都发现湖水降了许多。眼看着湖底就要露出来了，湖中荷花渐渐枯死了，大片绿草也渐渐变黄了，鱼虾一天天失去生存环境，庄稼也因为缺水灌溉而打蔫了。嘎热和菱花急坏了，难道就这么轻易地离开这个美丽的地方吗？嘎热说："这准是老石龟在作怪，不除了这个妖怪，乡亲们无法安稳过日子。我去除掉这个妖怪，哪怕死也心甘情愿！"菱花不忍心让嘎热一个人去冒险，说："咱们俩一起去制服老石龟，为了保住这个家园，为了让乡亲们安定生活，上刀山下火海我都愿意，死也要跟你死在一起。"嘎热拗不过菱花，于是，两个人便商量除妖的办法。

当天晚上，没有月亮，大石龟照例去湖里喝水，嘎热见到马上冲过去与大石龟展开激战，菱花躲在石头后面焦急地观战。嘎热十分英勇将大石龟打成重伤，老石龟被激怒了，翻江倒海，波及石头后面的菱花，菱花一不小心跌到湖里。嘎热看到菱花有危险马上过去相救，正在这时，老石龟抓住机会，狠狠地扑向嘎热，结果嘎热跌倒就再也没有起来。菱花看到嘎热受伤更是奋不顾身地与老石龟对抗,老石龟拼尽全身力气,将菱花打翻在地,他自己也再没有起来。

从此以后一切又恢复了原来的美丽,只是在嘎热倒下的地方长出了很多蒺头,而在菱花倒下的地方长出了很多菱角。拉塔湖村是锡伯族、满族、蒙古族、朝鲜族聚居的少数民族村落,包括汉族在内的各族村民一直和谐相处,亲如兄弟。从古至今,锡伯族一直在拉塔湖总人口中占据很大的比例。这个故事永远记录着拉塔湖人为爱情不畏强暴的精神,同时也反映了锡伯族与汉族世代友好交往的浓厚情意。

第二章 经济发展

第一节 村域经济

村域是行政区域最小的单位，村域经济是农业经济和区域经济的一个基本单元，因而村庄具备相对独立性质的经济功能和社会功能，发挥着组织农村村级的经济、社会发展的作用，是发展现代农业、推进社会主义新农村建设的重要载体。村域经济可以划分为现代农业型、传统农业型（山区、少数民族聚居区）、现代工业型、专业市场型、旅游型（古村落和农家乐集群村落）五种经济类型。划分标准是农林牧渔产值接近或超过30%、农户收入主要来源于农业的作为农业型村域经济，其中，现代农业型比较富裕，传统农业型比较贫穷；将非农业产值比重超过80%，其中工业产值超过50%、农户收入主要来源于非农产业的作为工业型村域经济；将产地和销售市场集聚一体的作为专业市场型村域经济；把保护开发并重的古村落和"农家乐"集群式的村落视为旅游型村域经济。[①]

拉塔湖是一个典型的农业村，村民世代以种地为生。课题组调查显示，2010年全村93.9%的农户属于纯农业户，农业收入占家庭经营收入的92.9%。然而，如今的拉塔湖，人们种地不是为了维持温饱，而是实

---

① 王景新：《村域经济转型研究反思》，《广西民族大学学报》（哲学社会科学版）2008年5月。

现小康。2009年拉塔湖村村民的人均纯收入已经达到了1.6万元,远远高于辽宁省以及全国平均水平。从上述村域经济的类型上看它属于富裕的现代农业型。①

一 发展经济的主要经验

进入21世纪以来,拉塔湖村结合实际,学习借鉴日本大分县和其他发达地区的成功经验,不断促进农村经济结构调整,在发展现代农业过程中,推动"一村一品"模式取得了重要进展。其做法的主要特点包括以下几方面。

1. 利用资源优势,发展带"土腥味"的"一村一品"经济模式

经过多年的实践和摸索,拉塔湖村从本地优势农产品资源的实际出发,建立了优质水稻产品产业带。"一村一品"的理念使这些原本主要靠自产自销的产品迅速活化起来,提升为跃动的商品,并逐渐发展成为"土腥味"极浓的特色产品。

2. 搭建信息化平台,倡导兴建"智能化"的"一村一品"经济模式

拉塔湖村不拘泥于传统的做法,敢于搭建信息化新平台,从"智能化"的创新视野,树立带领村民发展本地经济的新理念,"一村一品"经济模式取得了突破性的进展。其主要的做法是营造村民信息化致富"软"环境。为增强分散农户市场竞争以及抵御市场风险的能力,拉塔湖村因势利导,利用信息化技术带动村民致富。通过互联网与客户进行洽谈、签订合同、建立项目。引导村民学科技、用科技,如经常聘请沈阳农业大学教授到农户田间地头讲解水稻种植与病虫害防治技术。再如每年3~4月份,村里都要组织农机户参加区农机局的插秧技术、机器维护、安全

---

① 所谓"现代农业"是指整个农业的生产组织、生产管理、生产经营、生产工具、劳动者的科学文化素质和思想道德观念,及其农产品的质量、储存、保管和流通等方面,具有当代世界的先进科学技术水平和管理水平的农业。这里将拉塔湖的村域经济归结为"现代农业型"主要是从上文的分类角度得出的,并不是指拉塔湖已经实现了全面的农业现代化。

驾驶等农业技术培训活动。

3. 兴办农村合作经济组织，辅佐支持"一村一品"经济模式

近几年来，拉塔湖村发展"一村一品"经济模式，将兴办形式不同的农村合作经济组织、办好合作经济组织与推进"一村一品"发展有机结合，并将其作为发展村里经济工作的重要抓手，保证了村经济的稳步持续发展。拉塔湖村先后成立了水稻专业合作社、水稻示范种植专业合作社、沈阳农机专业合作社等村经济合作组织。不仅如此，拉塔湖村还充分发挥党员干部在发展"一村一品"中的作用。从2008年起拉塔湖村开展了无职党员设岗定责工作，设岗定责的党员不仅负责全村水稻的种植和栽培技术，还要负责水稻的销售。村水稻种植科学示范岗的负责人一直由种植示范户马德占担任，由他负责全村的优良品种试种、推广和技术指导，并逐步向绿色食品和无公害食品发展。粮食丰收了，马德占又开始千方百计地联系老客户帮助群众把水稻卖出去。水稻的生产和销售以科技为保障，以市场为导向，农民的心里踏实了，收入提高了。

拉塔湖村通过兴办合作经济组织和开展无职党员设岗定责工作，积极引进、推广生产和加工先进实用技术，加快推进良种良法科技入户；发展了适销对路的高产、优质、生态、安全的水稻产品；加快农村人才培养；加快发展产业化经营，实行龙头带基地、基地联农户，扩大"一村一品"经营规模。

二 存在的问题

发展"一村一品"是拉塔湖村现阶段发展现代农业、建设社会主义新农村的最重要、最现实的基础性工程。"一村一品"的发展从总体上带动了拉塔湖村农业结构的调整与优化，促进了农业增效、农民增收，助推了社会主义新农村建设。但是从目前的发展情况来看，拉塔湖村在"一村一品"的发展过程中还存在不足。拉塔湖村"一村一品"发展存在的问题主要体现在四方面。

1. 村经济合作组织尚未完全担当市场主体角色

目前，拉塔湖村村民经营规模小、分散程度高、投资能力弱，暂时担不起发展"一村一品"的主体角色，而水稻专业合作社、水稻示范种植专业合作社、沈阳农机专业合作社等村经济合作组织发展还处于起步阶段，运行中存在内部制度不健全、管理不规范等问题。

2. 龙头企业带动能力弱，产业化水平低

目前拉塔湖村除了与沈阳蒲兴禽业集团有限公司等少数公司合作外，龙头企业相对较少，缺乏有效的中介服务组织，生产订单较少，农户和市场之间无法实现有效对接，农户普遍承受着巨大的市场风险。而受到传统经营模式的影响，拉塔湖村的水稻生产主要还是以农户的分散种植和经营为主，"一村一品"产业化水平比较低，不能形成连片效应。生产出来的水稻通常也直接以初级农产品形式销往市场，产业链条短，经济效益低。

3. 标准化种植水平不高，质量品牌意识不强

拉塔湖"一村一品"发展的标准化程度不高，村民群众的质量品牌意识还不强，加快推进农业标准化生产、加强农产品品牌培育，提高农产品市场核心竞争力，还没有成为拉塔湖村民的自觉行动和必然选择。从目前情况来看，无论是水稻产品标准化生产基地的规模，还是水稻"三品"质量认证水平，离现代农业发展的要求都有较大差距。

4. 专业技能知识匮乏，与"一村一品"发展要求不相适应

近年来，拉塔湖村大多数青壮年外出工作，未转移的农村劳动力年龄和知识老化，出现了明显的技术断层现象，农技推广面临后继乏人的状况，难以适应"一村一品"发展要求。

总之，中华人民共和国成立后，尤其是改革开放以来，拉塔湖村的村域经济实现了全局性的改观，人均收入、生产方式、市场化程度等方面都发生了很大变化。但是，拉塔湖目前正处于从传统农业向现代农业转型的关键时期，村域经济表现仍然不容乐观，很多市场化和制度化的问题仍需得到根本性的解决。而要使拉塔湖村经济在村域层面得以彻底改观，就必须不失时机推进村域经济转型，也就是在新的历史条件下，实现拉塔湖村域经济的运行体制、制度、方式、环境等各种经济因素和非经济因素迅速从传统农业向现代化农业的过渡和转变。

第二节 水稻种植业的发展

拉塔湖村地处辽河之滨，土地肥沃，地势低洼平坦，是水稻种植的理想之地。拉塔湖的水稻种植历史最早可以追溯到20世纪70年代初，但是，当时拉塔湖水稻的种植面积非常小，种植技术也十分落后。拉塔湖村水稻种植业的发展壮大是在农村家庭联产承包责任制实行之后。近年来，随着传统农业逐步向现代农业转型，拉塔湖村的水稻种植业又步入新的历史发展阶段。

水稻种植业如今是拉塔湖的主导产业，水稻产品也是在当地颇具优势的"一村一品"。概括地说，拉塔湖村水稻种植业的发展大致可以分为三个阶段。

一 第一阶段——水稻种植业的起步时期

这一时期的时间跨度是从20世纪70年代初到80年代初。拉塔湖村1972年开始有人种植水稻。当时水稻种植的面积非常小，只是零星地种植在比较低洼的地方，全村总计30~50亩。由于水稻种植刚刚开始，种植的技术落后，经验十分缺乏。当时并没有专门的经过培育的优良稻种，人们采用的是以粮食代替种植的做法。在灌溉方面主要是充分利用当地水资源丰富的条件，用河水浇灌稻田。这种落后的种植和灌溉方式严重制约了水稻种植业的发展，当时水稻的亩产一般只有七八百斤。用河水浇灌稻田的方式常常会受到当年降雨量的影响，雨水丰沛的年份水稻的灌溉不是问题，但当遇到干旱的年份水稻的灌溉问题就无法解决了，通常会造成水稻减产甚至绝收。因此，在20世纪70年代，拉塔湖村的水稻种植面积一直很小。玉米、高粱、大豆等传统的农作物在种植业中扮演着重要的角色。

这一时期拉塔湖村的水稻种植业呈现出以下主要特点。

1. 水稻的种植面积非常小

从绝对数上看，这一时期的水稻种植面积一直在30~50亩之间；从相对数上来看，这一时期水稻的种植面积不超过当时耕地总数的5%。这种种植规模与水稻种植业的规模化和产业化相距甚远。

2. 水稻种植的技术水平很低

这一时期人们忽视水稻的种植技术。人们对于水稻的种植经验主要来自两方面：一方面是通过向当地有种植水稻传统的朝鲜族居民学习借鉴；另一方面是通过自己在水稻的种植过程中的摸索和积累。由于缺乏水稻的种植技术，水稻的亩产一直较低，高产的地块亩产量最多也只有800市斤左右。当水稻发生病虫害等问题时，人们只能是望"苗"兴叹了。

3. 水稻的种植采取小农经营模式

这一时期的水稻种植以家庭为单位，在经营模式上依然采取传统的小农经营模式。

4. 缺乏必要的农业基础设施

这一时期水稻主要是种植在地势低洼地区，水稻的灌溉主要利用河水浇灌。由于缺乏必要的灌溉和排水设施，水稻的收成主要依靠"老天"的恩赐，无法摆脱靠天吃饭的种植模式。

5. 人们对于水稻种植的认识只是停留在解决口粮（细粮）问题的水平上

事实上，水稻是拉塔湖最适宜的农作物种植品种，但是受到传统种植习惯的影响，长期以来拉塔湖人主要种植玉米、高粱、大豆等，水稻的种植主要是处在小规模的试种阶段。

二 第二阶段——水稻种植业的蓬勃发展阶段

这一时期的时间跨度是从20世纪80年代初到90年代初。从20世纪80年代初开始,拉塔湖村的家庭联产承包责任制开始了,人们的劳动热情逐步高涨。1981年拉塔湖村由原来的一个生产大队拆分成两个生产小队。这种逐步告别"大锅饭"的生产方式极大地激发了村民的劳动热情,村里开荒地越来越多,水稻的种植面积也越来越大。1980~1982年是村里开荒地高峰时期,以往的荒甸子都被人们开垦成了耕地。到1982年全村的耕地已经由20世纪70年代的1000多亩陡然增加到了3000多亩。但是在20世纪80年代初人们主要还是种植"老三样",即玉米、高粱、大豆。这一时期,水稻的种植面积虽略有增加,但总量仍很少,截至1982年全村的水稻种植面积不足100亩。

然而,这种状况在1983年有了根本性改变。这一年马喜军当选为村委会主任,上任后的马喜军和村领导班子成员对拉塔湖村进行了全面的分析,明确了致富的思路。马喜军认为,拉塔湖村耕地多,水资源丰富,可以充分利用当地资源优势大面积开垦荒地种植水稻。他的这个想法向村民一公布,立刻得到了村民的赞成。就这样,1984年春节刚过,马喜军就组织村民进城买种子化肥,聘请水稻技术员向群众传授水稻栽培技术。1984年春天他又带领群众打井修渠,加强了农田基础设施建设。这一年村里新开发的稻田就超过800亩。1985年马喜军又带领村民修筑了2400米的排水渠,新开发了2000亩稻田。从这一年起,拉塔湖村在种植过程中逐步摒弃了原来传统的水稻种植观念,在水稻的种植过程中开始重视种植品种的选择和种植科技的运用。1985年也迎来了拉塔湖村有史以来的第一个粮食大丰收。尝到了水稻种植甜头的拉塔湖村民开发稻田的劲头更足了。在接下来的几年中,拉塔湖村的水稻种植面积逐年扩大,粮食产量年年翻番,村民的收入也逐年提高。1987年全村水稻种植面积占到了耕地总面积的80%,截至1990年全村的水稻种植面积达到了100%。

这一时期拉塔湖村的水稻种植业呈现出以下主要特征。

1. 水稻的种植面积随着开荒土地面积的增加而迅速扩大

这一时期经历了拉塔湖村土地开荒的高潮时期，如前所述，截至1982年全村的耕地已经达到了3000多亩。而在此之后的几年里村民仍然陆续开荒，截至20世纪90年代村里的耕地数量已经达到了近6000亩。与土地规模不断增加的是水稻的种植面积。这一方面得益于村委会的大力倡导；另一方面得益于国家的惠农政策和农民对水稻种植业认识的提高。

2. 水稻的单位产量有所增加，但商品率低

与前一个时期不同的是，这一时期村民开始重视对水稻种植业的资金投入和技术投入。村里的农业基础设施水平和村民的种植技术水平都有了显著的提高。村民在田里精耕细作，使水稻的单位面积产量较高。在这一时期水稻的最高亩产已经可以超过1000市斤。但是由于受传统观念的制约，村民的商品意识不强，生产出来的水稻的相当一部分留作自用，而送到市场上出售的水稻比较有限。

3. 农田基础设施建设不断加强

在这一时期，拉塔湖村的水稻灌溉和排水等农田基本设施建设得到了显著加强。实际上，从1980年开始，拉塔湖村就已经采取打井取水的方式灌溉稻田了。1980年村里打了第一口机井，1983年村里又打了3口机井。这一时期井眼较小，每口机井仅仅可以浇灌10亩稻田。1984年国家加大了对农村基本设施的建设投入力度，在这一时期国家提供资金、电、水泵等设施，由村里组织人力打电井。当年村里共打了4眼电井，每眼电井可浇灌能力较以前大为提高，这4眼电井每眼可以浇灌水田150亩。1986年以后村里开始逐渐有个人投资打小井。目前全村共有浇灌井200多口，全部为1986年以后打井。与此同时，拉塔湖村的排水等农田基础设施也逐步完善。统计数据显示，1985年至今，拉塔湖村农田基本

设施建设投入已经超过 400 万元。灌溉是水稻的生产基础，灌溉及排水等农田基本设施的建设与完善为拉塔湖村水稻种植业的发展提供了最重要的保障。

4. 机械化和科技水平较低

长期以来，拉塔湖村的农业生产主要是依靠畜力进行的。虽然这一时期，化肥、农药的使用量逐步提高，电力灌溉、脱粒等技术发展又使得家畜在劳动中的作用越来越小。但是家畜在农业生产中仍然发挥着运输、翻地等作用。这是一个畜力和农用机械共用的阶段。从总体上看，这一时期的机械化和科技水平还是比较低的。

三　第三阶段——水稻种植业向现代化方向发展阶段

这一时期的时间跨度是 20 世纪 90 年代初至今。近年来，拉塔湖村的水稻种植业正逐步朝着现代农业的方向迈进。从总体上看，目前拉塔湖村的水稻种植业在以下几方面体现了现代农业特征。

1. 生产经营集约化

近年来，拉塔湖村通过土地流转互换的方式把村民分散耕种的土地集中连片，形成了小户 40~50 亩，大户 100 多亩的一户一片地，一套井灌设备，一套农机具的集约化生产格局。截至 2008 年，村里超过 200 亩以上的种粮大户有 12 户，土地流转供给 2800 亩。通过加快土地流转步伐，拉塔湖村的土地逐渐向种田能手集中。课题组调研中发现，土地"易主"降低了水稻种植业的生产成本，也为种地能手提供了更大的施展空间。村民马喜全过去一共承包了 80 多亩地。前两年，他又转包了村里另外两户的 170 亩地，把自己完全"绑"在了稻田里。马喜全说："种的地多了，可并不感觉比从前累。因为现在种田主要靠机械化了。土地流转的好处是降成本、增效益。从插秧到最后收割，每个环节的支出都大幅度减少。"马喜全算了一笔账，分散种植时雇人插秧，一亩地的成本 70 元；现在用自己购置的插秧机，一亩地仅需要5元。土地流转集中经营后,仅插秧一项一亩地就比原先节省65元。

2. 生产工具机械化

农业现代化的直接表现是生产工具的机械化。拉塔湖村共有水稻种植面积1万亩,人均15亩,户均54亩。以前需要1.6万个人工,一年三弯腰完成水稻从种植到收割。从2005年开始拉塔湖村抓住国家加大农机补贴力度的政策,三年全村共投资536万元,争取国家补贴241万元,购买了水稻插秧机、水稻联合收割机、大中型拖拉机和打浆机等各种农机具,实现了水稻从催芽到收割全程机械化。推行农业机械化,既实现了秸秆全部粉碎,100%还田,又可节省资金、提高水稻亩产量。课题组实地调研时,村委会主任马喜军曾给我们粗略估算过,实现了水稻种植的全程机械化后,每亩地可以增产40~60公斤,节省资金160元。可见,在水稻种植的全程中,机械化不仅提高了农业生产效率,也使村民获得了实实在在的实惠。

3. 产品质量优质化

如何将生态建设与水稻种植业的发展结合起来是拉塔湖人一直思考并为之努力的方向。近年来,拉塔湖村及时调整了水稻种植方向,初步打造了沈北有机稻种植基地。拉塔湖村通过引进、培育龙头企业,走"公司+基地+农户"的路子,加快农业结构调整,形成优势产业,强化了"一村一品"的优势地位。2009年初,拉塔湖村与沈阳蒲兴禽业有限公司签订了有机水稻种植试验田合同3000亩,其余7000亩水稻实行半有机化种植。根据合同,由沈阳蒲兴禽业有限公司负责提供稻种、有机肥,并委托辽宁省稻作所、沈阳市生态研究所、沈阳市环保局的专家进行定期技术指导和检测。有机稻种植环保健康,每亩纯收入可达1600元,是普通水稻的两倍多。

4. 对劳动者培训常态化

马克思认为,劳动者是生产力诸构成要素中唯一能动的要素,在生产力中处于主导地位，提高劳动效率、促进生产力的发展的关键是提高劳动者素质。拉塔湖村水稻种植业的发展十分重视劳动者素质的提高。村里定期聘请水稻种植专家和科技人员到农户田间地头讲解水稻种植技术，聘请日本井关公司、久保田公司技术人员为村民讲解农用机器使用、维护、现场操作等技术。定期的科技培训提高了村民的水稻种植技能和水平，也为拉塔湖村水稻种植业向现代化方向发展提供了最为重要的技术保障。

图 2-1 村民向专家请教有机水稻种植技术

总之，拉塔湖村是我国辽北地区一个因水稻种植业而闻名的稻田村。拉塔湖村水稻种植业发展壮大既得益于我国农村经济体制改革，又是我国农村经济体制改革的缩影。在国家惠农政策力度不断加大、水稻种植业日趋成熟的今天，拉塔湖水稻种植业的发展面临前所未有的历史机遇，拉塔湖的水稻种植业也在拉塔湖人不断追求现代化的过程中驶入了一个新的发展时期。

第三节 渔业的发展

拉塔湖是一个因"湖"而得名的村子。村域内河道纵横，大小湖泊星罗棋布，渔业资源非常丰富。世代生活在这里的锡伯族人历来就有捕鱼的传统，然而从传统的以捕鱼为生到发展现代渔业养殖却是改革开放以后才开始的。

一 渔业发展的分期

拉塔湖渔业的发展大体上经历了两个时期。

1. 红火一时的捕鱼队时期（1958～1976年）

1958年人民公社化运动开始，为了发挥当地的渔业优势，拉塔湖地区以新城子公社（现新城子区的前身）为中心成立了捕鱼队。捕鱼队的成员主要是由各个村的捕鱼能手构成，拉塔湖村有10多位村民参加。当时捕鱼的范围是拉塔湖及其周边方圆百里内的辽河大小支流。由于拉塔湖地区的河流、湖泊乃至沟沟壑壑都可以捕到鱼，因此捕鱼工作一年四季都可以进行。捕鱼主要是利用传统的工具如拉网、丝挂、扒网、滚钩、花篮子等，其中又以马、曾、杨三大姓的捕鱼工具最为有名。当时，马家捕鱼主要使用花篮子，杨家捕鱼主要使用大网，俗称"杨家大网"，曾家捕鱼主要使用挂子，三家捕鱼工具各具特色，在当时声名远播。捕鱼队一年可以捕鱼十余万市斤，捕到的鱼一部分上交给沈阳市水产局，另一部分上交新城子食品公司。从20世纪50年代末到60年代初是捕鱼队的全盛时期，当时捕鱼队的成员多达50多人，每位队员都是非农户，每月可以拿到40多元工资，是一个让人十分羡慕的职业。

1965年沈阳市铁路中学有40多名学生下乡到拉塔湖地区，这些学生最终都被安排进了捕鱼队，这时捕鱼队的总人数增加到90多人。捕鱼队也被分成了3个部分，即渔业、农业、林业，每个部分有20～30人。这时队员们的工作已经不仅仅是捕鱼，其中的大部分成员开始从事农业和林业工作。1966年"文化大革命"开始，捕鱼队渐渐成了空架子。1976年"文化大革命"结束，捕鱼队的下乡青年被分配到各个村，捕鱼队也就此解散，红火一时的捕鱼队从此便销声匿迹了。

2. 渔业发展从粗养到精养的现代化转型期（1976～2010年）

改革开放以来，拉塔湖村逐步实现了从传统的撒网捕鱼向人工粗养、人工精养的现代化渔业发展模式的转变。1981年拉塔湖村分成两个生产队以后，生产队开始尝试在西大坑、南泡子、后湖等湖泊投放鱼苗。当时采取的方式是不定期的轮捕轮放。由于这一时期的渔业收入全部归集体所有，采取的仍然是一种"大锅饭"式的管理模式，村民的干劲不高，每年的渔业收入仅有7000～8000元。

1983年村民开始承包鱼塘，一些村民在原池塘基础上扩大养殖规模，村民马成国、曾凡维、杨纯芳等都曾先后承包村里的鱼塘。这一时期的渔业养殖规模较小，养殖品种主要包括鲤鱼、草鱼、鲢鱼（俗称"老三样"），喂养的饲料也主要有青草、浮萍、玉米面、稻糠等。由于采取传统的养殖方式，渔业养殖的单位产量较低，亩产仅300～400斤，平均收益也只在600～800元之间。从养殖模式上来看这一时期还属于粗放型养殖阶段。

进入20世纪90年代，拉塔湖村的渔业养殖逐步从粗放型养殖向精养高产型转变。从养殖品种上来看，不仅仅限于鲤鱼、草鱼、鲢鱼等"老三样"，渔业的养殖品种紧跟市场的"指挥棒"，一些为市场和消费者更为青睐的鲫鱼、青鱼、武昌鱼、鳜鱼、银鱼等成为渔业养殖的新宠。从养殖面积上来看，全村可以利用养殖水面1000余亩，现在已经开发近700亩，全部实现了精养高产，其中又有400多亩鱼塘的养殖品种向新优特发展。从经济效益上看，这一时期渔业养殖的单位产量有了明显的增加，亩产最高可达3000斤，每亩纯利润可达2000元。村民个人承包的鱼塘一般年收入在40万～50万元之间，最少的也可以收入10万元以上。

图 2-2 改造后的高产鱼塘

二 渔业发展的主要经验

课题组调研中发现,拉塔湖村渔业从粗养向精养高产的转变大致可以归结为四方面原因。

1. 村委会的大力倡导与支持

渔业养殖是一种技术性强、资金和人力投入大、风险高、利润不稳定的行业。拉塔湖人尽管有捕鱼和养鱼的传统,但对于承包鱼塘养鱼起初还是心存疑虑。一些人担心承包期太短,鱼塘的投入收不回来;一些人希望村里能够降低鱼塘承包费以降低投资成本。为了打消村民的这些疑虑,鼓励村民承包鱼塘,大搞渔业养殖,以村委会断然决定,个人开发的鱼塘只要与村里签订开发协议可以把承包期延长到40年,1996年以后免收个人开发的鱼塘承包费。村里的支持和承诺给村民吃了"定心丸"。从此以后，村民从事养殖业的积极性高了，村里的渔业养殖也步入了一个快速发展的新时期。

2. 加强池塘建设与改造，注重引进先进养殖设备

池塘养殖标准化改造是推进池塘传统养殖向现代健康养殖转变的重要途径，也是改变池塘养殖生产落后面貌的重要措施。针对村里池塘养殖产量低、利用率不高的状况，从20世纪90年代开始，拉塔湖村养殖户按照"生态、健康、循环、集约"的原则对低标准的池塘进行了标准化改造，极大地改善了池塘养殖生态条件，提高了池塘养殖生产能力和效益。不仅如此，在池塘养殖标准化改造的基础上又增加了增氧机、投饵机、井灌设备等，全面提高了池塘养殖的现代化程度和效率。

3. 重视渔业养殖的技术培训和科技运用

市场经济的发展使拉塔湖人深刻认识到，传统的养殖技术已经远不能适应市场的发展需要，渔业的健康发展离不开现代科技的指导，渔业的现代化最重要的是养殖技术的现代化。从20世纪80年代末开始，拉塔湖人通过采用"走出去和请进来"的方法不断提高自身养殖技术和水平。所谓"走出去"，就是村里组织养殖户到各地观摩，学习先进的养殖经验。如村里曾到过辽宁的盘锦市专门学习稻田养蟹，到沈阳市辽中县参观学习精养鱼技术。所谓"请进来"就是专门聘请养殖专家到村里进行技术指导与培训。如2006年拉塔湖村聘请了沈阳市水产畜牧局专家就养殖户十分关注的"水产高效、高产和当前的市场需求"进行了专题培训和分析。2008年聘请沈阳农业大学专家就水产养殖如何由粗放养殖向精养、老品种向新优特品种转变等问题进行了技术讲解。

4. 以市场需求为导向，准确把握渔业养殖的发展规律

产业的发展要注重市场导向，渔业的发展要瞄准市场，这是拉塔湖人在融入市场经济大潮后总结的经验。在课题组访谈中，养鱼大户马喜双说："研究市场让我受益匪浅，前几年淡水鱼的价格一直在低位徘徊，每公斤只有6元左右，很多养鱼户不但赔了钱，而且由于干旱，干脆把鱼塘变成了水田。今年鱼价上涨到每公斤 10 元,他们都干'瞪眼'却没有鱼了。"他分析说:"几年来,鱼价格一直很低,很多农户都投资其他项目了,这样的情况更加坚定了我养鱼的信心。他们不养了,市场上的鱼就要少,鱼少了,价格自然就上涨。这就是市场经济的规律。"市场经济条件下,熟谙渔业市场规律是对每一位养殖户提出的新要求。拉塔湖的渔业从粗养向精养高产的转变关键在于拉塔湖人掌握和充分运用了市场经济规律。

三 渔业进一步发展面临的主要问题

拉塔湖村的渔业发展虽然实现了从传统的撒网捕鱼、粗养向精养的现代化渔业发展模式的转变,但是由于这种渔业现代化的转型刚刚开始,渔业发展壮大过程中不可避免地出现了一些阻碍其进一步发展的突出问题。

1. 受资金、资源等方面的影响,渔业投入明显不足

渔业资金不足制约着渔业的发展,近几年政府虽然加大了对渔业养殖方面的资金投入,但就渔业发展本身的需求来看,资金是远远不够的,承包人投资也远远不够。很多个体养殖户的商品鱼产量一直不高的主要原因是资金不足。资金短缺首先造成苗种投放数量不够,直接影响商品鱼产量,资金的不足还使得各养殖户名特优品种养殖比例很小,满足不了市场的需求。其次是抑制了鱼塘的改造和设备更新。现在养殖户所用的鱼塘,一般都是 20 世纪 90 年代修造的鱼池或天然鱼池,大多都已老化,注排水设施不健全,淤泥厚,池子浅,不能满足放养的需要。要想提高经济效益,充分发挥鱼塘的作用,必须进行鱼塘改造及更新设备。而由于近几年土地价格不断上涨,原有池塘因土地租金不断提高,致使效益降低,导致部分池塘停用以至废弃,新挖池塘补充不足。

2. 基层水产技术推广、良种繁育等基础服务体系还不健全

由于资金、人员等的缺乏,造成基层技术推广体系不完善,基层技术人员不到位,使得基层技术推广问题凸显,新技术推广存在一定的困

难。此外，拉塔湖养殖业主要以养殖成鱼为主，当地没有大型的水产良种养殖场，鱼苗、鱼种多从外部购买。或由于运输等原因，造成苗种伤亡；或由于苗种质量问题，成活率低。而在引进鱼苗的同时极易把疫病带来，给渔业生产带来极大的隐患，如前几年经常暴发淡水鱼类出血病，给养殖户造成了很大损失。因此，解决良种繁育问题迫在眉睫。

3. 组织化、产业化、专业化程度不高

拉塔湖村的鱼塘比较分散，基本上是单家独户的经营模式，规模较小，不适应标准化生产管理，产业市场竞争力弱，抗风险能力差。部分养殖户还采取了鱼鸭混养的养殖方式，养殖水质不符合养殖用水要求。网箱养殖方面缺乏专业化，很多是以辅助产业来经营的。从网箱养殖的鱼苗放养、生产管理、病害防治、产品营销来看，其专业化程度还很低。2009年拉塔湖村水产养殖鱼池分布情况见表2-1。

表2-1 2009年拉塔湖村环村水产养殖鱼池分布情况

单位：亩

养殖户姓名	养鱼池地块名称	养鱼池面积	养殖户姓名	养鱼池地块名称	养鱼池面积
马喜武	后湖东口	48	曾繁福	南泡子西	5
	五大路西	22	任加海	五大路东	6
金万俭	黄拉线桥北	28		西甸子	19
张明辉	黄拉线桥北	14	张敬超	左小河西大堤北	8
马喜双	黄拉线桥南	34	关铁军	西甸子	5
	黄拉线路东	20	曾繁威	老窑地	29
马喜军	岳拉线桥北	15	曾繁奇	西甸子	19
李伟	岳拉线路北	12	佟成众	提水站	5
杨秋明	岳拉线桥南	5	曾繁兴	老窑地	8
马生宝	岳拉线路西	10		后湖西口	18
马喜权	南泡子东	14	查玉清	后湖	53
张秀红	南泡子东	5	王国禹	后湖	250
曾庆昶	南泡子	5	合计		696
曾繁维	南泡子	39			

资料来源：拉塔湖村委会提供。

4. 水产品加工业等第二、第三产业发展滞后

2009年，拉塔湖村生产商品鱼达到400余吨，其中成品鱼都销售到外地或自销，而多数野杂鱼由于没有水产品深加工的大型工厂，都以较低的价格出售，没有发挥应有的市场价值。渔业的发展，应带动周边地区如休闲渔业、旅游业等的发展，但由于各种原因，拉塔湖村至今没有形成统一的产业链，各自为政，互相牵制，制约了各自的发展，并造成资源的浪费。

四 发展现代化渔业的对策建议

渔业现代化是用现代化工业装备渔业，用现代科学技术改造渔业，用现代化管理方式管理渔业，用现代化科学文化知识提高渔民素质的过程。是建立高产优质高效的渔业生产体系和可持续发展的渔业生态系统的过程，也是大幅度提高渔业综合生产能力和经济效益，不断增加水产品有效供给和不断增加养殖户收入的过程。目前，拉塔湖村的渔业发展正处于由传统经营模式向现代经营模式转型的关键时期。在未来很长一段时期，发展拉塔湖村的现代渔业要在解决其面临的上述主要问题的同时，重点做好以下工作。

1. 建立多渠道、多元化的渔业投入机制

要加快完善以国家投入为导向，以集体和养殖户投资、投劳为主体，社会性投资、招商引资为补充的多元化投入机制，加大对渔业的投入，加快渔业资源开发、渔业基础设施建设和水产品加工、运销、流通体系建设。

2. 强化渔业标准化体系建设

要想发展现代渔业，提高鱼产品质量，增强鱼产品的市场竞争力，必须强化渔业标准化体系建设。一是积极主动、科学合理地采用国际标准和国内外先进技术标准，提高拉塔湖渔业标准化水平；二是根据不同水产品种类的特性制定相应的标准，包括产地环境质量、养殖技术、包

装储运等技术操作规程。

3. 积极推广科学健康标准化养殖模式

要想发展现代化渔业,提高鱼产品质量,增强鱼产品的市场竞争力,必须强化渔业健康标准化养殖模式。要加强渔业健康标准化示范区建设,进一步加大渔业健康标准化培训力度,加强渔业健康标准化队伍建设,建立起一支高素质的渔业健康标准化推广队伍和管理队伍。

4. 加强水产品质量安全管理,提高渔业市场综合竞争能力

渔业产品质量安全问题是影响渔业产品市场开拓的一个关键问题,渔业产品质量安全工作必须贯穿于渔业产品生产、流通、销售的各个环节。要建立起从池塘到餐桌的质量监控体系,建立起质量可追溯制度,逐步建立起市场准入制度,严把"四关"(基地标准关、养殖过程关、流通销售关、质量监督关)。

5. 加快水产产业经营步伐,提高渔业的组织化程度

在市场经济条件下,如何将千家万户分散经营的养殖户与千变万化的大市场实现对接,提高渔业的组织化程度,最有效的办法就是加快发展产业化经营。从总体上说,拉塔湖村水产产业化经营水平不高,没有较强带动力和辐射力的龙头企业,龙头企业与渔户之间的利益连接机制更是没有被很好地建立起来等。水产产业化经营的工作重点,一是要大力培植、引进一批实力强、带动力和辐射力大且信誉度高的加工、出口和市场型龙头企业;二是要大力推进"龙头企业+基地+农户"的经营模式和实行利益共享、风险共担的经营机制;三是推行品牌发展战略,做大做强拉塔湖渔业品牌;四是加快中介组织、养殖户专业合作经济组织和水产经纪人队伍的建设;五是加快组建渔业行业协会,指导全村渔业中介组织和养殖户合作经济组织的发展,实行行业自律,协调行业产前、产中、产后关系,自觉地维护本行业的利益。

6. 争取相关扶持政策,充分调动养殖户生产积极性

这方面需要重点做好以下工作:①梳理、明确水面权属,逐步推进

水产养殖进入制度,对养殖水面发放水面养殖证;②建立鲜活水产品"绿色通道";③加强对水产原良种场和重要商品鱼基地的保护;④加大对中低产鱼池的改造力度;⑤抓好渔业生态修复工程建设;⑥加大对水产品养殖基地建设的扶持力度;⑦强化技术推广等服务体系建设。

第四节 农业机械化的发展

农业机械化是农业现代化的重要组成部分,是实现农业现代化的一个主要标志,是农业生产力中最具活力的要素,是农业生物高新技术研究成果得以有效实施和推广的关键载体。农业机械化的实质是农业生产手段的技术变革,是现代农业生产过程中的基本环节,是现代农业的重要物质基础,更是建设现代农业不可逾越的发展阶段,这是为世界农业现代化实践证明的普遍规律。"农业的根本出路在于机械化",毛泽东的这一论断,正是对农业机械化在建设现代农业中的重要意义和战略地位的高度概括。

一 国外农业机械化的发展概况

纵观世界农业机械化的发展,从美国在20世纪初最早推行农业机械化起,已有100多年的历史。技术进步使20世纪后半叶世界各国发展农业机械化的周期迅速缩短,大多数发达国家在20世纪60年代先后实现了农业机械化。农业机械化创新已经成为国际21世纪合理利用农业资源、提高作物产量、降低生产成本、保护环境和提高农产品国际市场竞争力的重要保障。

从水稻种植方式的角度来看,国外水稻种植机械化水平较高的国家,根据其水稻生产特点选择和采用适合自己的机械化种植技术。现在,国际上实现水稻机械化种植技术的国家和地区大多水稻种植的方式和品种类型均较单一。如欧洲、美国、澳大利亚等国家和地区以机械水直播为主，而日本和韩国则以机械化插秧为主。

在欧洲、美国、澳大利亚等国家和地区，由于稻田面积较大，水稻品种多为粳型常规稻，为防止鸟类等危害种子、控制杂草和防止土壤返盐对出苗的影响，采用水直播方式。直播时多采用大型高速拖拉机或飞机撒，播种时用种量很高，一般200～220公斤/公顷，种子成苗率很低，仅在30%左右。日本和韩国以机械化插秧为主，品种类型主要是常规粳稻。韩国在20世纪70年代手工插秧比例达90%，随着社会经济的发展和农村劳动力大量向城市和工业转移，机械化插秧得到快速发展，到80年代底已基本实现种植机械化，机械化插秧比例达到90%以上，其余为机直播。韩国希望进一步推进机直播的发展，降低成本，提高效益。然而，由于韩国水稻生长季节比较短，机直播的发展也受到水稻生长季节的限制。可见，农业机械化的发展一定要与本国、本地的具体情况相适应。

二 拉塔湖村农业机械化的发展过程

与我国其他农村地区"人多地少"情况不同的是拉塔湖村"人少地多"，人力不足问题一直比较突出。因此，长期以来拉塔湖人比较重视农业机械化。拉塔湖村的农业机械化发展过程大致可分为五个阶段。

1. 第一阶段是从"土地改革"后到合作化时期

这个时期村民的农业生产主要采用的是传统的耕种方式，牛、马、骡、驴等牲畜在农业劳动中发挥着不可替代的作用。但这时农机化已经开始起步，双轮双铧犁、单行播种机等新式农具开始推广。

2. 第二阶段是人民公社时期到改革开放前

这一时期拉塔湖村农机化得到较快发展，村里成立了集体的机耕队，大中型农机具发展较快，年均增长17%。截至1982年，拉塔湖村拥有1台12马力手扶拖拉机、1台60马力轮式拖拉机、1台链锁拖拉机。但由于经济发展水平所限，拉塔湖村的实际综合机械化程度仅为20%左右。

3. 第三阶段是改革开放初期到 20 世纪 90 年代中期

这一时期大中型农机具停滞不前,适合农户家庭使用的小型农机具大量发展,年均增长 10.7%,田间作业机械化程度有了较大的提高。这一时期的小型农机是以"手扶"、"小四轮"为主的小型低性能农机,其优点是适合大多数农户的收入水平和家庭经营规模的需要,主要作用是代替人畜力。由于小型农机的引进以及旱田数量锐减,这一时期牲畜的作用越来越小,传统的耕种方式遇到了前所未有的挑战。

4. 第四阶段是从 20 世纪 90 年代中期到 21 世纪初

这是农机化快速发展时期,也是拉塔湖农业机械化发展的关键时期。这一时期拉塔湖的农机装备和农机服务都出现了令人瞩目的发展,而其中的主要原因是村民从农业机械化中获得了"实惠"。如 1998 年,人工收割水稻每个工人工资和其他费用共约 50 元,割 1 亩需 2 个工,工费 100 元;机械收割一般收费每亩 50 元,可降低农户一半生产成本,而机械全部成本折合每亩 38 元,农机经营者也有利可图。可见,背后的经济因素在推动农机化快速发展中起了决定性作用。但是在这一时期传统的耕种方式并没有彻底退出历史舞台,拉塔湖村实际上处于一种半机械化的农业生产方式过程之中。

5. 第五阶段是从 21 世纪初至今

这一时期拉塔湖村进入了一个全程机械化的新时期。2004 年,在农机化发展史上是极为重要的一年,因为这一年中央正式提出对农民购买农机给予直接补贴,《中华人民共和国农业机械化促进法》开始实施。从以往国家支持农业形式主要是补贴流通领域和给农业工作部门投资到国家财政资金直接补贴农民,从过去靠行政、政策、规划指导农机化发展到国家立法来促进农机化发展,都是划时代的进步。国家的惠农政策极大地激发了拉塔湖村民购买和使用农机的积极性和热情。从 2004 年到 2007 年,拉塔湖村用了三年时间投资 536 万元,争取政府补贴 241 万元,购买日本井关乘坐式水稻插秧机 18 台,手扶步进式水稻插秧机 80 台,水稻联合收割机12台，大中型拖拉机60台，打浆机等各种农机具100多台。全村在2008年实现了水稻种植从催芽到收割的全程机械化，传统的农业耕种方式也从此彻底告别了历史舞台。

与以前小型农机占主导的情况不同，这一时期大中型农机在农业机械化中唱主角，这主要是因为大中型农机可以充分满足生产发展和农业技术进步的需要。如小型农机马力小、耕层浅（只有10厘米左右），长期使用就形成了坚硬的犁底层，不利于作物生长，而大中型农机可以进行深松作业；小农机一般只能带一个农具甚至只能单垄作业，而使用大型拖拉机可以实现宽幅、复合的立体作业；小农机也无法承担生态农业、秸秆粉碎还田等作业。

图2-3 村农机大户购置的收割机

农业机械化的历史实践表明，当农机数量和农机专业户有了一定发展之后，农机专业协会和农机服务组织必将应运而生。2009年党支部书记马喜军组织村里6位拥有50万元以上农机的农机大户成立了"沈阳市沈北新区拉塔湖农机专业合作社"。该合作社主营业务是提供水稻育苗、插秧、收割机械化服务。服务的对象以本村村民为主，跨区作业为辅。农机合作社是农机户之间的社团组织，它一方面为农机户会员提供水稻种植、农机维修、致富信息、市场行情等方面的服务，另一方面组织农机户跨区作业，提高农机使用效率和经济效益。在村农机合作社的组织下，拉塔湖村的农机户曾经先后到黑龙江省五常市、吉林省白城市、内蒙古自治区通辽市等地区从事水稻收割作业。在课题组调研过程中，马喜军书记满怀信心地说："下一阶段拉塔湖村将由原来的农机大户组建农机专业服务公司，实行企业化规范经营和管理，推行公司制运行机制，这样可大大提高服务的质量和水平。"农机专业服务公司将是农机服务的高级发展模式，也是一种具有中国特色的农业社会化服务新模式。可以说，拉塔湖农机化发展进入了一个全新的阶段，呈现了健康发展的良好局面。

农业机械化是现代农业重要标志，也是现代农业的应有之意。拉塔湖村实现全程农业机械化的意义就在于它进一步解放了农业生产力。农业机械化将把拉塔湖人从面朝黄土背朝天的繁重的体力劳动中解放出来，把农业从以人力和畜力为主的落后低效的生产方式中解放出来，把拉塔湖人从世世代代养育他们却又束缚困扰他们的土地上解放出来，从而向生产的广度和深度进军，向农村第二、第三产业进军，向城镇进军。拉塔湖人从延长的农业产业链、从农业之外和农村之外可以获得更多的收益。

具体来说，农业机械化对拉塔湖人的重要作用主要有以下几方面。

第一，有利于转变农业增长方式，促进增产增效。农业机械是优良耕作栽培方法的载体，它拥有人畜力无法比拟的动力和持续力，它可以实现人工达不到的更高的耕作质量，可以实现精量播种、精量施肥以及其他先进技术，可以进行复合作业和连续作业，从而大大提高劳动生产率，节约生产成本，增加农业效益。实践表明，农业机械化使拉塔湖村每亩水稻每年至少增产40公斤，成本降低160多元。

第二，有利于防灾减灾，从"老天爷"手中夺粮。以水稻插秧为例，2008年水稻插秧时节遇到连续降雨，雨后插秧机抢栽，最多一天种800亩，适时完成了插秧。2009年水稻收获时节遇到连雨天，天一放晴，联合收割机就下地抢收，最多一天收割2000亩，及时抢回了到手的粮食，还有效地防止了霉烂生芽。

第三，有利于进行农业规模化生产，推动农业现代化进程。农业的机械化以农业的产业化为前提，相反，农业的机械化也能在一定程度上促进农业规模化和产业化。拉塔湖村农业机械化的发展在一定程度上推动了土地流转和水稻种植大户的形成。

第四，有利于带动农村就业，增加农民收入。农机发展以后，给农民开辟了与农机业相关的就业新门路，如大型拖拉机和联合收割机作业需一车多人，农机维修业也随之兴旺起来，村民的就业门路比以前更宽了。

三 拉塔湖村农业机械化的发展趋势

经过几十年的发展，拉塔湖村已经实现了农业生产的全程机械化，跨入了农机化发展高级阶段。在未来，拉塔湖村的农业机械化的发展将要重点做好以下几方面的工作。

1. 实行土地大规模集约经营

现代农业建设要求农业机械化健康发展，规模经营则是机械化发展的前提。也就是说，农业机械化是建立在土地规模集约经营基础之上的，只有将各农户零碎的土地连成片，农业机械设备才能施展开来，才会发挥最大效能，才有用武之地。实现土地规模经营最关键的是建立土地使用权流转机制，通过土地使用权的出让、租赁、入股、授权经营等形式，使一部分农户包括已经转入非农产业的劳动力愿意转让土地，从而实现农村土地规模的集约经营。近年来，拉塔湖村通过土地使用权的出让实现了一定程度的规模集约经营，但目前的发展水平还远没有适应发展农业机械化的需要，在未来土地的集约化程度需要进一步加强。值得注意的是，近年来拉塔湖村民开展的联合收割机跨区作业也是实现土地规模经营的一种方式。这种大面积跨区联合机械化作业方式不改变原有承包关系、不进行土地使用权转让，在平坦连片的耕地上为机器的规模化耕作提供作业条件，从而实现土地的规模经营和农业生产的机械化，值得坚持和推广运用。

2. 发展保护性耕作

保护性耕作主要推广秸秆粉碎还田、免耕播种、化肥深施和农药精量喷洒等技术。实施保护性耕作具有保护农田、减少扬沙、抗旱节水、培肥地力、提高单产、降低成本和增加收入等多种功效，是一项经济效益和生态效益同步、当前与长远兼顾、农民和国家双赢的重要农业科技工程措施。大力发展保护性耕作是建设社会主义新农村的重要内容，也是建设节约型农业、现代农业和实现农业可持续发展的必然选择。因此，保护性耕作技术及机械的研究推广，对于促进拉塔湖村农业节本增效、环境保护、资源合理利用以及加速节约型农业机械化的发展具有重要意义。

3. 加快发展步伐，推进农机服务产业化

农机作业服务组织对推动农机服务产业化发展起着非常重要的作用。2009年拉塔湖村农机合作社的成立为推进拉塔湖村农机服务的产业化创造了良好的条件。在未来，要加强对个体农机经营服务组织的技术指导和信息服务，引导他们拓展服务项目，拉长农机服务链，示范带领其他农机户快速发展，并引导农机户、农机专业户向农机大户入股，实现民间的合作与协作，培植更多、更大规模的农机经营服务组织。在经营方式上，注重发挥农机中介机构的作用，大力发展农机协会和农机经营服务组织，积极推行农机社会化服务合同制，实现农机服务组织产业化经营。同时及时总结其他基层农机经营服务组织的典型经验，认真研究借鉴，使农机作业服务组织真正成为推进农机服务专业化、市场化、产业

化的主力军。

4. 大力发展水稻烘干机械

拉塔湖村已经实现了水稻种植从种植到收割的全程机械化，而随着水稻收获机械化的提高，村民对烘干机械提出了迫切需求。实施水稻烘干机械化具有如下优势：一是成本低，二是米质好、经济效益高。水稻经过低温循环烘干后，米质可提高一个等级，售价可提高0.4元/公斤。2005年，辽宁省灯塔市佟二堡镇东荒农场引进了低温干燥机，保证了133公顷水稻全部适时干燥，不仅获得了巨大的经济效益，而且有力地促进了机收和水稻生产全程机械化的发展，这样的经验值得拉塔湖村在未来的发展中学习。

5. 进一步强化对农业机械使用、操作、驾驶的技术训练

总体上看，拉塔湖村农民的科学知识和文化程度普遍较低，懂原理、会操作各种农业机械的人员比较少。建立相应的农机使用、操作、驾驶训练体系，对农民进行农业机械驾驶、操作训练，是加快农机化发展的重要措施。在未来，要抓好农机人才队伍建设，建立农业机械技术训练或指导机构，分期分批地实施以中青年农民为主的农业机械操作、维修技术训练，积极开展农机人才的培养。

第五节 对拉塔湖村经济发展的几点思考

中华人民共和国成立后，特别是改革开放以后，拉塔湖村的经济实现了前所未有的跨越式发展，昔日的穷乡僻壤，如今成了远近闻名的"鱼米之乡"。这不仅要归功于国家"三农"政策（关于农业、农村和农民的有关政策）的有力推动，还要归功于拉塔湖人的勤劳和智慧。展望未来，拉塔湖人在经济不断跨越式发展中步入了一个由传统农业向现代农业加速转型的关键时期。而在这个过程中我们不仅要看到新的历史发展机遇，还应该认真地思考制约拉塔湖村经济进一步发展的根本性问题。

一 经济发展中存在的主要问题

课题组在调研过程中发现，从村域经济发展与经济社会转型的层面来看，拉塔湖村在经济发展过程中还存在以下三个主要问题。

1. 产业结构欠合理，第二、第三产业发展滞后

近年来，拉塔湖村居民的产业结构相对过去而言已经比较多元化了。村里有越来越多的人开始从事运输、商业、服务业、劳务输出等非农产业。但从产业构成的角度来看，拉塔湖村仍是一个种植业和养殖业等第一产业占主导的社会，村里唯一的企业是一家年生产2万立方米空心砖环保砖的砖厂。产业结构直接决定收入结构，有什么样的产业结构，就会形成什么样的收入构成。受其以农业为主导的产业结构影响，拉塔湖村村民的经济收入主要是依靠农业收入。问卷调查显示，拉塔湖村民家庭收入结构中，农业收入占总收入的96.41%，工业收入占总收入的1.19%，建筑业收入占总收入的0.31%，商业服务业收入占总收入的0.67%，其他经营收入占总收入的1.42%。可以说，拉塔湖的产业结构亟待由目前的"一二三"（农业、工业、服务业）升级到"三二一"结构。产业结构的升级必然带来村民收入结构的相应变化，而产业结构的升级和优化也是实现村民收入多样化、提高村民收入和壮大村域经济的一条必经之路。

2. 土地问题比较突出

农业、农村和农民问题，归根结底是土地问题。土地是农民的生存之源、发展之本，农民获得稳定的土地权利是实现其他权利的重要基础。长期以来，土地的多少通常是拉塔湖人衡量一个家庭富裕程度的最重要尺度。调研中发现，拉塔湖村主要面临两方面的土地问题。

（1）土地分配的公平性问题。中华人民共和国成立后，拉塔湖村共进行了两次大型的土地承包。第一次是1982年，实行的分配办法是先按家庭人口分配全村土地的70%，再按照家庭劳动力的多少分配剩余30%

土地，土地承包期15年。当时村里实际土地面积有2000亩左右，最终人均分配12~13亩。第二次是1998年，分配的办法是将原有土地分成五等平均分配（其中1等地1亩=1亩、2等地1.1亩=1亩、3等地1.2亩=1亩、4等地1.3亩=1亩、5等地1.4=1亩），土地承包期30年。而这一时期土地分配遇到的一个难题是如何分配村民自己开荒的土地。由于家庭联产承包责任制实行以后，拉塔湖村村民开荒地的积极性很高，因此在1982~1998年的15年时间里村里的实际耕地数增加了近4000亩。对于这部分增加的土地，开荒的村民认为自己付出了劳动、投入了资金，不应该与其他人平均分配；而没有开荒的村民则认为，土地是国家的资源，不能归某个人所独享，况且开荒人已经免费耕种了很多年了，应该把土地拿出来与大家平均分配。经过村委会与村民反复协商，最后对村民个人开荒的土地提出的分配办法是，开荒的土地开荒人自留40%，其余60%平分。然而，长期以来，村民在开荒地的分配问题上争议很大。开荒地分配的公平性问题一直是拉塔湖村诸多矛盾中的焦点问题，也是当前影响社会和谐稳定的最大障碍。

（2）土地延包30年后出现的人均及户均占地不均衡的问题。拉塔湖村1998年土地调整后，延包期为30年。延包时，依据承包法土地是按人平均分配的，之后由于"增人不增地，减人不减地"，新增的人口（如新生婴儿和婚嫁妇女）就无地可分了。这样，家庭之间人口变动的差距，造成户与户之间占地严重不均，有的村民好几口人仅守着一口人的地。由于失去了基本的土地保障，村民的收入状况发生了深刻的变化：在人均耕地面积低于村人均耕地面积的农户群体中，相对贫困人口在逐步增多。特别是随着"两减免、三直补"政策的落实，有地农民不仅可以享受土地的产出收益，同时还可以享受国家规定的各种补贴，由此进一步拉大了他们和无地村民之间的收入差距。但是，《土地承包法》又规定，承包期内，发包方不得调整承包土地。虽然第28条明确规定了应当用于调整或者承包给新增人口的土地，但拉塔湖村这部分土地不多，无法从根本上解决问题。

3. 村集体经济薄弱问题

在当前体制下，村级集体经济在保障农村基层组织正常运转、提供农村公共设施、建立和完善农村社会福利和社会保障体系等方面承担着重要的责任，在社会主义新农村建设中起着十分重要的作用。对于集体经济发达的村庄，村庄有能力进行部分基础设施建设，甚至还可以为村民提供较高的福利。但是"总的来看，改革使村集体经济实力削弱甚至瓦解，集体资产迅速减少，导致了大量'空壳村'（无集体财力村）的出现。"① 目前，拉塔湖村的村级集体经济发展存在着诸多问题，形势不容乐观。拉塔湖村没有一个集体企业，村里唯一的经营性集体财产是1998年土地承包时留下的320亩预留地和300亩后湖养鱼池。村干部的工资、办公经费主要是依靠政府的财政转移支付。村公共设施的建设资金主要来源于三个部分，一是争取上级部门的资金扶持；二是村里从集体财产经营收入中提供一部分；三是对于诸如有线电视安装等涉及全体村民利益的项目往往采取一事一议的方式争取村民负担一部分。但总体上看，村公共设施及公共事业的发展速度和规模往往是取决于上级资金的拨付效率和水平，由于这种"看菜吃饭"情况的存在，村公共事业的发展受到严重制约。而问卷调查数据显示，有30.2%的受访村民认为集体经济"重要"，有5%的受访村民认为集体经济"很重要"。可见，村民对于发展村集体经济有着比较强烈的愿望。发展壮大拉塔湖村集体经济、从而摆脱拉塔湖村公共事业建设的被动局面迫在眉睫。

二 发展经济的对策建议

以上对拉塔湖村经济发展中存在的主要问题进行了简要分析。从分析中可以看出，要想从根本上解决制约拉塔湖村经济社会发展与转型的

---

① 郭正林：《中国农村权力结构》，中国社会科学出版社，2005。

问题，主要应从三方面考虑。

1. 经济发展要多元化

经济发展的多元化势必要求经济结构的多元化。然而，上述分析表明，拉塔湖村的经济结构从整体上看还是以农业为主的较为单一的传统经济结构，由于多元化的经济结构而使收入来源多元化的家庭在拉塔湖村也还是少数。因此，多元化的经济结构与多元化的收入来源应该成为拉塔湖村经济发展的主要方向，这就要求村委会及上级政府部门在考虑拉塔湖村发展规划时，要把引导村民有意识地发展多种经济提上议事日程，尽可能拓宽发展领域，以使村民能够尽快发展起来。

但是，发展多种经济、调整经济结构并不意味着要彻底改变农业在拉塔湖村的主体经济地位。发展多种经济、调整经济结构一定要从拉塔湖村的具体情况出发，不能盲目追求建立工业企业作为拉塔湖村经济发展的支柱，从而舍本求末、扬短避长。从拉塔湖村的自然条件来说，不仅存在着发展多元化经济的优势，而且这种优势为发展农业与种养殖业等多种经济提供了得天独厚的条件。在当代特色、绿色农业发展前景看好的情况下，拉塔湖村大有用武之地。在未来的发展中，向着特色和绿色农业发展，应该成为拉塔湖村当代农业发展的主要方向。通过发展特色和绿色农业，进一步增强农产品的科技含量，使拉塔湖的农业经济真正成为支柱产业并产生相应的经济效益。对于现在已经小有规模并也小有成效的渔业，要尽大力扶持专业养殖户，扩大养殖规模和养殖品种，同时为养殖户发展养殖在资金、信息、技术、销售渠道等方面创造条件，以发挥示范带头作用，使渔业成为拉塔湖村的又一成规模、高效益的经济支柱。

2. 严格贯彻《土地管理法》与《土地承包法》，积极探索土地延包30年不变的具体实现形式

在新的历史条件下，民主执政、科学执政、依法执政是党执政的基本方式。这就要求面向农村工作的领导干部必须加强对农村土地政策和法规的学习，特别是要掌握《土地承包法》和《土地管理法》。在处理土地纠纷、土地分配的公平性等问题时，必须有一个基本的立足点，就是以国家的相关法律为依据，把农民的意愿和利益放在首位。另外，许多土地矛盾发生的根本原因是村民法制意识不强，如承包土地不签合同、使用他人土地不签协议等等。为此，应加大法制宣传力度，让老百姓自觉地去学法和用法，尤其要加大对《土地管理法》和《土地承包法》的宣传力度，使广大村民能够依法对土地进行保护和流转；同时要增强维权意识，以保护自己的土地合法权益。

对于土地延包30年不变所产生的问题，在实践中，可以试行以下做法：①允许在一定时间一定范围内对农村土地承包关系有所调整。比如，每隔5年对农村土地承包关系进行微调等。可以允许由村集体或生产组村民讨论，决定是否需要进行调整。②调整土地必须严格遵照规定的程序，由村民会议讨论决定。如果承包土地的人比较多，而土地数量较少，可以按时间先后顺序承包。特别是新生儿，应该按出生的先后顺序分配土地等。

3. 加大政策扶持，拓展集体经济发展空间

当前，村级集体经济的发展既受到来自外部的体制和政策的制约，也受到来自内部的产权制度和要素的制约。从外部体制看，村级集体经济组织没有法人资格，在现实中不能以市场主体的身份参与经济活动。在政策上，政府缺乏必要的扶持措施，村级集体经济组织甚至不能享受到专业合作社所享受的政策待遇。就村级集体经济组织本身看，大部分缺乏发展经济所必需的资源、资金、人才、技术等生产要素，缺乏发展村级集体经济的有效途径。这些都是造成村集体经济发展薄弱的原因。

为此，政府应给予村级集体经济更大的发展空间。一是修改和制定相关法律，明确村级集体经济组织的法人地位，为村级集体经济组织开展正当的经济活动提供法律保障。二是制定扶持村级集体经济发展的相关政策。例如，在土地政策上，在分配非农用地指标时留出一定比例用

于村级集体经济组织发展第二、第三产业，征用村集体所有的土地时按一定比例留予村级集体经济组织用于发展第二、第三产业，允许宅基地整理后多出的土地用于村级集体经济组织发展第二、第三产业，改商业性开发的土地征用为土地入股等等。在税收政策上，允许村级集体经济组织免缴建设项目的部分税费，将租用村集体土地开办的企业的税费收入按一定比例返还给村级集体经济组织等。在金融政策上，为村级集体经济组织提供政府贴息和担保等等。

第三章 村民生活与观念变迁

生活水平是指社会提供、广大居民实际生活消费的商品和服务的数量与质量状况,在很大程度上标志着居民物质需要的满足状况,主要用人均收入或人均消费水平等指标来衡量,[①] 通常通过人们的衣、食、住、行,以及健康、教育、文化、娱乐、社交等反映人们生活条件或环境的客观指标来进行测量与评估。改革开放以来,拉塔湖村村民的生活水平发生了翻天覆地的变化,村民的生活质量也有了很大的提高,而在不断追求生活水平与质量提高的同时,拉塔湖人生活方式也发生了历史性变革,人们的消费观念和精神面貌也发生了深刻的变化。

第一节 生活水平的变化

一 从收支水平看村民生活水平的提高

历史上的拉塔湖村是一个以贫困而出名的地方。当时人们有句顺口溜:拉塔湖村靠辽河,高地少来洼地多,十年就有九年涝,两场大雨就成河。1948 年,拉塔湖村的村民都住在马棚子、瓜窝棚里。村民的家里没有任何家具,每年到雨季的时候,家家准备好行李,随时准备出去避难。

---

① 杨桃源:《生活质量:中国人的新追求》,《瞭望》1999 年第 7 期。

第三章 村民生活与观念变迁 ○ 中国百村调查丛书·拉塔湖村

新中国成立后,拉塔湖村的村民开始逐步安定下来,村里的人口也越来越多。但是,拉塔湖地处辽河岸边,又恰是地势最低洼的地方,因此,人们的生活还是经常会受到洪水的侵扰。1951年和1953年辽河两场涨水,使已经过上安定生活的拉塔湖人又不得不背上行李,携带家小到其他地方避难去了。拉塔湖村的村民也由原来的170多户骤减到10多户,村民原来开垦的许多土地大都荒芜了。洪灾面前,拉塔湖人过着颠沛流离的辛酸生活。

1954年沈阳市北部的沈北大堤建成以后,拉塔湖人的这种生活开始发生了历史性的变化。沈北大堤构筑了拉塔湖人的一条生命防线,拉塔湖人从此告别了流离失所的生活。

辽河的水患没了,但地势低洼的拉塔湖仍然面临着内涝的窘境,特别是当时人们主要种植高粱、玉米、大豆这些旱田作物,几场大雨过后,忙了一年的人们可能还是颗粒无收。当时村民的生活只能说是在勉强维持吃穿的温饱线上挣扎。

如果说20世纪六七十年代是中国人经历着普遍贫困的年代,那么这时候拉塔湖人的贫困程度就可以用"有过之而无不及"来形容。年复一年,日复一日,拉塔湖人过的是靠天吃饭的生活。在20世纪70年代,拉塔湖村一个劳动力干活一年还挣不到100元,人们生活的贫困程度可想而知。在课题组调研过程中,马喜军书记给我们讲了他当时亲身经历的两件事情。他说:"我在14岁之前从来没有穿过线衣、线裤、秋衣、秋裤。我记得有一年因为国家布票没有发下来,到了端午节,我和兄弟们的棉衣换不下来,我父亲只好买了一百条白毛巾给我们兄弟三人做三套衣服,穿上这样衣服,距离远了一看就像三只绵羊。""我第一次进城到沈阳市是村里组织看样板戏《沙家浜》,当时翻遍了家里所有的箱柜,没有找到一件不带补丁的衣服,也就是穿着带着补丁的衣服在沈阳的长江照相馆照了人生中的第一张照片。"马书记讲的这两个辛酸的生活经历正是拉塔湖人以往贫困生活的缩影。在那个贫困的年代,对于尝尽贫困之苦的拉塔湖人来说，富裕、幸福都只是可望而不可即的。

　　进入20世纪80年代，情况逐步有所变化。国家开始实行家庭联产承包责任制，进一步解放了生产力，村民积蓄已久的劳动热情被极大地调动起来，人们看到了新生活的曙光。20世纪80年代初，一个劳动力一年平均就可以挣到800~1000元，人们的生活水平比以前也提高了一大截。1983年踏实肯干的马喜军当选为村委会主任以后，村民的干劲更足了。在马喜军的带领下，拉塔湖村村民的收入水平一年上一个新台阶，人们的生活发生着日新月异的变化。

　　2005年是拉塔湖村发展历史上具有里程碑意义的一年，因为在这一年国家取消了农业税，开始给种粮农民粮食补贴。这对于一个人均耕地10余亩的产粮大村而言无疑是一个福音。调研中，村民都说，"几千年来农民种田都得交'皇粮国税'，这是天经地义的事。取消农业税，这是我们做梦都不敢想的事情。更想不到的是，如今种田不仅不向我们要钱，国家还给粮食补贴，国家的政策真是越来越好了。我们的负担轻了，收入多了，生活更有奔头了。"

表3-1　拉塔湖村与辽宁省农村居民家庭人均纯收入对比情况

单位：元，%

年　份		2005	2006	2007	2008	2009
拉塔湖村	收　入	5890.0	6165.0	9120.0	11700.0	16000.0
	增长速度	—	4.67	47.93	28.29	36.75
辽宁省	收　入	3690.2	4090.4	4773.4	5576.5	—
	增长速度	—	10.84	16.70	16.82	—

资料来源：《辽宁统计年鉴2009》，拉塔湖村数据由黄家锡伯族乡政府提供。

　　从表3-1的数据可以看出，近年来拉塔湖村村民家庭人均纯收入有了明显的增长，最高增长速度达47.93%。与辽宁省家庭人均纯收入相比，拉塔湖村的家庭人均纯收入处于较高水平。以2008年为例，拉塔湖村的家庭人均纯收入高出全省平均水平6123.5元，增长速度高出全省平

均水平 11.47 个百分点。

收入水平的提高必然引起消费水平和生活水平的上升。调查数据显示，2010 年拉塔湖村 106 户村民的生活消费支出总计为 234.62 万元，户均 2.21 万元。其中，消费支出的中位数为 1.5 万元，是户均值的 67.87%；消费支出的众数为 1 万元和 2 万元，分别占调查总户数的 13.2%、5.4% 的生活消费支出最高户的支出合计为 89.15 万元，占总支出的 34.93%（见表 3-2）。总体上看，拉塔湖村的消费水平是比较高的。

表 3-2　拉塔湖村村民生活消费支出分组分布情况

支出分组（百元）	户数（户）	百分比（%）	支出分组（百元）	户数（户）	百分比（%）
0~50	28	26.7	351~400	2	1.8
51~100	17	16	401~450	2	1.8
101~150	10	9.3	451~500	1	0.9
151~200	22	21.6	501~550	1	0.9
201~250	5	4.5	550 以上	6	5.4
251~300	10	9.3	合　计	106	100
301~350	2	1.8			

资料来源：根据问卷调查数据计算整理。

从个案访谈中也可看出村民生活水平的变化。

关××，男，锡伯族，42 岁：

"我结婚的时候想买辆自行车，但当时手里没钱没买成。1982 年村里给种粮超过 5 万斤的大户发了沈阳市铁西百货商店购买自行车的车票，我才实现了买自行车的愿望。自行车当时是最时髦的交通工具了，村里的很多人都非常羡慕。1985 年我又在村里第一批买了'幸福牌'摩托车，这些年来一直骑摩托车出门。摩托车出门办事很方便，速度较快，但也有危险。现在生活好了，摩托车出了毛病一般都不修了，直接换掉。到目前已经换了 4~5 台摩托车了。去年媳妇买了电动自行车。我们的生活越来越方便了。"

杨××，女，汉族，54 岁：

"包产到户以前，我在生产队挣工分，一年到头手里也没有多少余钱，衣服、鞋子都是自己做。衣服破了也买不起新的只能往上面打补丁，穿的胶鞋都漏了还要打掌，真是'新三年，旧三年，缝缝补补又三年'。当时人们穿着的样式也很单一，就是'老三样'，灰军装、黄军装和绿军装一统天下。1978 年我第一年上班，一年共挣了 700 多元，这些钱有 500 多元家里用于偿还二哥结婚欠下的外债，剩下 200 多元归我自己使用。我拿着钱到新城子买了几件尼龙衫，当时都乐坏了。现在生活好了，衣服什么式样的都有，再也不用缝补衣服了，缝纫机再也派不上用场了。我家现在买衣服都到新城子或者沈阳市内去买最新款的，不喜欢的样式马上就不穿了，再也不心疼了。"

二 从恩格尔系数看村民生活水平的提高

国际上，衡量生活水平的一个重要指标就是一个国家或地区的恩格尔系数。所谓恩格尔系数，即食品消费的支出占家庭总支出或总收入的比例。19 世纪末，德国统计学家恩格尔发现，收入越低的家庭，购买生活必需品支出的比重越大；收入越高的家庭，购买生活必需品支出的比重越小。后来，美国的奥珊斯基用"食品消费"的概念取代了"生活必需品消费"的概念。联合国根据恩格尔系数的大小，对世界各国的生活水平有一个划分标准，即一个国家平均家庭恩格尔系数在 59% 以上为贫困，50%~59% 为温饱，40%~50% 为小康，30%~40% 为富裕，低于30% 为最富裕。随着收入的显著提高，拉塔湖村村民的恩格尔系数与辽宁省农村居民的恩格尔系数一样呈明显下降的趋势，略有不同的是拉塔湖村村民的恩格尔系数下降的趋势更加显著。

课题组利用问卷调查数据计算得出，2010 年拉塔湖村的恩格尔系数仅为 14.88%。对照联合国的划分标准，拉塔湖村的生活水平已经进入了最富裕的程度。恩格尔系数的下降反映出拉塔湖村村民的消费状态正从"生存型"向"享受型"过渡，消费结构的升级已经开始，居民在汽车、保健品、商品房等新型消费上将支出更多。课题组利用问卷调查数据通过对拉塔湖村各种生活消费居民在商品房、保健品、汽车等新型消费上将支出更多。课题组利用问卷调查数据对拉塔湖村各种生活消费支出占生活消费支出总额的比重的进一步计算发现，村民的购房（建房）支出占生活消费支出总额的51%，食品支出占生活消费支出总额的10%，教育支出占生活消费支出总额的8%，人情往来支出占生活消费支出总额的7%，衣着和耐用品支出分别占生活消费支出总额的5%。这种结果表明，村民的消费比重已经由最初的基本生活需求吃、穿占主要地位向吃、穿、住、教育等多方面发展。尤其值得关注的是，拉塔湖村村民的购房（建房）支出占生活消费支出比重最大。这说明随着收入水平的提高，村民对居住条件有了更高的要求，能够拥有一套现代化高档住宅甚至是在城市拥有住房的梦想正在变为现实。

佟××，女，锡伯族，64岁：

"我家人口多，包产到户以前有时连口粮都领不到。过年了，1口人才能从生产队领到7斤面。大女儿到黄家乡上中学来回24里地都是走去走回，中午带的饭是玉米饼子和咸菜，营养跟不上，闺女干瘦干瘦的。现在生活好了，孙子现在上小学，上学放学都有校车接送，中午在学校的小饭桌吃饭，什么都可以吃到，既营养又省心。现在我们想吃啥就吃啥，吃饭不仅要填饱肚子，还要吃出营养和健康。这是以前连想都不敢想的事情。还是共产党的政策好，给百姓造福了。"

三 从耐用消费品拥有量看村民生活水平的提高

中华人民共和国成立以来，拉塔湖村村民家庭耐用消费品经历了数

量从少到多，档次由低到高，种类由单一到多样，需求由生存型向享受型过渡的变化过程。这也是村民生活水平提高的又一重要标志。统计数据显示，1962年，拉塔湖村平均每百户农民家庭仅拥有自行车4台、钟表4只、收音机5台。1978年，农民家庭的耐用消费品也仅限于自行车、缝纫机、钟表、收音机"老四大件"的低档次水平，并且远未普及。随着拉塔湖村村民收入不断增加，温饱问题解决后，村民不再满足于简单的生活用品，购买的家庭耐用消费品越来越多。2000年以后，村民家庭拥有的耐用消费品出现了新的亮点——现代家庭生活的许多耐用消费品，如彩色电视机、电冰箱、洗衣机、摩托车、电话等迅速走进农家。问卷调查数据显示，2010年每百户村民家庭拥有彩色电视机118台、电冰箱86台、洗衣机83.9台、摩托车85.2辆、手机162.4部、照相机28.8部（见表3-3）。过去农民家庭可望而不可即的家用计算机、生活用汽车等高档耐用消费品也开始驻足富裕家庭。过去空荡荡的居室摆上了漂亮的家具和高档家用电器。

表3-3 拉塔湖村与辽宁省农村居民家庭每百户耐用品拥有量

耐用消费品	洗衣机（台）	电冰箱（台）	自行车（辆）	摩托车（辆）	电话（部）	手机（部）	彩电（台）	电脑（台）	微波炉（台）	照相机（部）	小汽车（辆）
拉塔湖村	83.90	86.00	100.00	85.20	88.00	162.40	118.00	65.50	26.60	28.80	16.70
辽宁省	72.28	44.44	102.54	56.46	91.11	91.06	109.79	4.02	5.98	7.09	1.11

说明：辽宁省为2008年末数据。
资料来源：《辽宁统计年鉴2009》，拉塔湖村数据根据2010年调查问卷计算得出。

与全省农民家庭的耐用消费品消费数量相比，拉塔湖村每百户拥有的电脑、小汽车等高端耐用消费品的数量更高。这不仅表明拉塔湖村村民具有更高的消费能力，而且还说明拉塔湖村村民的消费层次更高，更加具有现代特质。拉塔湖人的生活已经从一个柴米油盐的时代进入房子汽车的时代，从一个生活必需品的时代进入耐用消费品的时代。

四 从居住条件的改善看村民生活水平的提高

住房的质量是衡量居民物质财产的主要标准之一，一些学者甚至认为农户住房质量通常也是甄别农户家庭状况的快速、有效方法。[①] 中华人民共和国成立以后，拉塔湖村村民的住房条件和环境发生了翻天覆地的变化。从拉塔湖村建村到现在，拉塔湖村民的住宅由马架子、瓜窝棚到砖瓦房，再到钢筋混凝土结构住房、楼房或在城市购房，住房条件的变化经历了以下三个发展阶段。

1. 初步改善阶段

从新中国成立到20世纪50年代末期，拉塔湖村是由到处漏风的马棚子、瓜窝棚向土木草结构住房过渡的时期。1948年，拉塔湖村的村民都住在简陋的马棚子、瓜窝棚里。由于每年都要面临辽河洪灾的威胁，那时的村民无暇顾及修缮住房，每年到雨季的时候，家家准备好行李，随时准备出去避难。特别是1954年沈北大堤建成以后，拉塔湖人才过上安定的生活。这时人们开始利用泥土、野草和树木搭建住房。在人们的辛勤努力下，一栋栋由土木草构成的土坯房拔地而起。尽管这些土坯房有很多的裂缝，有时风大连油灯也点不着，而且又矮又暗又潮，但村民毕竟有了属于自己的房子。这对当时的村民来说简直就是翻天覆地的变化，正是从这个时候起，村民们彻底告别了马棚子、瓜窝棚的居住环境。

2. 大规模发展与改善阶段

20世纪70年代末80年代初，是由低矮肮脏的土坯房向宽敞明亮的砖瓦房过渡的阶段。从20世纪70年代末开始，拉塔湖村有人陆陆续续地开始拆掉原来土坯房新建明亮的砖瓦房。当时能盖得起砖瓦房的人家在当地凤毛麟角，通常都是一些富裕户、"万元户"。村里开始大规模新

[①] 张时飞：《用参与式贫富排序方法识别农村低保对象：一项探索性研究》，http://www.docin.com/p-8396704.html。

建砖瓦房是在 20 世纪 80 年代初期马喜军当上村主任以后。马喜军带领拉塔湖人投入艰苦的创业历程之中，经过不懈的努力，拉塔湖村逐步走上了经济发展、生活富裕的道路。富裕起来的拉塔湖人，开始投入大量资金兴建村民住宅。昔日低矮简陋潮湿的土草房不见了，取而代之的是宽敞的砖瓦房。这一时期拉塔湖村住房的主要特点是：住房结构改善，砖瓦成为主要建筑材料，住房面积增加；住房布局合理，住房质量提高，即由单纯的御寒保暖向御寒、保暖和美观相结合的形式转变；在住房条件和面积大为改观的同时，住房环境也发生了改观。

图 3-1　修路

3. 快速发展阶段

20 世纪 90 年代，是从砖瓦房向钢筋混凝土结构住房、楼房迈进的阶段。这一时期，拉塔湖村的建房标准显著提高了，住房设计开始趋于城镇化。村民开始建设宽敞气派的"北京平房"和大瓦房。一些富裕农户迅速建起了别具一格的"小楼房"，令城里人羡慕不已。与此同时，房屋装修开始走入农家，自来水、水冲式厕所、"土暖气"正被越来越多的农户享用，呈现出"旧貌换新颜"的局面。

第三章 村民生活与观念变迁 ○ 中国百村调查丛书·拉塔湖村

问卷调查数据显示，从房屋类型上看，目前，拉塔湖村有97.1%的住房为砖混结构，有2.7%的住房为二至三层楼房。从住房面积上来看，家庭平均房屋建筑面积为124.68平方米，居住面积为91.04平方米，而每户平均的宅基地面积为671.87平方米。如此宽敞的宅基地不仅保证了村民蔬菜的自我供应，也为每户的绿化、美化提供了足够的空间。

从拉塔湖村盖房的主要原因来看，有17.4%的村民盖房原因是扩大面积，有14.0%的村民盖房原因是结婚，有13.2%的村民盖房原因是收入宽裕，有9.1%的村民盖房原因是式样翻新。村民盖房原因体现了拉塔湖村村民对提高居住条件的美好憧憬和现实追求。

此外，值得一提的是，进入21世纪以后，富裕起来的拉塔湖人开始在沈阳市和新城子区购买住房，目前在沈阳市和新城子区买楼的共有40多户。从访谈中了解到，这些村民大都农忙时回家种地，农闲时到城市居住，过着亦城亦乡的惬意生活。

马××，男，满族，51岁：

"我1981年结婚，当时没有独立的住房，只能与父母分住东西屋。1983年我花3万元新盖了100平方米的'北京平房'，初步改善了居住条件。1990年我又花8万多元重新盖了100多平方米的房子，当时的房子和城里的房子一样装有苯板和瓷砖，里面还参照城里的样式进行了装修。从那时起我家才开始住上宽敞、舒适的房子。现在村里年轻人都追求更高的居住条件。年轻人结婚一般不在本地买房子，有的在新城子、有的在沈阳市内买房。2006年我为给儿子结婚，也在新城子买了楼房，82.5平方米，房款加上装修一共花费了18万多元。儿子原来在城里打工，现在村里承包了80多亩水田，农忙的时候回村里种地，农闲的时候就在城里住。"

马××，女，蒙古族，52岁：

"1982年结婚的时候我家建新房，但当时手里没钱，盖的是没有砖没有瓦的草房，屋子非常狭小，前后都只有一个小窗户，共计也就20平方米。1985年的时候家庭条件好转了，我家重新盖了房子，盖的是村里当时流行的'北京平房'，砖瓦结构的，大约有80平方米。2004年我家又重新盖了房子，这次还进行了装修，一些现代化的设施和家用电器都配备齐了。2006年我家又花了20多万元在新城子买了80平方米的楼房。我们现在也过上了城里人的生活了。"

走进拉塔湖村，首先映入眼帘的不仅有宽阔平坦的水泥路、造型别致的村展览馆，更有一排排精美气派的村民住宅，点缀在一望无际的青纱帐中，这已经成为拉塔湖村民生活水平提高的最大亮点和最鲜明的特征。如今的拉塔湖与其说是一个村庄，不如说是一座世外桃源更贴切。

图 3-2 拉塔湖村

五 从幸福指数看村民生活质量提高

从以上分析可以看到，近年来，拉塔湖村村民的收入水平提高了，

第三章　村民生活与观念变迁 ○ 中国百村调查丛书·拉塔湖村

消费能力增强了，生活水平上升了。然而，随着生活水平的提高，村民的生活质量又如何呢？众所周知，生活水平和生活质量其实是两个不同的概念，它们之间尽管有着不可分割的联系，但两者的内涵和衡量标准却并不相同。生活水平相同，满意度不同，可以理解为这是同一生活层次或发展等级上的主观感觉上的差异，属于同质异量；至于生活满意度相同的人们，物质生活发展水平存在着差异，这说明他们在生活需求和满足感方面具有同一性，但在社会生活发展等级水平上有着质的差别，即属同量异质。① 因此，生活水平只是生活质量的一个方面，生活质量不仅包括人们生活水平这样的客观指标内容，还包括人们对社会提供的物质和精神生活的客观条件的主观评价内容。美国社会学家坎贝尔则直接将生活质量界定为"生活幸福的总体感觉"。② 在生活质量的研究传统中，有的选择以生活的满意度来测量生活质量，也有的以选择幸福感来测量生活质量。这两者的区别仅在于：前者是在人们态度中的"认知"（Cognitive）层面进行的探讨，主要询问人们对休闲娱乐、社会参与、居住环境、医疗保健、家庭关系、工作环境、经济收入等项目的满意度水平；后者是在人们态度中的"情感"（Affective）层面进行的探讨，主要询问人们对精力状态、疼痛状况、情绪状况等能量充盈的状态感觉。

2010年课题组在对拉塔湖村的问卷调查中主要选择了以幸福感来测量其生活质量。问卷调查数据显示，村民的幸福感较强。调查中在问及"您感觉日子过得是否幸福"时，回答"很幸福"和"比较幸福"的比例合计在受访者中高达69.4%。村民幸福感较强，说明村民的生活水平和生活质量在不同程度上得到了提高。不仅如此，调查还发现，村民对未来生活充满信心。当问及"您估计五年后自己的生活状况会怎样"时，有51%的受访村民认为五年后的生活会比现在"好很多"，有38.5%的

---

① 詹天庠、陈义平：《关于生活质量评估的指标与方法》，《中山大学学报论丛》1997年第6期。
② 周长城、蔡静诚：《生活质量主观指标的发展及其研究》，《武汉大学学报》（哲学社会科学版）2004年第5期。

受访村民认为五年后自己的生活状况会比现在"好一点",仅有6.3%的受访村民认为和现大比"差不多"。总体上看,近年来拉塔湖村村民在衣、食、住、行、交通和休闲娱乐等方面实现了全面的进步,村民的生活水平与生活质量显著提高,而这些有力地推动了拉塔湖人生活方式与生活观念的变迁。

第二节 生活方式的变迁

生活方式,较一致的理解是指在一定的生产方式的基础上产生、在诸多的主客观条件下形成和发展的人们生活活动的典型形式和总体特征。它是一个综合性概念,包括人类的生存、发展、享受的一切活动,反映了人的生活活动形式(包括物质、精神、政治)的一切要素的有机整体。马克思主义认为,人们的生活方式是由生产方式派生出来的,"物质生活的生产方式制约着整个社会生活、政治生活和精神生活的过程"。[①] 一般来说,生活方式的转型、变革,是从物质生活到精神生活、从衣食住行的外在现象到生活价值观念和社会心理的人的内部世界的整体演变过程。这一过程,又是建立在社会生活条件总体变化基础之上的。生活方式除了具有个体色彩之外,还在某种程度上反映了时代特征,受历史发展各个时期社会经济条件和科学文化水平的影响。

一 改革开放以来村民生活方式的演化阶段

改革开放以来拉塔湖村村民的生活方式的变迁大致可以分为两个阶段。
1. "双重体制"下村民的生活方式(1979~1991年)
1979~1991年是我国计划经济体制与市场经济体制并存的"双重体制"阶段。1978年12月,党的十一届三中全会胜利召开,不仅开创了中

[①] 张友渔:《宪政论丛(下)》,群众出版社,1986,第359页。

国社会主义革命和社会主义建设的新局面,也给中国人民的生活带来了蓬勃的生机。但市场经济在我国客观上处于刚刚起步阶段,传统的计划经济体制仍在继续运行并起着主导作用,习惯于计划经济体制的村民对经济体制改革和市场经济或多或少存在着理解和认识上的偏差与困惑。这一时期,拉塔湖村村民的生活方式有以下特点。

（1）自给性消费比重下降,村民对市场的依赖性增强。党的十一届三中全会以前,拉塔湖村村民收入主要靠从集体分配得到,而且是以实物收入为主,货币收入水平很低,农民生活消费基本是以自给半自给方式为主,商品性消费支出比重长期徘徊在1/3左右,最高不超过40%。1978年特别是1982年拉塔湖实行家庭联产承包责任制以后,拉塔湖村村民的消费方式由传统的自给半自给的消费向市场性消费方式转化,自给性的消费比重下降。统计数据显示,1978~1990年,农民的市场性消费比重由原来的40%左右上升到50%以上。特别值得重视的是,村民最主要的消费项目——食品消费支出率由1978年的23.8%上升到1990年的50.6%,提高了26.8个百分点,表明村民有史以来的自给自足的局面出现了重大的转折,即超过一半要靠商品交换来满足食品消费的需要。

（2）受传统习惯和短缺经济的影响,村民消费观念滞后。长期以来,由于受片面的崇尚节俭传统观念的影响,拉塔湖村村民大多认为节俭是美德,奢侈是罪恶,与这种观念相适应,节俭克制也成为村民传统的消费习惯。所以村民平时一般较少消费,饮食消费是整个生活消费的核心内容,满足于吃饱而不求质量,穿衣求防寒蔽体而不求款式,住房求栖身而不求舒适,用品求方便而不求性能,日常消费过于俭朴、节约,村民一生中的消费主要集中在建房、婚丧嫁娶等少数几件大事上,平日里的消费则主要集中在一些传统的节日盛典和人情往来等。从婚丧嫁娶看,有送彩礼、陪嫁妆、办丧礼、宴亲友等,各式各样,名目繁多;从传统的节日盛典看,如农历正月春节、元宵节,三月清明,四月西迁节,五月端午等等,村里的传统节日气氛要比城市浓厚得多;从人情往来看,送礼的名目繁多，礼仪也较为繁缛。同时，旧社会遗留下来的封建迷信习俗在村民中还有相当大的影响，如占卜算命、求仙治病、跳大神、看风水等迷信活动还不少。

（3）闲暇时间相对较少，精神消费内容单一。这一时期，由于生产力水平低下，基本上还是原始的手工耕作，村民的生产劳动任务繁重，加上村民日常生活消费中自给性消费比例相对较高，村民还要投入大量的时间从事家务劳动。所以，农民的闲暇时间相对较少，闲暇生活也主要在家中度过。"三十亩地一头牛，老婆孩子热炕头"，是对当时拉塔湖村生活方式的生动写照。同时，由于村里文化设施水平比较低、村民文化素质普遍不高等方面原因，村民的闲暇时间有相当大的部分是被消极性活动所耗费，精神消费内容单调，打牌、下棋、串门闲谈几乎就是他们闲暇活动的全部，闲暇时间消费质量较差，水平也较低。

（4）社会交往以血缘和地缘关系为主，交往的形式、层次比较单一。由于商品经济不发达，加上传统生活方式的历史传承，拉塔湖的村民基本上过着"日出而作，日落而息"的生活，村民的社会交往范围比较狭窄。虽然随着农村经济改革的推进和商品经济的不断发展，村民的业缘关系有所发展，但仍以血缘和地缘关系为主，大多数村民的交往范围仍只局限在生产共同体和生活共同体中。村民社会交往的对象，首先是血缘关系，包括本族亲属和姻亲；其次是地缘关系，即街坊邻居。同时，村民社会交往的层次也比较单一，一般仅限于相同年龄层次、相同文化层次等。另外，在村里还存在着根深蒂固的传统交往观念，异性之间的社会交往极少，大多是同性之间的交往。

2. 市场经济体制下村民的生活方式（1992年至今）

从1992年至今，是计划经济迅速向社会主义市场经济转化的阶段。进入90年代中后期，我国经济发生了重大变化，市场经济逐渐占据主导地位。这一阶段，我国加大了体制改革力度，国有企业、医疗养老保险、住房、教育等一系列改革相继出台，加大了村民对未来生活预期的不确定性。在这一经济制度环境下，拉塔湖村村民的生活方式发生了实质性的变化，呈现出一些新的特征。

（1）消费基本实现了商品化，但社会化程度相对较低。随着商品经济的不断发展，拉塔湖村民传统的自给型消费模式已经基本解体，村民除了粮食和一部分蔬菜食品消费外，其他消费品基本上通过市场交换来获得，村民对市场的依赖程度不断增强，消费模式基本实现了商品化。但由于服务行业和服务机构尚不发达，加上受自身传统消费观念的制约，村民普遍对家务劳动社会化接受程度较低，城市中较为普遍的便民服务和综合服务，如搬家业、家教、钟点工等在村里还很少见。

（2）消极节俭消费开始削弱，但消费的攀比行为和"示范效应"逐渐强化。这一时期，村民崇尚节俭的消费观仍占据重要地位，但节俭动机有了新的内涵，消极节俭动机开始削弱，积极进取的节俭动机开始增强，人们大多把节省下来的资金用于改善物质文化生活，如购买耐用消费品、改善居住条件、发展生产、提高文化素质等。但不可否认的是，村民在自身消费水平提高的同时，相互之间的攀比行为和示范效应在一定程度上逐渐强化，具体体现在购买家用小汽车和在新城子和沈阳市内购买住房等消费需求方面。一方面，农村经济发展后，村民收入增加，长期被压抑而得不到正常满足的物质享受欲望一下子急剧膨胀起来，传统消费观念中陈腐部分的影响也依然存在；另一方面，由于传统文化等因素的影响，村民大多以社会多数人的一般消费观念和消费行为来规范和约束自己的消费行为，其购买什么商品往往先考虑别人的评价和议论，按照约定俗成的标准和邻居们的先例来消费，总是希望自己在消费水平和消费方式上与周围的群体保持一致，具有明显的"社会取向"和"他人取向"，而不愿意追求个性化，从而限制了村民消费内容的扩展，阻碍了村民消费结构的优化。

（3）休闲成为时代的主题，休闲活动方式多以消遣型为主。休闲从来都是与人的本质联系在一起的，关注的是人的生存本身。改革开放以来的社会进步，使休闲成为时代的主题之一。20世纪90年代，"休闲"一词开始在中国出现，有学者总结出了党的十三届四中全会以来（1989~2002年）中国社会最流行的52个新词，"休闲"就名列其中。近年来，拉塔湖村村民的休闲时间较为充裕，休闲活动方式多以消遣型为主。一方面，随着城市化的推进和拉塔湖村农业机械化水平的不断提高，第一产业从业人员比例正在逐渐下降，村民并不仅仅局限于农业生产，除了农忙以外，其他时间主要从事第二、第三产业，休闲时间较为充裕；另一方面，随着农村改革开放的深化和经济的不断发展，尤其是交通、通信等基础设施建设的完善，村民的休闲生活日益丰富和多样化，读书看报、看电视、听广播、上网冲浪、逛街闲聊、旅游运动、走亲访友、充电学习等等都开始走进村民的休闲生活。村民的休闲活动方式仍多以消遣型、健康娱乐型为主，个人价值增值型和创造财富型的闲暇活动方式并不多。

（4）社会交往的空间范围逐步扩大。随着近年来拉塔湖村经济的快速发展和农村城市化进程的不断推进，拉塔湖村劳动力向城市工业及其他非农产业转移的机会增多，村民在农业以外的就业率不断提高，村民也因此走出了以前以血缘和地缘关系为前提的社交圈，把社会交往的范围扩大到各种职业领域，甚至各个社会阶层，以业缘和学缘为纽带的社交圈成为村民的主要社会交往对象。从交往的价值取向看，村民社会交往的价值取向相对较为务实，以物质交往和精神交往为主，体现与时代整体同步的信息交往比较少。另外，随着社会经济的发展，村民的社会交往方式趋向多样化，交往效率变得快捷、便利，手机、电脑、金融卡的普及应用，直接改变了村民生活的节奏，提高了村民的工作效率。数字化的生活带来数字时代的精彩，"e化生活"成为实实在在的大众生活。虚拟现实的出现，也在改变着人们的生活方式。

二 村民未来生活方式演进趋势

随着市场经济体制改革的不断深入和生产力水平的逐步提高，越来越多的拉塔湖村民（尤其是青年人）开始追求更加和谐的现代化生活方式。其中，"文明、健康、科学、节俭、低碳"是村民现代化生活方式的基本内涵，或者说，是拉塔湖村民未来生活方式的演进方向。

1. 文明

"文明"，即农民的个体生活活动和行为方式达到同现代工业社会的物质文明和精神文明成果相适应的水平，逐步消除小农社会和传统计划经济体制下形成的陈旧落后、封闭、僵化的生活方式。农业劳动生产率的提高，使农民能够从土地上解放出来，同时，商品交换的扩大与市场经济的发展为这些劳动力提供了新的生产活动的机会。除了在乡镇企业从事工业生产活动以外，村民开始涉足的新行业有运输业、商业、服务业、加工业等等。这种社会分工和新的职业分化为村民能力的全面发展提供了机会，同时也为拉塔湖村带去"求富"、"求知"、"求新"、"求美"的现代风貌。"求富"，表现在村民不甘贫穷落后，各尽所能大胆追求富裕美好的物质生活；"求知"表现在村民紧跟知识经济时代的脚步，追求新的知识；"求新"表现在村民对新观念、新事物的包容和接纳，并不断创造新的生活方式；"求美"则表现在越来越多的人开始注重对生活品位和格调的追求。

"农民站在工业文明的入口处，这是社会发展提出的一个重要问题"。[1] 在文明的生活方式的建构中，尤其要重视"求知"。村民应该学的东西很多，但是目前最应该做的就是学会学习，"学会学习"可能是一个比"学习什么"更为重要的问题，尤其要树立终身学习的理念。只有这样，才能使自己走进现代文明，认识知识经济，通过学习再学习，不断提高村民的文化道德素质和技能水平，使之真正成为"有文化、懂技术、会经营"的新型农民。

---

[1] 〔法〕H. 孟德拉斯：《农民的终结》，社会科学文献出版社，2005。

2. 健康

"健康",即农民的生活活动和行为方式应体现高尚的道德情操和审美情操,反对各种黄色低迷的、反动腐朽的生活方式。

首先,要培养良好的卫生习惯,提高村民的健康卫生水平。要教育引导村民养成良好的卫生习惯,不宰杀加工食用病死畜禽,不捕杀烹饪食用野生动物,居室和工作生产环境保持良好通风,不随地吐痰,不吸烟酗酒,不沾染毒品等。

其次,要培养健康向上的生活心理。健康的生活心理是养成积极向上的生活态度的前提。目前村民的人格中还保留着克己顺从、保守封闭、散漫自由、缺乏法制观念和竞争意识等传统心理。而随着市场经济的发展,人口的流动性、异质性大大增强,这对村民提出了更高的生活心理要求。要善于学习,培养良好的感知、适应、自控能力,善于化解各种心理压力,接受新事物、新概念,用积极的心态接受挑战和参与竞争。

3. 科学

"科学",即以现代化生活方式的构建为基本目标,以高尚的需求为出发点,坚持人们生活活动结构的合理性,以及生活资源配置的有效性。科学的生活方式是人们确立生活目标、生活原则、生活态度的现实起点。从生活主体角度看,生活方式体现为具有一定价值观念取向的人的主体活动。文化价值观因素往往在生活方式的构成要素中占有核心地位。不同的文化价值观,决定其选择不同的生活方式。"安贫乐道"、"知足常乐"与"小富即安"等曾是对村民保守封闭心理的最佳写照,这与他们长期生活在狭小封闭的社会里有很大的关系。

改革开放以来,城乡之间交流的扩大、大众传播媒介的舆论宣传加上自身的城市体验或流动经历,开阔了村民的视野,从而也打破了他们保守消极的精神状态。对美好生活的追求向往大大激发了村民们主动创造和积极进取的精神。市场经济的大潮也赋予了他们全新的市场观念、商品意识与应对风险的能力。在城市商品经济大潮的冲击下,村民或主动或被动地卷入旋涡之中，经过几年的弄潮搏击，他们逐渐以城市人的思维方式、价值观念支配自己的行为，形成了较为科学的生活方式。但是，在村民的生活水平有了显著提高的同时，也出现生活中的"病态"消费、超前消费、奢侈消费，这些现象应该引起高度重视。

4. 节俭

"节俭"，即勤劳节俭。注重生活质量是培育现代化农民现代生活方式的主导，但是，保持艰苦奋斗的精神、发扬光大中华民族生活方式的优良传统仍然是保持农村经济活力的源泉。消费方式是生活方式的一个重要内容，生产刺激消费，消费促进生产。正是在这个意义上，马克思说，没有生产就没有消费，但是，没有消费也就没有生产。社会生产正是在这种良性互动中不断发展，所以要鼓励和刺激消费，形成推动生产力发展的巨大动力。

目前，拉塔湖村的消费生活方式的主要特点表现为，一是消费生活水平大幅度提高，村民已由温饱型消费过渡到小康型消费。二是村民的消费需求呈现出质的提高，随着生活水平的提高，人们的消费观念有了很大的变化，消费结构、消费质量呈现快速升级之势。在对日常消费品、生产资料以及家电产品的需求上，已开始注重对品牌、质量和档次的追求。三是消费结构由"生存型"向"发展享受型"转变，消费模式由"单一固定型"向"多样变化型"转变。但是，拉塔湖村民消费也有不合理的趋向。一些刚刚走进富裕门槛的人们，就把有限的钱花在过分追求婚丧嫁娶摆阔气等不良消费上，把消费转变为浪费。这种现象如不制止，就会影响村民自身的全面发展，也会影响新农村建设。因此，树立要消费不要浪费的理念，崇尚节俭的生活方式是促进拉塔湖村经济发展、社会进步和精神文明建设的一个不可忽视的问题。

5. 低碳

低碳经济是一种以低能耗、低污染、低排放为基础的经济模式。发展低碳经济不仅涉及低碳技术的研发、国家产业政策的调整、国际贸易规则的改变，而且也同我们每个人的生活方式、价值观念的转变息息相关，它要求我们适当改变不合理的生活方式与生活观念，培养低碳生活方式。所谓低碳生活方式，就是低能量、低消耗的生活方式。它在全球共同应对气候变化的背景下应运而生，被专家认为是一场涉及生产方式、生活方式和价值观念的全球性革命。作为21世纪的新型农民，应该转变消费观念，倡导低碳生活方式。

（1）村民应树立正确的消费观。一是戒除以高耗能源为代价的"便利消费"嗜好；二是以"关联型节能环保意识"戒除使用"一次性"用品的消费嗜好；三是戒除以大量消耗能源、大量排放温室气体为代价的"面子消费"、"奢侈消费"的嗜好。

（2）村民要广泛参与低碳消费方式。公民参与低碳消费方式，需要关注认知性，即对低碳消费方式的了解和认知；可行性，即低碳消费方式的现实实用性和减少温室气体排放的有效性；可操作性，即低碳消费方式的可操作性；可承受性，即人们实行低碳消费方式的经济成本可以承受；可接受性，就是在道德价值和安全可靠等方面的社会接受程度。毋庸置疑，村民的消费方式会在点滴之处积少成多，成为新时代社会价值取向的"风向标"。

总之，拉塔湖村民的生活方式正逐步由传统走向现代，而现代化生活方式与传统生活方式，是不同时代、不同性质和不同类型的生活方式。由传统生活方式转型为现代化生活方式，是人类生活方式最大的一次历史性的跨越。经济上的发展带来思想观念上的变革，进而影响到农民自身的生活方式。拉塔湖村村民生活方式的逐步现代化是伴随着国家的现代化而产生的，它也经历了一个封闭、打破和与现代文明相融合的艰难历程。而历史也一再证明，只有通过实现农民生活方式的现代化来达到农民的现代化，才能充分发挥农民在现代化过程中的主体作用，才能保证中国现代化的最终实现。

第三节 价值观念的演变

农民价值观的变迁是农村社会变革的"一面镜子"。从某种意义上说，农民价值观的变迁是社会剧烈变革的必然结果，同时也以曲折和间接的方式反映了社会变革对农民行为的影响。富裕后的拉塔湖村村民，不仅生活水平与生活方式发生了深刻的变化，价值观念也在潜移默化地发生着改变。

一 村民价值观念的嬗变

1. 消费观的发展

古希腊哲学家柏拉图把人们的快乐感分为三个等次：爱财富，爱荣誉，爱智慧。马克思则按消费资料的不同功能将其分为生存资料、享受资料和发展资料。生存资料的需求是对最基本的衣食住行等生活必需品的需要；享受资料的需求是指对较高层次的物质和精神享受的需要；发展资料的需求则是指进一步提高文化素质及其劳动者技能的需要。经济的发展使拉塔湖人的消费观念发生了深刻的变化，村民告别了以往的那种"新三年、旧三年，缝缝补补又三年"低水平消费模式。从消费观念上看，目前拉塔湖人已经形成了积极的消费观念。村民在发展生产、增加收入的基础上，主动地改善自身的生活状况与生活环境，不仅追求基本生存资料的满足，而且追求享受资料与发展资料的满足，从而使自身的物质文化生活水平逐步提高。拉塔湖人常常挂在嘴边的一句话就是：现在条件好了，我们要吃好、穿好、玩好。过去的拉塔湖人吃饭求饱、穿衣求暖、居住求安，文化娱乐活动很少。现在的拉塔湖人吃饭讲究营养、穿衣讲究时尚、居住讲究舒适，具有浓郁锡伯族文化特色的活动日渐活跃。为了丰富村民业余文化生活，拉塔湖村先后成立了锡伯族篮球队、秧歌队、嘎拉哈队，定期进行具有民族特色的篮球赛、欻嘎拉哈比赛、广场晚会和民族知识竞赛等文体活动。

2. 致富观的变革

在拉塔湖村改革起始阶段，农民有一句"劳动致富"的致富经。很多村民依靠自己勤劳的双手，把承包的责任田侍弄得肥沃高产，温饱问题解决了，全村涌现出很多"万元户"。但是，农民并不满足于"万元"的富裕，他们追求"小康"生活。但实现"小康"仅靠勤劳是不够的，拉塔湖村村民的致富观，已从出力转到动脑。学知识、比技术在拉塔湖村早已经蔚然成风。拉塔湖村村民致富观的转变还表现在由只顾个人富裕转变到共同富裕。村里根据致富带头人的文化程度及特长，按照"按需设岗、因事设岗、以岗定责、责任到人"的原则，设立了工业发展带头岗、渔业技术传授岗、水稻种植技术示范岗、稻田养殖技术宣传岗，每个岗位安排 1~2 个负责人组织大家从事生产经营活动，目标是为了走向共同富裕。在拉塔湖村，村民的致富可以有先富后富之分，但先富不仅仅是个人发家，而是通过先富带动后富而实现共同富裕。从这里，我们可以看出拉塔湖村民致富观的变革。

3. 教育观念的转变

近年来，富裕起来的拉塔湖村民逐渐意识到智力投资、人才开发对于发展农村经济至关重要。广大农民从大量的事实中深刻体会到，文化素质越高，生产效益越好，就连种地也需要"抬头种田看大市"，自身的文化素质上去了，经济收入也上去了；经济收入上去了，人的素质跟着提高了，生活会更好。于是，村民不再满足于只是识几个字或会写自己的名字，而是认为接受的教育越多越好，希望提高自身的文化水平，得到技术培训。如今的拉塔湖村，聘请科技专家下乡、进城技术咨询、购买科技资料、接受远程教育成为人们喜闻乐见的技术教育渠道。不仅如此，富裕起来的拉塔湖人还十分重视对子女的教育。"读书无用论"在这里没有市场，让孩子辍学在家劳动的现象更是早已绝迹。如今的家长都千方百计地让孩子接受更好的教育。送子女到新城子区甚至沈阳市内上学是司空见惯的现象。课题组问卷调查数据统计显示，村民对于"自己的子女最低应该接受多少教育"的回答中,有66.9%的农民回答"最低大学毕业",还有6.8%的农民认为子女应该"博士毕业"。所有的这一切都说明,村民不再单纯追求物质的满足,教育观念的转变使人们逐渐把着眼点转向追求知识的更新与人才的培养方面。

图3-1 现代化远程教育示范点

4. 生育观念的更新

与我国其他的农村地区一样,在传统观念的影响下,多年来拉塔湖村形成了繁衍子孙乃天经地义的封建观念,因此,长期以来,"多子多福"的生育观念束缚着拉塔湖村村民。然而,近年来,村民的生育观念发生了明显的转变,从以前的生不出男孩不罢休转变为生男生女都一样。课题组问卷调查数据显示,有66%的受访村民认为目前的农村家庭可以没有男孩。不仅如此,在拉塔湖村,一些按照国家政策允许再生一胎的育龄夫妇也放弃了第二胎生育指标,因为他们更关心自己养不养得起孩子及孩子将来读不读得起书的问题。村民在发展经济的实践中已深深体会出"多子并不多福"、"越生越穷"的道理。如果说拉塔湖村村民生育观转变的初期是因为计划生育部门的干预而被迫实现的话，那么现在拉塔湖村村民生育观的转变完全是自觉自愿的。许多村民在彻底摆脱了旧的生育观的束缚后，正精神焕发大踏步地迈向小康之路。

5. 子女抚养观的改变

长期以来，拉塔湖人受到中国"不孝有三，无后为大"传统伦理道德的影响，婚姻的目的就是为了生育，而生育的目的是为了大家庭的传宗接代。在以家庭养老为主及劳动力相对缺乏的年代，父母视生育为自己将来养老的投资，给予孩子灌输更多的是责任教育，使社会重男轻女的现象比较严重。20世纪70年代计划生育政策的实施，使拉塔湖村家庭子女的数量减少，加之近年来村民生活水平的提高，使子女给家庭带来的边际情感价值大于边际抚养费用，很多独生子女成为家庭中的"小太阳"。对待孩子，父母的态度（尤其是年轻一代人）是使自己有完整的人生体验及爱的付出，不会单纯为了生育而生育，对孩子亦不求回报。课题组问卷调查数据显示，有14.3%的受访对象认为养育子女的原因是增加生活乐趣和维系家庭感情，仅有10.9%的受访对象认为养育子女的原因是传宗接代。可见，传统的子女抚养观念正日益受到影响和冲击，以"爱"为中心的孩子观正在形成。

6. 婚嫁观的变革

以前的拉塔湖村曾经流传这样一句顺口溜，"拉塔湖到处是河沟，男的打光棍，女的往外溜"，娶媳妇难曾是困扰村民的一大难题。然而，随着经济的发展，农村文明程度与村民文化知识水平的提高，如今的拉塔湖不但娶不上媳妇的光棍再也不见了，而且很多女孩还把女婿召到家里来。以前人们在女儿婚嫁上讨论最多的是如何给女儿找个好婆家，如今人们考虑最多的是如何给女儿找个好女婿。在拉塔湖村，"上门女婿"已经司空见惯。拉塔湖村村民的婚嫁行为和婚嫁观正悄然发生着变化。从婚嫁观念来看，其变革主要表现在以下几方面。

（1）择偶方式的转换。以前的村民择偶全凭"媒妁之言"，是一种被动的、盲目的、包办的间接结合模式。作为婚嫁双方的青年男女缺少应有的主动性与选择余地，往往是先结婚后恋爱，由此建立起来的家庭难免缺乏和谐稳定的感情基础。现在村民的择偶方式已逐渐转换为主动型、选择型、自觉型的直接结合模式，婚嫁双方经过自主自愿的接触与认识而组成和谐幸福的家庭。

（2）择偶标准的变化。原来的村民的择偶标准一是看对方的家庭地位，二是看对方的经济状况与富裕程度，三是注重对方的相貌，而现在的青年男女最注重的是对方的人品、知识水平以及生产经营能力，而相貌、家庭状况则是次要方面。

（3）择偶目的的升华。原来村民婚嫁绝大多数受"男大当婚，女大当嫁"古训的影响，因此择偶的目的就是组成一个家庭生儿育女，男耕女织。目前，青年男女结合的主要目的是在男女平等的基础上，以温馨和谐的家庭为依托，大力发展生产，不断改善自身的物质生活和精神生活，从而为全村经济的繁荣与社会环境的优化尽自己的一份力量。

7. 养老观念的转变

在20世纪80年代，如果你问一个拉塔湖村村民"你的父母应由谁来养"这样的问题，他一定会觉得非常奇怪，我自己的父母还能由谁养？当然由作为儿子的自己来养了；同样，当你问一个村民"你年纪大了由谁来养活？"他同样会感到奇怪，并不假思索地回答："当然要由我的儿子养我。"然而，随着市场经济和商品化发展程度的不断提高，以竞争和效率为核心的价值理念正潜移默化地影响人们的养老观念。一方面在家庭责任观念、家庭义务观念的不断更新、蜕变中，人们的尊老敬老养老观念开始淡化；另一方面，随着社会保障制度的不断完善，人们更多地采取了自我养老的方式。目前，在拉塔湖独立生活的自我养老老人越来越多。课题组问卷调查数据显示，有60%的受访老人没有与子女共同生活，而有近30%的受访对象认为养育子女的原因是"增加生活乐趣"和"维系家庭感情"。可见，在拉塔湖村传统的养老观正不断受到效益主义、

个体主义、消费主义等新的价值观的挑战和冲击，而这种冲击改变的不仅是人们的养老观念，还有农村传统的养老模式。

二 村民价值观变迁的特征

拉塔湖村村民价值观的变迁是村民理性觉醒和农村变革双向互动的过程，也是一个多种因素综合作用的过程。总体上看，拉塔湖村村民价值观念的变迁呈现出以下三个基本特征。

1. 影响因素的多维性

从影响因素来看，村民价值观的变迁是社会性因素、主体性因素综合作用的结果。从社会因素来看，村民价值观的变迁既呈现出农村社会变革的体制性特征，又具有文化价值导向滞后的人为痕迹。例如，市场取向的改革冲击了村民原有的养老观念，使村民对子女养老的依赖性大为减弱，村民自我养老的主体意识明显增强，而价值导向的模糊化又使村民在子女养老与自我养老的行为选择上处于一定程度的迷茫状态。从村民自身来看，村民价值观变迁既体现了村民对经济利益的重视，又反映了村民对增加生活福利的要求。比如，现在的农民不仅希望吃得饱、穿得暖，而且希望吃得好，穿得好，希望在吃穿住以外，还有各种娱乐和社会交往，关心超越自己生存的精神价值等。

2. 价值结构的"重叠性"

在拉塔湖村村民的价值观变迁过程中，村民的价值观既存在着从传统价值观向现代价值观转变的趋向，也存在着传统价值观与现代价值观共存于农民价值结构之中的现实，如消费观方面，村民既保持着崇尚节俭的传统价值观，又逐渐形成现代消费观。这种价值结构上的"重叠性"，既体现了村民随着社会转型而进行价值选择和观念调整的必然性，也反映了作为整体的村民其价值观变迁的自发性和非整合性特征。

3. 生活价值观念从保守到开放逐步更新

改革开放以来拉塔湖村经历了从传统社会向现代社会、从农业社会向工业社会、从封闭性社会向开放性社会的社会变迁，社会结构发生了深刻变化，开放性和流动性大大增强，原有的区域界限和地缘关系被打破，村民不得不面对地区发展、社会地位、生产方式、分配方式及生活方式的差异性。与此同时，村民面临的价值选择也日益多样化，单一的封闭的价值体系被多元的开放的现代价值体系所代替。以村民对家庭的观念变化为例，改革开放中成长起来的拉塔湖年轻人，其伦理道德、家庭婚育观念一改"重男轻女"、"传宗接代"等传统观念，而更加注重婚姻生活的质量。

三 村民价值观变革的未来图景

从现在起到本世纪末将是我国新农村建设十分重要的时期，也是拉塔湖村村民价值观更新的关键时期。随着新农村建设的推进和"以人为本"价值取向的逐步确立，拉塔湖村村民的生活方式、思维方式和价值观念都将发生巨大变化。

1. 新的消费观

科学的消费观要求村民从盲目消费、攀比消费向科学节俭型消费转变。受市场经济和城市消费潮流的影响，拉塔湖村村民的消费方式还存在一定非理性的因素，与农村实际和农民实际承受力不相适应。以人为本的价值取向要求村民要发扬艰苦奋斗、勤俭持家的社会新风，引导村民科学消费、合理消费、健康消费，提倡正确的消费观念和消费方式。特别是通过先进文化建设和组织引导，帮助村民有效抵制市场经济条件下以广告和时尚制造出来的消费观。例如，通过提倡健康生活方式来抵制暴饮暴食和大操大办；通过提倡艰苦奋斗，勤俭持家，减少在诸如穿衣、建房、购买耐用消费品等方面的炫耀性及竞争性消费。当然，村民消费观的转变并非一个简单的自然而然的过程。随着科学消费观的确立，以后村民的消费将向强调实用节俭方向转变，反对铺张浪费和挥霍奢靡之风，科学型和节约型消费方式将成为村民的自觉选择。

2. 新的生产观

科学的生产观要求村民从单纯注重经济增长向注重发展与节约并重方向转变。以人为本的价值取向将引导村民从注重经济增长转向注重发展循环经济，建设资源节约型村庄。在节约资源方面，以人为本的价值取向要求村民在农村发展过程中，要充分重视和考虑现有资源的有限性，注重培育资源消耗少、环境污染小、技术含量高、经济效益好的农产品，以节地、节水、节药、节种、节肥、节能和资源循环利用为重点，建立"资源—产品—消费—再生资源"的循环农业发展模式。在科学生产方面，以人为本的价值取向把发展节约型农业作为农业的主导方向，村民在发展中将会更加重视和考虑现有资源环境的承载能力和发展潜力，千方百计降低以农业机械为重点的农业装备能耗，加快高耗能老式落后农业机械的更新换代，降低单位农产品的能源消耗水平。在保持适度经济增长的基础上全面降低发展成本，减少发展代价，发展循环型农业和资源节约型农业。

3. 新的生态观

科学的生态观要求村民由注重对自然的索取向人与自然互利互惠的方向转变。以人为本的价值取向将引导村民着眼于人与自然的和谐，要求村民既关注人类，又关注自然；既维护人类的利益，又维护自然的生态平衡；既满足当代人的需要，又满足后代人的发展，确保整个社会生态系统的共存共荣、协调发展。人类要实现既满足自己、也满足子孙后代生存和发展需要的目标，就必须扬弃那种对自然界失去理性的享乐主义行为，从价值取向到生活方式实现一个重大变革。在未来社会里，随着新农村建设的推进，追求人与自然的和谐，实现人类社会全面、协调、可持续发展将成为村民共同的价值取向，并促使一种新的价值观——人与自然互利互惠的生态价值观的形成，这种价值观实质上是一种与传统的极端功利型思维方式相对立的互利型思维方式，用这种互利互惠的思维方式来处理人与自然的关系，其核心是保持人与自然的和谐关系。

第四章　婚姻、家庭和生育

20世纪40年代末以来，中国农村处于剧烈的社会变迁之中，这种变迁对农民的婚姻家庭产生了深刻影响，中国农村婚姻家庭发生了重大变动。在这一社会背景下，拉塔湖村村民的婚姻、家庭也发生了深刻变化。20世纪40年代末以前，拉塔湖村的社会文化形态基本上是传统的，婚姻家庭的一个重要特征是：家长对家庭成员有较高的制约权利，要求子女对父母绝对遵从和孝顺。因此，婚姻中的包办色彩浓厚。

土地改革后，中国农村又开始建立农村集体经济体制。1958年成立了人民公社。政府有专门机构和人员负责婚姻登记。在中国社会历史上这一规定具有创举意义，它标志着政府开始直接介入民众的婚姻缔结过程。集体经济时代，新的意识形态提倡婚姻自主，要求社员把对家庭事务的关注和对家长的忠诚转向集体，减少了家长对子女行为的束缚，家庭不必像以前那样计划其人口行为。集体化和公有化意味着食物、住所和工作从根本上不再是家庭的责任。从20世纪70年代末开始，中国农村实行了家庭联产承包责任制。农村的土地所有权仍属集体，但土地的使用权或经营权由原来的生产队组织下放给农民，每个家庭成为相对独立的生产单位，除土地之外的各种生产要素均在农民自己掌握之中。从形式上看，家庭的功能有一定程度的复归，但农民的婚姻家庭并没有出

现向传统的复归，而趋向于20世纪50年代以来城市所形成的婚姻家庭形态。[1]

第一节 婚姻状况

开始于20世纪70年代末的家庭联产承包制，推进了经济的大发展和家庭经济生活的显著变化，植根于这个经济基础之上的农村婚姻家庭必然地受到影响。

一 择偶方式

1. 结识配偶的途径

1978年改革开放以前，拉塔湖村的村民主要以"父母之命、媒妁之言"的方式缔结婚姻。随着改革开放和市场经济的发展，农村青年的流动性增强，而各种通信设施日益发达也为青年的自由交往提供了方便。随着男女青年交往频率的增多和交往范围的扩大，介绍婚姻的"媒人"的范畴也拓宽了：亲戚、朋友、打工时的同事、婚姻介绍所、报纸、杂志，甚至包括互联网。这使拉塔湖村青年人婚前交往和恋爱的可能性与渠道大大增加。拉塔湖村青年结识配偶的途径大致可以分为三种模式：父母包办、通过介绍（其中包括亲友介绍）和自己认识。在这三种配偶结识途径中，第一种途径（父母包办）显然带有传统色彩，所占比例很低，在年纪较大的村民中存在。第三种途径（自己认识）现代色彩最重，所占比例也较大，大多存在于年轻、在外面有过打工求学经历的村民。而第二种途径（通过介绍）介于二者之间。自由恋爱已经成为拉塔湖村青年择偶方式的主流。

---

[1] 王跃生：《社会变革与当代农村婚姻家庭变动研究的回顾和思考》，《当代中国史研究》2002年第5期，第80~86页。

2. 择偶标准

改革开放之前，拉塔湖村青年人择偶以"门当户对"、"郎才女貌"为标准。改革开放以后，政府计划生育部门大力推进婚育新风进万家宣传活动，营造良好的社会氛围，引导农村青年摒弃陈旧思想，建立正确的择偶标准。与此同时，拉塔湖村青年人的文化程度也有了很大提高，对社会新事物的接受能力得到增强，人生观和价值观发生了转变，择偶标准也受到了影响。他们对家庭背景的观念弱化，更多地向"个人本位"转移。并且由于农村社会的阶层分化迅速加快，在这一过程中，个人能力的高低，成为决定人们社会经济地位高低的一个重要因素。于是，传统乡村社会中的重"品行"，逐步让位于走向市场化的农村社会中的重"能力"。

3. 婚姻自主权

中国古代的婚姻宗旨是"合二性之好，上以事宗庙，下以继后世"。这个经典的关于婚姻的定义，简明精辟地诠释了传统婚姻的核心价值：一是通过联姻合两大家族之优势扩大亲属同盟；二是为了接续祭祀祖先的香火；三是继承家族的血统传宗接代。由于婚姻是以传宗接代为个人目标的事关家族兴盛和社会稳定的公事而不是个人的私事，所以"父母之命，媒妁之言"成为合法婚配的唯一模式，男婚女嫁全由家长做主，当事人的个人意愿与选择被漠视、否定。从1950年到2001年，中国先后3次颁布和修改了《婚姻法》，始终坚持婚姻自由的基本原则。此后，婚姻自由的原则得到了很好的贯彻。拉塔湖村也是如此，青年自主选择的婚姻越来越多，把终身大事完全交给父母去处理的已是极少数，包办婚姻基本消失。婚姻的缔结以男女双方自愿为基础，男女双方自己决定或与父母共同商量的婚姻已越来越普遍，而且大多数还要经过一定的恋爱过程。如果说决定权主要掌握于父母手中是传统婚姻，决定权由婚姻当事人把握的是现代婚姻，那么拉塔湖村的婚姻基本上已是现代婚姻。

二 婚姻状况

在接受问卷调查的149户的411名适婚人口（女子年满20周岁、男子年满22周岁）中，未婚有42人占10.2%，初婚有341人占83.0%，离异未再婚的有9人占2.2%，离异再婚有7人占1.7%，丧偶未再婚有12人占2.9%。

1. 通婚半径

通婚半径是配偶选择中的一个重要测量指标。家庭变迁理论认为，传统家庭的婚姻半径是比较小的；越进入现代家庭模式，婚姻半径越大。在拉塔湖村，配偶是本村的家庭越来越少，与乡土社会中的传统家庭配偶的来源已经有了很大的区别。在拉塔湖村，外来的媳妇或女婿有45人，大约三个家庭就有一个外来的媳妇或女婿。其中，外来女婿4人占8.9%，外来媳妇41人占91.1%；1980年以前迁来的有11.1%，1981~1990年迁来的占20.0%，1991~2000年迁来的占42.2%，2001年以后迁来的占26.7%。由于2000年后结婚的人是实行计划生育政策以来的步入婚姻的第一批，因此在人数上就比人口出生高峰成长起来的那批人（1980年后步入婚姻的人）要少得多，而这是外来媳妇（女婿）占总迁入人口比例低的一个主要原因。45名外来媳妇和女婿的来源地分别为，辽省省内农村33人，省外农村8人，省外城镇1人，沈阳市市区1人，本市城镇2人。省外的人主要是从黑龙江、吉林、河北等农村迁来的。由于拉塔湖村近几年的收入较高以及户籍制度改革，使村里人口联姻的地域和群体范围都大有增加，吸引了一些城市人口来此落户。

2. 初婚年龄

中国农村社会经历了漫长的封建时期，传统婚姻观念在一些人的头脑中根深蒂固，直接影响到了婚姻家庭，影响之一是追求早婚，到了婚育年龄就会结婚生子。有相当一部分农村人认为男女结婚宜早不宜迟，使早婚成为农村一种普遍现象。但我们调查时，在拉塔湖村并没有发现早婚现象，初婚年龄基本在法律规定范围之内。

3. 婚姻关系

拉塔湖村村民的婚姻比较稳定，以爱情为基础的自主婚姻不断增多，夫妻平等、团结和睦的家庭已成为农村社会婚姻家庭的主流，主要表现在离婚比例低，大多数家庭都是平静美好的。调查显示，拉塔湖村村民的离婚比例不高，仅占3.9%。当然也有一些家庭因婚姻生活因出现问题而解体，而且离婚有两个特点，一是改革开放最初几年，离婚的比较多，2005年以来没有离婚的；二是离婚年龄段比较集中，在离异的16人中，有9人年龄在41~45岁之间，年龄在27岁以下的没有离婚的。离婚原因主要有三个：一是感情不和，二是家庭纠纷，三是有了外遇。随着社会改革开放的不断发展，夫妻在家庭和家庭以外的时间、精力、情感的投入比重悄然发生变化，更容易发生婚姻危机。虽然人们仍然会认为"离婚不光彩"，但对离婚的态度渐趋宽容。

第二节　家庭状况

家庭是社会的细胞，是社会生活的基本组织单位。社会中的任何变革与动荡，都必然引起家庭关系的变化，在改革开放更加深入的今天，这种变化在农村则更迅速、更深刻。

一　家庭基本特征

1. 家庭规模

在20世纪50年代，一些重要政策的实施（如公共健康和饥荒救济制度）和医疗进步，大大降低了人口死亡率，特别是婴儿死亡率，使预期寿命延长，再加上生育率的增长，使大家庭的产生成为可能。但自从60年代特别是在70年代实施计划生育政策以来，每个家庭一般只有一两个孩子，致使家庭人口减少。据本次调查显示，在被访的149户中，户

均人口3.4人，2~5口人所占比例达到94%，大家庭已不足5%，家庭规模日趋小型化（见表4-1）。

表4-1 家庭人口状况

单位：户，%

家庭人口数	户数	百分比	家庭人口数	户数	百分比
1口人	2	1.3	5口人	20	13.4
2口人	32	21.5	6口人	5	3.4
3口人	56	37.6	7口人	2	1.3
4口人	32	21.5	合 计	149	100

资料来源：本次问卷调查。

60年代以前，三世、四世同堂的家庭占有很大比例，但在20世纪60年代以后，农村不再以祖孙共居的大家庭为荣，孩子们结婚后，一般都与父母分开单过，几代人的家庭越来越少，多数是两代同堂。本次调查显示，拉塔湖村四世同堂的仅有两户，占1.3%；三世同堂的有32户，占21.5%；两代人有84户，占56.4%；一代人有31户，占20.8%。虽然小夫妻结婚后出去单过，但住在同一村的，有的家庭会一起吃饭，有的则在过年过节才聚会。而且，农村家庭普遍对父母在经济上、生活上的照顾还是多一些，来往也密切一些。

2. 家庭类型

在受访的149户中，核心家庭占47.0%；主干家庭占29.5%，空巢家庭（子女成年后单独生活的夫妇家庭）占19.5%；单亲家庭占2.7%；单身家庭占1.3%。

核心家庭（夫妻双方与一个或一双儿女所构成的家庭）是家庭的主流形式。核心家庭的构成来源基本上是20世纪70年代实行计划生育政策之前出生的人群，大多还不是独生子女，因此在他们结婚后很多是另立门户，成为核心家庭。

主干家庭（三代人共居的家庭）还有较高的比例。由于20世纪70

年代末开始实行计划生育政策，使现在家庭的子女减少，很多家里只有一个孩子。20世纪80年代出生的第一代独生子女逐渐走入婚姻（有些已经结婚成家），但作为独生子女，一般会和父母生活在一起，不会分家。

空巢家庭是过渡产物。空巢家庭的形成来自以下几方面的原因，一是人们养老观念的改变，使家庭养老的功能大大削弱。二是两代人在生活习性、生活节奏以及观念上的不同，使得家庭中的"代沟"越来越深，因此两代人便分庭自治。三是近年来随着住房条件的改善，年轻人崇尚独立、自由、新潮的生活方式，便自立门户离开父母的巢穴。四是部分青年人外出求学或工作，空巢家庭的数量在短期内可能会有一些攀升。

3. 居住方式

随着拉塔湖村的社会变迁，夫妻婚后居住方式呈多样化，婚后独门立户的新居制比例不断增加；婚后从夫居仍然占有很大比例，仍是婚后居住的一个主要模式；而婚后从妻居的婚姻所占比例非常低。

在拉塔湖村，一个新的居住方式在逐渐突出，我们将之称为"两栖家庭"。一种情况是，父母或为方便子女工作或为下一代提供良好的教育环境，为子女在城镇购买楼房。平时，由妻子陪着孩子在城镇上幼儿园或上学，周末或节假日回到农村与孩子的父亲、爷爷、奶奶团聚；农闲时，孩子的父亲也会到城里与妻子、孩子居住在一起，农忙时回到农村种地。第二种情况是，夫妻在城里买楼，并在城里工作，但在农村还有土地，农忙时会回到农村种地。这种家庭模式类似于城市白领阶层中流行的周末家庭。不过，这两种起因并不相同，周末家庭的兴起是：既可使夫妻俩平日能够尽情享有各自独立的生活空间，又能让夫妻在周末一起享受小别如新婚的浪漫和温馨；两栖家庭的兴起是：因为农村学校的条件远不如城里的学校，为了给孩子创造一个好的学习环境，就在城里买楼住下来。调查中发现，这种两栖家庭在拉塔湖村里有40多户。村里人都比较重视孩子的教育问题，对孩子培养投入较大，几乎从幼儿园开始就送到城里，在12年内，村里出了40多名大学生，其中有3名留学生。

二 家庭功能

农村传统社会中的家庭具有六大功能：生产、生育、生活、抚养与赡养、教育与娱乐、感情交往。随着社会生活的变化，家庭的功能也在发生着变化。

1. 生产功能

生产功能是指家庭作为一个生产单位在社会中发挥作用。传统的农村经济基本组织形式是一家一户分散生产的小农经济，"家"是社会的基本生产和生活单位，家庭的主要功能是组织生产。随着1958年人民公社的建立，农村家庭作为生活的基本单位受到了很大冲击，家庭的生产功能几乎消失。到了"文化大革命"时期，农民家庭的生产功能几乎丧失殆尽。在改革开放以后，由于农民家庭重新掌握了生产自主权，大大提高了劳动积极性，家庭的经济功能从单一生产向兼业生产发展，由单纯的农业生产向农工商等业并举发展，家庭手工业、家庭运输业等，特别是个体经济的发展，使这一功能得到充分发挥。这样的变化在改变传统农业经营方式的同时也大大增加了农民的收入，帮助农民普遍解决了温饱问题。到2005年之后，拉塔湖村家庭的生产功能又有了新的变化，几乎每家都有两至三台农机，在水稻种植、收割上完全实现了机械化。在几个关系较好的亲戚之间自发地结成了生产互助关系，农忙时互相帮助，平时一个人管理就可以了。

2. 生育功能

生育功能，繁衍人口，这是家庭最基本的功能，自家庭在人类历史上出现后，它便是人们生育子女和社会繁衍后代的基本单位。在人民公社时期，农民家庭的生育数量猛增，直到70年代末在农村普遍实行计划生育后，出生率上升的势头才开始得到控制。随着计划生育政策的落实，加上生活水平的提高，人们的生育状况和观念发生了较大的变化，农村家庭"不孝有三，无后为大"、"早生儿子早享福"等落后观念逐渐改变，人们会主动放弃二胎指标。在拉塔湖村，"一对夫妻一个孩"已经成为人们的共识。家庭的生育功能不断减弱，村民过去对生育性别和生育数量的重视正在趋于淡化，相反对生育质量越来越重视。

3. 生活（消费）功能

家庭是一个消费的基本单位。随着生产的发展，农村生活水平的提高，逐渐使这种功能得到了满足。改革开放之前，家庭的生活功能只能在代偿水平上维持。改革开放后，农民家庭的消费功能也发生了很大的变化，他们的消费需求增长、消费能力增强、消费水平提高、消费结构中生存资料的比重逐渐下降，享受、发展比重逐渐上升。农民在改善住所、购买耐用消费品以及教育投资方面都有了很大的提高，每年农民外出旅行的比例也在逐年增长，甚至出国旅游的农民也不乏其人。

尽管生活水平提高许多，但人们并没有把勤俭持家、反对浪费的传统美德丢掉。很多人认为即使生活条件好了也不能浪费，有钱存入银行为子女上学、结婚等用；一部分人认为量入为出，适量消费。不过，当农民手里开始有余钱时，他们为了面子大办红白喜事，由此产生的人情费的支出也是一大笔开支，这是农村亟待解决的问题之一。

4. 抚养与赡养功能

抚养与赡养功能既指家庭对老年人的赡养，又指对未成年人的照料、教育。由于人们长久以来的传统和习惯，以及人们道德水准的不断提高，使这一功能得到了强化。一方面强化对未成年人进行基本生活常识和道德品质等的教育；另一方面加强了家庭成员间的相互教育、影响和促进。在拉塔湖村，一般老人先是和未婚子女居住在一起，等子女都结婚后，老人在有能力的时候自己住，上了年纪就在子女家轮住。老人的轮住有利于保持和诸子女间的感情，避免和某个孩子感情生疏。为了方便照顾刚刚成立自己家庭的年轻子女生活，有时父母会分开住在不同的子女家，帮忙照顾小孩子和照顾家畜等。也有子女聚在一起讨论决定老人的居住和养老方式。也有些老人是一直和分家时没结婚但现在已结婚的子女

（多数为小儿子）住在一起。还有一些家庭有在外地工作生活的子女，但在外地工作生活的子女与家里在经济上是分开的，他们的收入和开销老人都不是很清楚，是事实上的分家。等老人上了岁数，会搬到子女身边去。赡养老人、教育子女是每个人义不容辞的责任已成为村民们的共识。大多数子女在老人无经济收入时给老人生活赡养费；在老人有病或年迈不能自理时留在老人身边伺候；有29.5%的家庭是与老年人同吃同住，而且这一比例还会提高。

5. 教育与娱乐功能

随着人们物质生活水平的提高，对精神生活的要求也越来越高，而家庭的文化素质高低直接关系着社会的文明进步程度。拉塔湖村着力加强家庭文化建设，着力提高农村家庭成员的思想道德素质和科学文化素质，以更好地发挥农村家庭在生产、教育、赡养、消费、计划生育等方面的重要职能，促进全村家庭文明建设，用家庭的文明进步促进社会的和谐进步。随着创建学习型家庭活动的开展，家庭既是休息的场所，也是娱乐的场所，更是学习的场所。在家庭开展健康、文明的文体活动也越来越普遍。在调查中我们也发现农村家庭教育存在着许多亟须解决的问题。随着人民生活水平的不断提高，农村孩子的教育问题越来越受到广大父母的重视。他们对孩子期望很高，要求很高，但多数家长只注重孩子的学习成绩，忽视孩子在思想道德和为人处世中存在的问题。仍有不少的家长不懂得科学的教育方式，用"不打不成才，棍棒底下出好才"的教育方法来教育孩子。

6. 感情交往功能

在传统社会，婚姻看重的是义务，夫妇结合，生儿育女，形成一个家庭过日子。过去的人们在贫困线上挣扎的同时，为了维持生活，夫妻在经济上所用的劳动力和时间都很多，婚姻家庭中更偏重事务上的合作，对生活质量要求很低，忽视夫妇情感上的满足，家庭的感情交往功能基本处在最底线。人们想得更多的是"过日子"，温饱问题解决了，柴米油盐不愁了，日子过红火了，婚姻家庭质量就是高的。

随着经济收入的增加，农村家庭越来越注重精神功能。农业生产实行机械化后，家庭的生产时间比较宽松，随着家用电器的普及，家务劳动也减弱。在这样的背景下，家庭教育与娱乐的职能，特别是感情交往的职能则被强化，家庭成员之间互助互爱，共同为家庭稳定、富裕而奋斗。在调查中明显感到村民们在对精神和情感的追求方面，认为有感情的婚姻才是高质量的婚姻，是稳定的婚姻。

三　家庭关系

在现代一夫一妻制的前提下，主要的家庭关系为横向的婚姻关系（夫妻关系）和纵向的血缘关系（亲子关系），其余的家庭关系如兄弟姐妹、婆媳、妯娌之间的关系则为这两种关系的衍生。现代婚姻家庭关系在思想观念和现实生活上，其主轴已由传统的重亲子关系转变为重夫妻关系；代际关系重心也由长者下移至年轻者。

1. 夫妻关系

在拉塔湖村的社会变迁进程中，男女双方在家庭中的经济平等、人格平等的家庭成员关系逐渐形成。拉塔湖村现代家庭中，妻子情感和生活上仍以孩子和丈夫为中心，承担着主要家庭劳动；妻子与丈夫之间在社会地位和经济地位上的差距大大缩小，在家庭经济和家庭重大事务决策上，大多数的家庭由夫妻共同协商确定。

（1）夫妻情感。经过数十年的变迁，包办婚姻的现象在拉塔湖村已基本消除，取而代之的是自由恋爱。大多数家庭的婚姻关系是相对稳定的，夫妻关系是相对和谐的。夫妻之间的交流程度比较高，当夫妻一方遇到困难或有烦恼时一般都会向自己的配偶倾诉，以寻求情感上的慰藉和支持。

（2）家庭分工。在拉塔湖村，传统的家庭内部分工是男主外，女主内，这种分工是由当时的历史条件所决定的。20世纪50年代土地改革前，在私有制经济条件下，富裕家庭妇女是不参加农业生产的；中等经

济条件以下的家庭一般实行男主外、女主内的劳动分工，妇女农忙季节也参加田间劳动。

"土地改革"后，家庭占有土地财产的相对均等化使雇佣劳动失去了基础，特别是集体经济时期，农民不仅失去了对土地的支配权，而且大型生产工具等都归集体所有，每个人所能凭借的就是自己的劳动力，获得工分是个人劳动报酬的唯一体现。为提高收入，青壮年妇女普遍参加生产队劳动。再由于集体经济下劳动效率低，生产队对劳动力投入的依赖很大，因而妇女被鼓励和要求参加农业劳动，"男主外，女主内"的两性分工模式被打破。

20世纪80年代实行家庭联产承包后，人们的劳动热情被极大地释放。由于每家都有责任田，每户差不多有40亩土地，有的甚至更多，劳动强度很大，锄草、施化肥、洒农药、收割、出售农产品都需要人手。为获得好收成，妇女也走出家门，成为男人的帮手。随着村里种田、收割等基本实现了机械化，妇女只是打打下手，甚至不需要女人种田，妇女逐渐从土地中解放出来。

在实行改革开放的30多年后，拉塔湖村基本还是"男主外，女主内"的两性分工模式。当然，这种分工已经与传统的两性分工有了本质的区别，家庭分工开始出现了新变化。这主要表现为：男女双方共同承担家庭的义务和责任，对家庭事务进行民主管理，男主外，女主内不再是社会对于女性的歧视。虽然女性用于家务劳动的时间还是比男性高，但内容已经发生深刻变化。妇女几乎不用参加田间劳动，做家务的时间越来越少，利用家用电器和煤气做饭、洗衣也日益普遍，传统意义上的家务劳动也不那么繁重了。妇女们将重心放在对未成年人的抚养和教育上。

（3）家庭事务决策。随着农村的发展，人们关于夫妻之间平等、独立的契约意识增强了，人身依附意识大为减弱。这表现为：在家庭经济和家庭重大事务决策上，大多数的家庭由夫妻共同协商确定，夫妻平等、共同支配经济、共同承担家务、共同决定家庭大事已成为主流。家庭的重大事项，如投资或贷款、买房、盖房、购买高档商品、外出旅游、资助父母等，夫妻共同决定及主要由妻子决定的比例逐渐提高，越来越多的女性可以自主决定个人事务。

2. 亲子关系

（1）代际中心下移。在传统农村社会中，老年人是一家之主，具有绝对的权力和权威。老年人作为家庭的经济支柱和财产的拥有者，具有管理权、教育权、分配权等权利和权威，是家庭的中心。由于社会变迁，老年人失去了知识更新的能力和经济优势，跟不上时代前进的步伐，失去了在家庭中的权威地位。代际关系的重心迅速下移，并严重向下倾斜，现代家庭的代际重心几乎无一例外地在孩子身上。一方面农村家庭对老人的需求相对重视不够，导致老人的基本生活需求和精神需求难以得到有效的满足；另一方面，子女对自己的下一代投入了过多的精力和财力，甚至发生了"过度关注"的问题。

（2）养老模式变化。在农村，子女结婚成家后要分家另过，老人大多与小儿子居住在一起，由他们照顾父母的生活，这是1949年以前出生的老人们的一种比较普遍的养老模式。由于计划生育政策的实施，20世纪五六十年代出生的那批人的子女只有1~2个，每家基本上一个男孩。父辈对多子女的情况几乎变成了一对一的关系，如今兄弟姐妹关系的减少，使父子两辈关系凸显。儿子结婚后或与父母居住在一起，或父母为他们另建（购）房屋，甚至一些老人在城市为儿子买了楼房。这种情况下的空巢家庭和核心家庭结构只是表面现象，这只是一种居住模式。

第三节 生育状况

一 计划生育政策的实行与调整

20世纪50年代，拉塔湖村每对夫妻育有4~5个子女，从1970年开始实行计划生育，但那时并不十分严格，只是提倡计划生育，"一个不少，2个正好，3个做检讨"。从1975年开始，村里执行严格的计划生育政策，"一对夫妻一个孩"，并提倡晚婚晚育。随着市场经济的发展和时间的推移，村民的生育观念发生了改变，计划生育意识有所强化。

考虑到农村的特殊情况，1988年12月，沈阳市下发《沈阳市计划生育实施细则》对生育进行调整。符合下列情况之一的夫妻，经本人申请，区（县）计划生育委员会批准，按照规定的生育间隔，可再生育一个孩子。①只有一个孩子，经市病残鉴定小组确定为非遗传性疾病，不能成长为正常劳动力的。②双方均为独生子女，并且只有一个孩子的。③婚后五年以上不孕，并且女方三十五周岁以上，依法收养一个孩子后怀孕的。④再婚前一方只生育一个孩子，另一方未生育的。⑤再婚前一方丧偶生育子女在两个以内，另一方未生育的。⑥双方均为农民，其中一方是独生子女，并且只有一个孩子的。⑦双方均为少数民族，女方是农民，并且只有一个孩子的；或双方均为农民，其中一方是人口稀少的少数民族，并且只有一个孩子的。1985年10月1日后改变民族成分的不在此列。⑧双方或女方是农民，并且只有一个女孩的。⑨同胞兄弟（不包括姐妹）两人以上均为农民，只一人有生育能力，并且只有一个孩子的。⑩农民中的有女无儿户，其中招婿的一女，只有一个孩子的。⑪双方均为农民，其中一方残废，相当于残废军人二等甲级以上标准，并且只有一个孩子的。对独生子女是农业户口的，在调整自留地、口粮田时，按两人份分给；其父母是农民的，在扶贫致富和乡（镇）企业招工方面应予优先照顾。独生子女父母是农民的，年老或丧失劳动能力后，由当地政府或村民委员会予以照顾。《拉塔湖锡伯族村村民自治章程》中关于计划生育的描述是：执行和提倡"一对夫妻只生育一个孩子"的计划生育政策，严禁违法生育。凡是符合生育二胎条件的夫妇，必须先批后孕，生育二胎后要有可靠的避孕措施，杜绝第三胎。领取独生子女光荣证的家庭，每月享受奖励费10元，至子女14周岁止。1998年土地调整时，独生子女多分一亩地。

二 拉塔湖村生育状况

经过计划生育工作者几十年的努力工作，拉塔湖村的人口出生率得到有效控制，计划生育工作进入了推行优质服务、稳定低生育水平阶段。现在的计划生育工作已由过去的以行政管理为主的工作模式走向了依法行政、村民自治、优质服务的管理模式，工作主体和工作对象均没有变，仍然是计划生育干部和人民群众。

三 婚育观念的变化

生育水平的下降和稳定，除计划生育部门的努力外，还有人们的婚育观念发生了显著变化，社会经济的变化是主要促进因素。经济要发展，人口要控制，已成为村民们的共识；"少生孩子快致富"，已成为年轻夫妇的心愿。青年人更注重自身发展，女性有了更多选择和参与社会的机会，许多人推迟甚至放弃生育；同时，生育成本不断增大，加之精力、物质消耗，生育被年轻人视为一种负担。少生孩子虽然不能直接创造物质财富，但以减少物质消费、提高人均收入水平、改善生活条件的形式实现了经济效益，减轻了家庭在衣食住行、教育、就业、医疗等方面的压力，而且家庭有更多的可分配收入用于储蓄或投资。

1. 对"一对夫妻一个孩"的认同

问卷调查显示，村民们对"一对夫妻一个孩"的认同率很高，在147个受访者中，有66%的人认为"行"，有14.3%的人说不清，只有19.7%的人认为"不行"。但男女认同程度并不相同，女性在认为"行"、"不行"的比例都要高于男性，而19.4%的男性是处于"说不清"状态（见表4-2）。

2. 养育子女的原因

"养儿为防老"的观念在中国延续了几千年，如今在城市养老已不必仅靠儿女，但在农村，由于受农村的生产、生活条件以及社会保障等限制，"养儿防老"的观念仍然占有重要地位，有54.4%的人认为养育子

表 4-2　村民们对"一对夫妻一个孩"的认同回答

单位：%

性别	行	不行	说不清	合计
男	63.3	17.3	19.4	100.0
女	71.4	24.5	4.1	100.0
合计	66.0	19.7	14.3	100.0

资料来源：本次问卷调查。

女的原因是"养子女防老"。尽管"养子女防老"仍然占有半数以上，但养育子女的原因已呈多元化，除了传宗接代（10.9%），生育还成为人们的一种情感寄托，起到维系家庭感情（7.5%）、增加生活乐趣（6.8%）的作用（见表4-3）。

表 4-3　养育子女的原因

单位：人，%

性别	原因	养子女防老	增加生活乐趣	维系家庭感情	传宗接代	说不清	合计
男	人数	51	7	8	10	22	98
	百分比	52.0	7.1	8.2	10.2	22.4	100.0
女	人数	29	3	3	6	8	49
	百分比	59.2	6.1	6.1	12.2	16.3	100.0
合计	人数	80	10	11	16	30	147
	百分比	54.4	6.8	7.5	10.9	20.4	100.0

资料来源：本次问卷调查。

第四节　村民关系网络和交往

一　"圈儿套圈儿"的亲缘网络

亲缘关系是相对于地缘关系、业缘关系而存在的亲属关系，它包括由生育带来的血亲群体和由婚配带来的姻亲群体，在社会结构中属于传

统的先赋关系范畴。亲缘关系作为一种结构形式或象征体系是无所不在的，它在人们生活的各个方面直接地或间接地发生作用。亲缘关系是社会基本结构，也是整个社会人情关系网的基础和模本。

在拉塔湖村，没有真正意义上的宗族。20世纪40年代以来，宗族势力本来就不突出，而且在一系列行政力量和政治运动冲击下，使其作为一种势力和文化现象更趋衰落。到2010年后，村里有几个大姓，如马、曾、佟等。村民之间大多沾亲带故，用村里人的话说，都是"圈儿套圈儿"的亲戚，相互之间都由或粗或细、或松或紧的名为"亲戚"这根绳子牵着。在乡土社会中，女方嫁给男方后，进入男方原有的亲属网络，不得不疏远自己原来熟悉的亲属网络、生活环境，而去了解并适应新的关系网络。这使女性在婚后产生一定的失落感、情绪紧张和心理压力。而排解这种失落感、心理压力，女方一方面会主动融入男方关系网络，另一方面会将自己娘家的亲戚朋友也介绍到自己所在的村子，如果能做亲戚那就更好了，这样自己在这个村中就不那么孤单，也有了"自己人"。当然，如果看到自己喜欢、满意的姑娘也会介绍给自己娘家合适的男子，一是"肥水不流外人田"，二是能让自己在男方关系网络中又有了一个切入点。长此以往，再加上村里原本的亲戚网络，就使得村民之间形成了这种错综复杂的亲戚关系。村民之间的关系比较和谐融洽，互相帮衬。平时，谁家有个事，如红白喜事、孩子升学等，大家都会到场。

二 "差序格局"下的人际交往

费孝通先生对中国传统乡土社会关系概括为差序格局。在差序格局中，社会关系是以自己为中心，逐渐从一个一个人推出去的，与其他人所联系成的社会关系像水的波纹一般，一圈圈地推出去。社会关系是私人关系的增加，一个差序格局的乡村社会，是由无数私人关系搭成的网络，而这种网络的节点则是据生育和婚姻而发生的亲属关系，即血缘关系。血缘关系是连接传统乡土社会关系的纽带。在这种差序格局中，中

心是"我",沿着"自家人"→"自己人"→"外人"向外层层扩散(越向外关系越疏),最终汇聚形成一个内外不同、亲疏有别的类似同心波纹的人际关系网。在"差序格局"关系模式支配下,中国人之间来往(包括各种经济行为)必先是在确定"自己人"和双方关系后才好进行。久而久之形成了社会行为中最富动力特征的"关系中心"或"关系决定论"。

随着拉塔湖村社会现代化进程的不断推进,传统乡村社会的差序格局也发生了变化,除了以传统的男系血缘(父系家族)来确定自己与他人关系的远近和亲疏外,姻缘关系与似血缘关系(朋友、干亲等)渗入了差序格局,导致差序格局所包括的社会关系范围的扩大。并且,姻亲关系在家族关系中作用的增大,原本紧紧地以血缘关系为核心的差序格局正在变得多元化。当村民在生产、生活中遇到困难需要求助时,人们仍以寻求家庭成员、兄弟姐妹帮助为主。在遇到生产经营、盖房、婚礼、丧事、伤病护理、老人赡养、子女升学就业等问题时,村民们第一想到的是找自己的家人,然后是兄弟姐妹等其他亲戚、朋友,从表4-4中可以清晰地看出拉塔湖村在差序格局下的人际交往情况。

表4-4 遇到问题时的求助对象

单位:人,%

求助事项\求助对象		家庭成员	兄弟姐妹、父母	其他亲戚	邻里	朋友	自己所在单位	民间组织	集体经济组织	村委会、党组织	其他	合计
生产经营	回答人数	75	9	3	1	15	—	—	1	13	1	118
	百分比	63.6	7.6	2.5	0.8	12.7	—	—	0.8	11.0	0.8	100.0
灾害	回答人数	30	5	2	4	3	—	—	—	71	2	117
	百分比	25.6	4.3	1.7	3.4	2.6	—	—	—	60.7	1.7	100.0
盖房	回答人数	58	8	4	1	2	—	—	—	3	5	81
	百分比	71.6	9.9	4.9	1.2	2.5	—	—	—	3.7	6.2	100.0
婚礼	回答人数	56	9	8	—	2	—	—	—	—	3	78
	百分比	71.8	11.5	10.3	—	2.6	—	—	—	—	3.8	100.0

续表

求助事项 \ 求助对象		家庭成员	兄弟姐妹、父母	其他亲戚	邻里	朋友	自己所在单位	民间组织	集体经济组织	村委会、党组织	其他	合计
丧事	回答人数	51	9	9	—	—	—	—	—	1	4	74
	百分比	68.9	12.2	12.2						1.4	5.4	100.0
伤病护理	回答人数	76	5	3	—	—	—	1	1	1	—	87
	百分比	87.4	5.7	3.4				1.1	1.1	1.1		100.0
老人赡养	回答人数	77	9	—	—	—	—	1	—	2	2	91
	百分比	84.6	9.9					1.1		2.2	2.2	100.0
治安	回答人数	20	1	1	1	9	2	—	—	72	3	109
	百分比	18.3	0.9	0.9	0.9	8.3	1.8			66.1	2.8	100.0
家庭纠纷	回答人数	34	7	6	1	1	—	—	—	51	3	103
	百分比	33.0	6.8	5.8	1.0	1.0				49.5	2.9	100.0
与他人纠纷	回答人数	13	2	3	5	3	—	—	—	57	2	85
	百分比	15.3	2.4	3.5	5.9	3.5				67.1	2.4	100.0
子女升学就业	回答人数	33	4	8	—	19	—	—	—	1	8	73
	百分比	45.2	5.5	11.0		26.0				1.4	11.0	100.0
家里人找工作或找活干	回答人数	12	13	15	1	21	1	2	—	3	13	81
	百分比	14.8	16.0	18.5	1.2	25.9	1.2	2.5		3.7	16.0	100.0

资料来源：本次问卷调查。

三 从传统向现代过渡的社会关系

从表4-4中我们可以看到，在农村社会变迁过程中，传统亲缘关系与现代社会关系并存。村委会、党支部、单位等社会组织正在进入村民的差序格局中，以血缘关系为核心的差序格局正在变得多元化、理性化。当村民遇到家庭成员解决不了的问题时，如灾害、治安等问题时，会寻求村委会、村党支部、单位等组织的帮助，村民的关系网络正在从先赋关系进入到后天获致关系中。当然这个过程会相当漫长，而且尽管现代化过程并不意味着与传统关系的决裂，亲缘关系也有可能成为一定阶段内具有正面意义的可利用资源。

第五节　婚丧习俗

一　婚配习俗

1. 传统婚配习俗

拉塔湖村是汉族与少数民族相融合的少数民族特色村落，当地人以本民族自身的生活习惯融合了其他民族的婚俗特点，经历长期的积淀，逐渐形成了自己独有的一套婚姻习俗。

（1）订婚。

提亲。"父母之命，媒妁之言"，旧时的拉塔湖村一直延续着这一传统，即便是现在也是青年人婚嫁的主要途径之一。拉塔湖村的婚配习俗由提亲开始，媒人一般都是由男方来请，但必须对双方的各个方面情况都十分了解，而且是德高望重、能言善辩的长辈才好。媒人最优越之处是扬长避短，把双方优秀之处展示给对方，媒人起到了沟通两家状况的纽带作用。提亲的媒人临行前要择个黄道吉日，以求办事顺利，一般都是选择在风和日丽的早上去提亲。提亲的媒人一般先是探问女孩子父母对自己女儿婚事的意见和想法，然后再逐步谈及自己前来的目的和男方的求婚意图，及男孩子的长相、身体状况及身高等。最后再说明男方家庭状况，如经济、人口、社会地位等。女方父母如同意看看，媒人则可以领男孩子让女方父母或者嫡亲长者正面或者侧面看看。媒人在领男方去女方家之前，会对男孩子加以关照和叮嘱。如果女方认同这门亲事就可议定时间进行下一步骤——相亲。一旦议定相亲这一步，就说明婚事离成功不远了。

相亲。相亲讲究双方对看，即是由媒人与男、女双方周旋选定日期相互对看。一般是由媒人带着女方父母和为人办事有权威的亲友（俗称"拿坐"）若干位，跟随女方一同去男方家相亲。男方的长辈、亲友及四

第四章　婚姻、家庭和生育 ○ 中国百村调查丛书·拉塔湖村

邻也同样是邀聚在一起，恭候贵客们的到来，按所约定的时间去大门外迎接。女方家的客人到来之后，即被请到上屋，如果房舍宽敞，可以男客、女客分屋而坐歇息。男方要刻意选出几个漂亮女孩点烟敬茶。稍事休息之后，先由女方主事的人领男孩子，从辈分长者开始介绍女方所有亲属，与此同时，男孩敬烟、女孩点烟。待女方所有亲属都介绍完之后，再由男方主事人带领女孩由长辈开始逐一介绍男方亲属，同样由男孩敬烟、女孩点烟。这个仪式也叫认亲。

定亲。定亲首先要定彩礼。旧时彩礼多以布匹、高粱、牛马为主，缝纫机、自行车、手表、挂钟曾经被认为是彩礼中贵重的物件；而现在多以现金、电器、房产、金银首饰为主，有的也赠送拖拉机等大型的农机具。早些时候的礼金多为999元取"九九十成"之意，随着生活水平收入的提高，礼金的数额也在不断增加，现在通常为10001元、20001元取"万里挑一"之意，彩礼议定就要过小礼。小礼包括七尺白布，取白头偕老之意；七尺红布，取红火吉庆之意；一份化妆品；一件押婚衣裳；一部分养钱。小礼由男方家长当着娘家人面，交给媒人，再由媒人清点之后交给女方家长（以免日后有罹乱）。女方家长当时还要抽出一部分养钱退还给男方。最后一项仪式是摆酒布宴款待双方亲友和嘉宾。谈婚论嫁中，这次酒宴要最为丰盛讲究，否则就会被娘家人视为怠慢。酒宴的菜肴里面不能有黄瓜、黄花、摊黄菜等带黄字的菜，意为亲事不太稳固。此外有鸡蛋的菜不能先上，要在宴席的最后上，否则会被认为是"滚蛋"的逐客之意。摆席的地方不理想的情况下，以女方客人为先，男方客人为后。条件好的人家可双方同时款待。酒宴之后，准新娘即随女方客人由男方亲友送至大门外后打道回程。以上所述，各种仪式都是指双方共同认为亲事满意的情况。如果有一方对亲事不满意，就会以彩礼多少，或者慢待对方等理由表示不满意的态度。村民都有一个共识，就是婚事一旦发展到了相亲这一步骤，那就意味着成亲十之八九了。一旦不成，对双方都非常不利，以后再定亲也会困难许多。

（2）结婚。

男婚女嫁是人生的大喜事，它关系到这一个家庭的兴旺发达。所以人们对娶亲嫁女非常重视，结婚习俗中也包含了很多繁复的讲究，寄托了对幸福生活的追求和期望。结婚分成两个阶段，每一道程序都要经过反复推敲、精心筹备。

第一阶段是婚前准备。

择日子。择日子是双方共同关注的事情，旧时要请阴阳先生给看个黄道吉日，而且最好是双数的日子，人们普遍认为选择吉日能够使以后的生活顺利、吉祥。现在虽然不用刻意选择黄道吉日，大多数人还是愿意选择节假农闲的双日子成婚。

做准备。择日子以后双方父母就要开始着手准备结婚的仪式。女方置办嫁妆，男方忙着过礼、装修新房等等。被褥忌讳用缎子做，有"断子"的谐音不吉利。另外还要派人置买家具、菜蔬、烟酒糖茶、干鲜果品、瓜子、香烛纸马、鞭炮等，有的还要雇厨师和鼓乐班子，还要写红纸对联、剪红喜字窗花。等一切都一应齐备，就派人为四方亲友发喜帖送信。现在要在婚前办理结婚登记手续，领取结婚证书，婚前身体健康检查等。所有这一切都要在结婚当日之前办完。结婚旧时分为两种，有大操办和小操办之分。以大操办为例，通常大操办为三天。第一天，帮忙的人都要到齐。当地人相处融洽，谁家有大事小情，不论男女都乐于主动上前帮忙。第一天早饭后帮忙的人都陆续地来了。人们把前来帮忙的人叫"唠忙的"或"忙工"。忙工来得越多说明这家越有人缘。忙工到齐之后，有忙工头，一般多为见多识广、聪明机敏、众所公认的"明白人"，他负责分工，分工包括下菜的、扛盘子的、刷碗筷的、烧火的、切菜堆儿的、沏茶倒水的，每个人都有专职的分工而且还要合作，做好结婚当日的一切准备。办喜事，忙工是极为主要的力量，既要勤快，又要机灵，尤其是对娘家客人，稍有纰漏就会引起娘家客人的不满。做准备过程中还要做好以下几项。

搭锅灶。为了置办酒席，煎炒烹炸需要在院子里或者园子里宽敞的地方搭一个联通一起的大灶，上面安三至五口大小不一的锅，以备厨师做菜用。这种灶省柴，用起来还很方便。现在拉塔湖村办喜事还是自己操办的为多，因为比去饭店能省下不少钱，还能避免交通不便的周折，众多亲朋邻里相聚也十分热闹。但是随着生活水平的提高，也有不少村民选择了直接去饭店办酒席宴请亲朋，费用虽高，但也省去了很多操办的麻烦。

借家什。酒席用的盆、碗、盘、碟、桌、凳等物品都要到乡亲们家里去借，还要逐一做好标记，以免送还时出现差错。现在村里也有头脑灵活的人看准了这一商机，自己投资专门买一整套婚礼用具用来出租，将婚礼全套服务都承包下来，性质类似于婚庆公司。还有人用一个汽油桶，割开分成两个灶，连锅一起出租，红白喜事，上梁、合脊都可以租用，收入颇丰。

扎喜棚。喜棚是在迎娶之日，新郎家为前来祝贺赶礼的亲友搭设的饮酒娱乐场所。喜棚是由古代的"栈"发展而来。"栈"在周代已经诞生。过去喜棚多用高粱或者秫秸扎成，现在的多是用苫布代替，既能遮风又可避雨。

杀猪宰羊。办喜事大操办基本是以饮宴为主，男方的客人都要提前来，至亲好友也要提前来，这些提前来的客人一样要好好招待，所用的猪、牛、羊、鸡、鸭、鱼都在这一天宰杀。现在这样的食材采买有不少村民也选择了刚才所提到的"婚庆公司"来承包，主办宴席的男方家则可省出不少时间和精力投入到婚礼其他的筹备当中，省时省力，但费用要增加一些。

插喜车。人们认为女儿出嫁必须乘车坐轿，就算是离新郎家再近也要用喜车迎娶。插喜车是准备为正日子迎娶新娘用的。旧时，喜车是用普通的马车，用新席子和红布红纸围成彩车，车内放置一口铡刀和一把系有红布的斧子，前者为镇物，借以驱鬼避邪，后者取吉音为吉祥百福

111

之意。喜车还需要有两面镜子用红绒绳拴好搭在车棚两侧俗称"照妖镜",妖魔鬼怪见到此镜就会显露原形。现在,女儿出嫁一般都用汽车迎娶,装扮喜车的材料大多选取各色鲜花,以百合、玫瑰为多,象征百年好合和甜蜜、热烈的爱情。汽车的数量以女方家亲属的人数来决定,但是为了讲求隆重的场面,车队的汽车至少也要8辆到10辆。

第二阶段是结婚。

吃上车饭。人们一般以在日出之前启程为吉,因这时"鬼魂已经归位",是情境最好的时辰。上车前,新娘要在娘家吃一顿上车饭,一般都是吃面条,俗称宽心面,面里要煮双数的鸡蛋,意为细水长流、全合圆满。新娘不能全部吃光,要留一半给娘家兄弟,意为不把福分都带到婆家去。

迎亲。旧时农村文化生活匮乏,娶媳妇是最热闹的事情了,沿途会有很多人围观,衬托出了热闹的气氛。现在都用高级汽车接亲,以装扮满是鲜花的花车迎娶新娘,红色车寓意红火吉祥,白色车寓意白头偕老,各取吉祥的内涵。有财力殷实的人家还派出庞大的车队迎亲。

婚礼。传统的婚礼不必详述,之前的民俗习惯中已有介绍,到20世纪中期以后,逐渐采用了新式婚礼的仪式。这种礼仪与旧时婚礼顺序的区别在于:旧时婚礼主项是排在新娘进院之后所进行的拜天地;新的婚礼仪式是安排在酒宴之前的婚礼仪式。新式婚礼取消了拜天地,而增添了拜毛主席像、拜亲友,主婚人宣读结婚证书,来宾讲话、双方父母讲话,新郎新娘交换信物(互赠礼物),新郎新娘喝交杯酒等等,拜礼不是跪拜而改成了鞠躬。20世纪后期,婚礼专设了婚礼主持人,增加照相、录像等内容,结婚之前要去大型专业影楼拍摄婚纱照。婚礼仪式的环节更为彰显个性化,程式化的仪式逐渐被温馨、浪漫的婚礼氛围所取代。

随礼钱。如果是直系亲朋,多数礼钱直接交给新人手上,除直系亲属之外,其他亲朋好友所随礼钱都写在礼账上。首先选一邻家设账桌,一般由男方选近亲三人(一个人收钱,一个人复查,一个人记账),应对亲友前来随礼。写账的人一定要细心可靠，一旦出错，对亲友不好交代。

吃团圆饭。吃团圆饭必须是自家所有直系亲属成员都要参加，已婚的女儿不能参加。席间新婚夫妇要为长辈尤其是父母行礼敬酒问好。这时候忙工们也可以休息休息，一同好好吃饭，痛快喝酒热闹一番。

闹洞房。仪式宴饮完毕以后，平辈的兄弟姐妹、近朋亲友们都纷纷来到洞房之内，花样翻新、怪招百出，将新人捉弄一番。据说闹洞房会使将来生出的孩子性格开朗、说话干脆。

第三阶段是收尾。

第二天是婚礼的收尾工作，将借来的物件一一归还，对忙工的邻里亲朋好好答谢一番。打扫卫生，归置物件，恢复日常的生产生活。

2. 婚俗的新变化

伴随着拉塔湖村经济发展、村民生活水平的大大提高，年轻人的结婚方式和费用也发生了很大变化。从20世纪70年代结婚时必备的自行车、缝纫机、收音机"三大件"，到90年代的电视机、洗衣机、电冰箱，发展到21世纪很多年轻人在结婚时会在城里买房、买全套数字化家用电器。在婚礼仪式上，20世纪70年代大部分婚礼是双方家庭或朋友吃一顿饭，而到21世纪，婚庆公司办婚礼、旅游结婚等纷纷出现，显示了丰富多彩的婚俗文化。当然，这种变化也使攀比风气在农村越来越严重，这就造成了农村举办婚礼铺张浪费的现象。针对农村青年婚嫁铺张浪费的现象，村里引导青年新事新办，倡导健康婚礼、文明婚礼、节约婚礼、时尚婚礼，让新的婚嫁风尚成为农村婚俗的主流。

二 丧葬习俗

拉塔湖村素来对丧葬大事非常重视。居家老人在重病治疗无望时，就由子女或者亲友们日夜轮流守候，一旦有了死亡的征兆，打点老人出行"西方冥路"的工作也就开始了。在一切程序逐渐简化的今天，拉塔湖锡伯族人仍然没有放弃原有的丧葬习俗，其大体分为以下几个阶段。

图 4-1 传统的锡伯族新娘和新娘配饰

1. 葬前习俗

（1）入殓。

①穿寿衣。在人们的传统意识中，认为去世的人要到另外一个世界中去，因此要像送亲人远行一般为逝去的人打点行装。很多老人在去世之前就准备好了寿衣，也叫装老衣裳，有的甚至是几年以前就准备好的，当然也有的是因时间所限临时赶制。寿衣以三、五、七、九单数套数为计，多者为贵。无论冬夏死者都要穿棉衣、棉裤，视为厚葬。所有衣服都要无领无扣，寿衣不以缎子或者毛皮为面料，为避"断子"、"变兽"的说法。寿衣要用黑色或者蓝色两种颜色的布料缝制，有扣子的地方都用黑色或者蓝色的寸带代替。寿衣主要包括：

寿帽。寿帽是专为男性死者制作，用二尺见方的黑布或者蓝布折叠而成，不能用针缝制。女性梳发髻，用红线绳缠扎于头顶固定发簪，分金、银、铜、骨质。

第四章 婚姻、家庭和生育 ○ 中国百村调查丛书·拉塔湖村

寿鞋。寿鞋一般都是黑布或者蓝布制作鞋面，鞋底用袼褙包白布三层以上，名曰"千层底"。男鞋在鞋底处用白线绳缝一个小梯子，在梯子旁再缝两个小人，意为为亡者扶着梯子，使亡者顺着梯子登上天堂。女鞋的鞋帮有绣花，鞋底后跟绣莲花，小人两旁各绣一支蜡烛，意为女人生前用水太多积之成河，冥河幽暗，需要点上蜡烛以照光亮，踩着莲花才能蹬着梯子上天。

腰带。裤腰带用黑色或者蓝色棉线搓绳轻束于腰部，绳头不能打结，据说打了结，到了冥界还会记着子女侍奉不周的仇。

②停尸。正常死亡的老人，停尸床设在死者生前所居住房间的地中央，叫"寿终正寝"。多用两条长板凳，搪上房门板，再铺好寿褥子把死者迅速抬上停尸床。停尸床上主要有：

寿枕。寿枕是用黑色或者蓝色布做成长方形或者鸡型枕。枕内装黄土，有黄土变金之说。金鸡在冥界会给死者领路。

被褥。被褥是用黄色和白色布做成四角平直、不窝褶，不走横线的、针线行数成双区别于人世间的被褥。褥子是黄布的，被子是白布的，称为"铺金盖银"；褥子是白布的，被子是黄布的称为"铺银盖金"，预示后代有钱花。

③置镇物和放压口钱。将死者放到停尸床后，要用红棉线将两踝骨和两腕分别捆住，俗称"绊脚丝"、"绊手丝"。再用一个普通的酒盅（也有用小碟），放一些红高粱，掸上点烧酒，放在胸口处，俗称"压心盅"。此三种皆属镇物，以防死者"炸尸"。放好镇物之后，要在死者口中放一枚铜钱，俗称不空口的压口钱。压口钱要在中间方孔中穿上一条红线露于口外，以免压牙口钱掉入死者嗓子，到入殓时取钱费劲儿。

④盖蒙脸布和苫单。蒙脸布是一块长宽各45公分的白布，用4节秫秸劈开一头夹住四个角儿，上角儿对天就是头顶中部，下角对地，搭在胸前，左右要于两耳盖严死者的面部，以免死者的阴气扑着活人或活人的阳气被死者借到，如果那样对死者和生者都不利。苫单是一块长约1.5

115

米的黑布，盖在死者身上。

⑤举行入殓仪式。在死者死后的第二天下午举行入殓仪式。入殓就是将死者的尸体装入棺材，准备出殡。入殓前棺材底铺七根秫秸，俗称引魂杆。据说秫秸能引死者灵魂升入天堂，秫秸摆放时稍朝头，不能向脚，否则死者的灵魂非但上不了天堂，反而引向地狱了。每根秫秸距离相等，空隙中按死者年龄摆放铜钱，比如死者69岁，则放71枚，其中天地各一枚。剩余69枚摆成北斗七星状，使死者登天时不会迷失方向，穷苦人家或找不到铜钱则以剪的黄纸钱代替。然后隔一取一抽出一半，这样财富可以留给后人一半。秫秸根部放一个用席蔑儿编制的席篓，装上五谷粮，俗称粮仓，这是供亡者到阴间使用，但粮仓不能装满，留下另一半给儿孙。引魂杆摆放妥当后开始入殓。首先由长子取下压心盅，并把盅内的高粱倒入棺材的粮仓里，同时剪开绑缚手脚的红线。然后长子抱头，次子抱脚，中间由亲友帮忙，将尸体抬至房门口时，再由四人拽着四角的一领新席（遮阳席）遮住太阳，一起抬入棺材。整个过程中不能把蒙脸布碰掉，那样不吉利。尸体入棺后由"主丧"将死者生前棉袄放在其头顶，棉裤放在脚底，同时口念吉词"头顶袄，辈辈好，脚登裤，辈辈富"，实际应是防止出殡上岗下坡时串悠，头和脚撞到棺材上。死者入棺放好后举行开光仪式。开光前，长子把高粱酒倒在压心盅里一点儿，取倒头饭插的三根缠绵头的哭丧棒中间那根，挑去蒙脸布放在死者枕边，不能用手直接去掀，那样死者再托生成人时不知廉耻。然后用开光棒（哭丧棒）上的棉团儿蘸压心盅的酒，象征性地在死者五官及手脚划过，同时口念开光谣：开眼光，亮堂堂；开耳光，听八方；开鼻光，闻麝香；开嘴光，吃猪羊；开手光，抓钱粮；开脚光，上天堂。开完光将开光棒插回原处，据说开光是来世免做耳聋眼瞎等残疾人。开光后取出压口钱放在灶王神位上备用。尸体入棺后绝不能移动，一定要安稳立牢，如果不慎动了，据说丧家还有不祥之事发生。

诸事安排就绪，立即派人去直系亲友家报丧，采买办丧事儿所用的祭品菜蔬，请阴阳先生（俗称"除黑儿的"）① 或请懂得礼仪的人，请鼓乐班子，有的人家还要搭灵棚。财资由女儿们共同负担，以示女儿们对死者灵魂的孝敬。"除黑儿的"来了之后，着手看入殓打扣，选择出殡下葬的吉时，同时写画镇宅符扎制引魂幡等。

（2）守灵与哭丧。

随着奔丧或吊唁的亲友陆续到来，孝子们要在灵床左右静候守灵，如果有上前化纸行礼的亲友，孝子们一一跪拜行礼。再就是看护灵床，绝对不能让猫狗接近或跳上灵床。因为猫狗属阳性动物，如不慎让它穿越而过，尸体就会借着阳气还阳"炸尸"。辽北地区民间认为人死后变鬼，鬼是没有人性的，也就是不懂情感，再亲的亲人也要伤害的。"炸尸"了，尸体就会直挺挺地站立起来朝前走，遇到人就死死地搂住，直到把活人搂死才会一同倒下。如果在这时再借到了活人的"阳"，就会接二连三地祸害人，就是所谓的"成精了，变成妖精了"。成精的死人就很难降住了。据说死者一旦"炸尸"，用粪勺子向尸体抛掷，或用黑狗血泼脸，用女人经血布打头等都可以破解。受到这样整治的死者灵魂，不太好超生。还有的死者属于"假死"，一旦遇到"假死"的现象出现，就应及时救助，这也是停尸和守灵的初衷。

村里还有"孝女哭18包"的习俗。太阳落山以后，孝女腰系围裙，里边兜着以前备下的18包纸灰，在灵前点燃两支白蜡烛，上3炷香，跪倒叩头后站起一边哭泣，一边诉说死者生前的诸多慈爱恩惠，一边围着灵柩由左到右转圈，每转一圈要往灵柩里放一包纸灰，18包灰放完正好转了18圈。在孝女哭18包的同时，其他女儿、侄女、儿媳等都要跪在灵柩前边陪哭边化纸钱。孝女哭完18包，孝子孝女及全家人都要跪在灵柩前哭喊，如果哭不出声音来，说是丧家后世3代必出聋哑人。"哭18包"是死者至亲的亲人——女儿，向自己的亲人表述生离死别的痛苦和

---

① 当地安排丧葬仪式的专门人士。

悲伤；向阴曹地府一切掌管死者灵魂去向的鬼卒、判官和阎王等诉说她爹或妈在世间是好人，慈爱儿女，行善做德，没有罪恶。再一个作用是，有18包的钱财贿赂，那么18层地狱哪一层都可以不用去了。死者听到自己女儿倾心哭诉也会感到十分欣慰而含笑九泉的。连自己到阴曹地府的事女儿都打点明白了，按现在的话叫"搞定"，作为父母生儿育女为了什么？不就是为了后事（世）有人么！自己可以不下地狱而登天堂，哪能不感到宽慰。如果死者在生前能看到这么感人的场面一定会笑出声来的。现在还流行鼓乐班子自带民间艺人替死者家人哭18包、哭7关等，意为替死者求情，以便死者灵魂顺利通过道道鬼门关。此俗在鼓乐班子里叫"上买卖"或"上白活儿"。上白活的钱由女儿们单独赏赐。守灵时要配置如下一些物品。

长明灯。长明灯俗称照尸灯。长明灯是用一只小碟或小碗，里面倒一些豆油，再用新棉捻成捻，放在油里一截，另一截搭在容器的沿上点着。点着的长明灯不能在中途熄灭，应有专人添油拨灯。长明灯象征着死者的灵魂永远不灭，像太阳一样永恒。辽北人直至今日仍用长明灯为死者照明，意为死者的灵魂永远不死。

领魂鸡。领魂鸡是死者在漫漫的黄泉路上，需要一个向导来招引灵魂，孝男孝女就选中了鸡，所以死者必须有一只鸡来领魂，俗称领魂鸡。远在我国古代各族人民宗教信仰中，都视鸟儿为人的精神负载体，甚至认为鸟儿就是亡人的灵魂。因为只有鸟儿可以引渡地上的亡人灵魂飞临天堂。鸡虽为家禽，但它是家禽中最为灵通的鸟儿，用它招引亡灵是最令人们信任的了。杀一只鸡为死者领魂是最划算不过的。杀鸡时不能使鸡血迸出容器外边，把鸡绑成跪卧模样，再用席蔑儿刮下凝固的鸡血布于鸡背。刮血的席蔑儿要扔在丧盆里烧掉，否则就不是全鸡，到了阴间会烂成一堆土。

倒头饭。倒头饭是用小米煮成半生不熟的饭，俩较大的碗扣成一大碗。上面再插三根格挡（高粱秆儿，每一节称一根格挡），顶端裹一小团新棉花。饭称倒头饭。裹棉花的格挡称哭丧棒。死者头前放一张小方桌，把倒头饭、领魂鸡、长明灯供于上边，直到出殡下葬。

孝服。安葬仪式中，全家及到场的亲友要同着孝服。孝带为七尺白布，视老人丧亡情况而定，只亡一人者为六尺七寸或六尺九寸，双亡者足尺足寸。孝重者七尺白布横裁为两幅中的一幅；孝轻者七尺白布横裁为四幅中的一幅。孝重者一端叠成帽子戴于头上；孝轻者系于腰间，孙子辈孝布上钉上红布条（亲孙子钉在孝帽顶尖上）。

纸钱。由儿孙们给死者烧3斤或3斤6两纸钱，准备给死者灵魂去西天路上使用，将纸灰包成十八包放在灵床底下，以备"哭十八包"时用。再按死者年龄加二（天地各一）数目的黄钱纸张，用麻绳串成纸幡（也有用黄钱纸剪成纸钱用白线串成）系在一根秫秸上戳在街门口，死者是男性的戳在左边，是女性的戳在右边，俗称"过头纸"，向过路人昭示举家有丧。

2. 安葬习俗

拉塔湖村也还保留一些传统的安葬习俗。

（1）出殡。

送亲人出门远行，在世间叫饯行，去阴间叫送行，也就是送死者魂灵上路。现在多为火葬，为死者守孝三日后，要送往火葬场。送行除了守灵者外，其余儿孙子女亲朋好友的戴孝人都要去，人越多越好，显得死者生前地位高，交际广，人缘好，积善多。出殡有一些仪式。

①起灵。

指冥路。死者的长子（无子者由侄子代替）手里拿一根粗壮的秫秸，登上梯房西南角敲击烟囱，为死者的灵魂指冥路。指冥路要每敲一下烟囱喊一声"妈呀（爹），西方大路，明光大过！"共敲3次喊3声，这样死者的灵魂就会找到冥路了。据说阴间漆黑一片，阴森森冷飕飕，死者突然来到这个陌生而又可怕的地方，儿孙们不指冥路，灵魂会找不到方向。锡伯族人在院中摆放凳子，其儿孙们站在凳子上为死者指冥路。希

119

望去世的老人在阴间一切吉祥如意，发福生财。

摔丧盆。死者在亡故之后踏上西方冥路的时候，一路上需要很多盘费，投宿住店，吃喝拉撒都要用钱的。死者在上路之前子女们都要事先备足，亲友们也都要搞点随份子钱。这钱不是阳世间的钱币，而是专为冥间而用的黄纸钱，所以要焚化足以应对死者灵魂一路所消费的纸钱。焚化纸钱必须用一个器皿盛装，所以子女们要在死者的灵前准备一泥瓦盆，以便子女亲友们或前来随份子的人们前来化纸，俗称丧盆。一般由长子在起灵前将丧盆摔碎。

②送灵。送行的队伍，最前面是鸣锣开道，由两人横抬一条扁担，上搭着中间大两边小的三个纸糊的钱褡子。钱褡子里边装满纸钱和金铂银铂纸叠的锞子，中间的留给死者用，左边留给各路鬼神，右边留给押解死者的鬼差。抬着纸扎冥器的人紧随其后。送行的队伍长子面朝后由两人搀着倒退着走，双手捞着一把新扫帚，上搭着一件死者的旧上衣，衣上边搭着过头纸幡。次子跟在左边双手捧着灵牌，每走几步就要踩掉一张过头纸。长女端着一个瓦盆，里边放一把梳子，走在右边。再后边是按男左女右分成两队，以嫡系亲疏顺序，每人手捧一炷点燃的草香。最后是鼓乐队。送行的队伍首先围绕灵柩由左向右转3圈，然后出院上街缓缓西行。队伍行进中每个人都要走几步，按自己对死者的称谓念叨一句"妈（爹），上瑶池路了！""老太君，你听真，这是你老的亲孙子，奠酒三杯，敬香三炷，供奉南山人参果，北海鳖鱼心……在灵前叩拜，一叩首，二叩首，三叩首！"被喊到的人按照司仪所说的方式拜祭，直到亲友们辞灵一一拜完。送灵时需要一些物品，主要有以下几种。

引魂幡。引魂幡也叫灵头幡，长160厘米左右，用秫秸扎成三角框架，再用白纸缠严架上的秫秸。如果框架内扎制成四个菱形孔洞，意为夫妻双亡，若3个孔洞则示意夫妻只亡一人。引魂幡左右两侧各垂白纸条，夫妻双亡的垂两条白纸，只亡一人的垂一条白纸。菱形孔处依性别写"已故先妣××引魂之路幡或父讳××引魂之路幡"。支撑引魂幡的立柱是一根或三根秫秸绑扎在一起做的杆儿，缠上锯齿形的白纸条，然后将幡固定于顶端。引魂幡备于出殡时由长子举幡引导死者灵魂之用。

纸扎画活儿。纸扎画活儿为专为亡者扎制的冥器。纸扎是用秫秸扎制人、动物、物品等的骨架，用彩纸裱糊成各种所需要的形状，再用毛笔画出眉眼五官，为死者到冥界继续享用的生活用品、禽兽和仆从等。纸扎源于古代的"俑"和明器。俑，是假人，分陶俑、石俑、铜俑、土俑、木俑等，明器是真实的物品，如碗、鼎、坛、珠宝等。俑和明器常被古人用来祭天和殉葬，西安出土的秦始皇墓中兵马俑就是例证。古代人皇室贵族用俑或实物甚至活人殉葬，平民百姓就以纸代替，因此，纸扎应以造纸术的发明为起点。纸扎多少依丧家经济情况而定，一般男性扎一车两马一个仆从，也有一马一个仆从。俗信西路遥远，这些是死者的交通工具。女性扎一牛一个牵牛童和一个净水瓶，因为女人一生经血污染了水源，为儿女浆洗席布脏了许多净水，全部积在冥界浑水湾里，女人死后必须将这些脏水喝干才能再度超生。有了一头牛帮助她喝脏水，再用净水瓶盛装，以救她饮食脏水之苦。现在个别的孝子孝女们比旧时更"孝"了，扎彩电、冰箱、轿车、楼房等等，现在有不少从事殡葬的商店，准备了丧葬一系列的东西，很多纸扎画活直接买现成的就可以了。

送灵完毕，送殡人们应心中默念自己的姓名返回死者之家，以免自己的灵魂被阴气罩住而回不来，如果灵魂被罩住那将会是很麻烦的事儿。

另外，死者家属要在房门口备下几盆清水，用以送殡的人洗手。村民们普遍认为，死者不洁，有阴气，有病菌，尤其认为死者的病菌会过人（传染）。还有一个说法是死人是悲伤和痛苦的事情，洗手不干了。洗手不干了是希望今后村子里或亲朋好友家中以后不要死人，也就不用于出殡这活了。其实，这只是一个心理作用，只是一厢情愿的想法，久而久之成了习俗。人总是要死的，人死总不能永远在家中搁着，所以，尽管人们都洗手表示以后不干了，一旦又有人去世，乡亲们依然会自觉自动地凑上前去帮忙。如果，居家丧葬无人帮忙（死了没人抬），则是这家人性苟,"灶坑打井,房顶走车",意思就是在乡亲们眼中活得没有什么人味了。

送殡的人洗完了手,无论是谁都要和吊丧的亲友们共同进餐饮酒,俗称"不空口",也就是不能饿着肚子回家。因为空着嘴和肚子会把阴气带回家中,吃了食物阴气就会被挤出体外。再有,年高正常死亡的老人去世,被人们认为是"白喜"事,既然是"寿终正寝",到了寿路正常地睡着了,也就是"入土为安"安稳地休息了,乡亲们借机庆贺一番。进一步说,喝点儿酒吃点儿饭菜也是主丧家对前来吊唁的亲友和帮忙人的一种答谢。就餐的主食不能用一种米做饭,必须用高粱米掺小豆煮饭,俗称"睁眼饭",这样死者转生时不会失明,其后代子孙也不会出盲人和眼疾病人。副食必须有一道豆腐为主打菜,一为表明送归冥界的人为"寿终正寝"正常死亡的白喜事,二为借豆腐的吉音"都福"或"都富",给死者生者共同带来福气。送葬人回家之后,要在门前放一个马鞍,鞍下放置一个水瓶,送葬之人从上面跨过,寓意"平平安安"。

③安葬。现在火葬之后的骨灰盒按照村里习俗也要进行土葬,如果赶上了十冬腊月,冻土特坚硬刨不动,不便下葬,只能摆放在墓地里。灵柩周围用带刺的树棵子围排起来,如"槐"、"山里红"、"老鹳眼"等树枝摆在灵柩四周,俗称"丘子",以免牲畜及野兽践踏或破坏。

(3) 葬后习俗。

①圆坟。坟墓是亡人永久的家,必须修整得像个"家"的模样。因为下葬时为赶吉时,没有多少时间仔细修理,所以丧家全家老幼在死者安葬后的第三天去为死者圆坟。圆坟时要备好点红馒头三摞(十五个)、炒菜、肉食若干(单数)盘,水果(单数)若干种,以及死者生前喜食之物。另备高粱酒一壶,碗、筷、盅三具,冥纸数叠,草香若干,鞭炮若干。还要选粗细适度、黄亮柔韧的秋秸三根,带好入殓时从死者嘴里取出的那枚压口钱等物品。用死者生前与家人共餐的饭桌,桌腿朝天,桌面朝地,将祭品等物摆放于桌心,由死者的姑爷子抬到坟茔地。然后

在坟前摆桌，斟酒、布菜、点香、燃烛。死者长子把三根秫秸折成门型架，顺着死者的头、腰、脚插成梁型。再用五色线穿进压口钱孔，缀一红布条，挂在中梁的横杆儿中间部分。布置完毕鸣放鞭炮，全家按辈分依次在桌前叩拜死者。叩拜之后死者儿孙开始培土整坟，女儿、姑爷、外孙子不能参加。儿孙们用数张冥纸铺于坟尖，挖一块草皮土面朝上压在纸上，俗称"皇天后土"。长子往圆好的坟上新土中撒一把高粱，日后要是出了苗儿，昭示居家人丁兴旺，要是高粱苗长大结了籽实，那更是大吉之兆。据说打下的高粱籽实，年终用来敬祖和祭神，能保佑全家吉祥如意。圆坟的仪式全过程中，任何人都不能哭，如果有人哭，眼泪会把死者的房屋浇坏了，死者就会永远住着个漏雨的屋子。圆坟就是为死者营造新居，坟头整齐被人们认为子孙孝顺、后继有人。

②上坟。圆坟后还要上坟。上坟要摆祭品和烧纸钱。先是集中在四十九天之内，每隔七天一次，也称"烧七"。以后每年清明节等节日，亲属们也要去上坟。有人说，上坟烧纸是活人眼目，意思是说给活人看的。细想所有的丧葬礼俗不都是给活着的人看的吗？人们常说，人死如灯灭，虎死赛绵羊，人死了，生命将不复存在了，你为他做得再多，他也不知道，看不见也听不着。那么为什么人们一辈辈还要乐此不疲地忙活这操神费力的葬礼呢？说穿了也就是让儿孙们效法去做，对自己生儿育女辛劳的一种安慰。

第五章 社会分层与社会流动

20世纪80年代改革开放以来，我国社会发生了巨大变迁。在这种社会转型的大背景下，拉塔湖村的社会分层与社会流动也不可避免地发生了变化。而作为辽中平原上的小村庄，因其具体所处环境不同、面临境况不同，又呈现出自己的变化特点。

第一节 社会分层状况

社会分层的含义为社会成员、社会群体因社会资源占有不同而产生的分化或差异现象，特别是指建立在现存法律、法规许可内的制度化的社会差异体系。社会资源是指对人有价值的全部资源的总称，它包括：政治资源、经济资源、文化资源等等。其中，最核心的还是包括财产、收入在内的经济资源。[1]

一 社会分层的理论借鉴

在西方社会学中，马克斯·韦伯最早提出了社会分层理论，他的理论核心是以三重标准划分社会层次结构，即财富、威望和权力，三者分别代表了经济标准、社会标准和政治标准。韦伯认为这三种标准之间关

---

[1] 李强：《社会分层十讲》，社会科学文献出版社，2011，第1页。

联度很高，但每个标准又可以用来独立地分析阶层结构。美国社会学家沃纳在韦伯的多元社会分层理论基础上，提出了六阶层划分法。除此之外，西方社会学界还根据人们在职业分工、工资收入以及社会威望等领域的差别，将社会成员视为连续排列的若干层次，也即续谱。西方学界中比较被广泛接受的还有布劳—邓肯的职业分层学说、帕森斯的分层功能论以及达伦多夫等人提出的分层冲突论等。近年来，西方社会分层理论形成了三大派别：一是阶级学派，该学派主张划分社会各阶级，此派还有两个分支，一支是以怀特为表率的新马克思主义学派，另一支是以戈德索普为代表的新韦伯学派，后者认为划分社会阶层应该注重考察非经济资源的拥有情况；一派以美国的戴蒙为代表，他倾向以职业声望为切入点来划分阶层；另一派是以布迪厄为代表，主张通过人们的消费选择或者品位来划分阶层。①

中国学者李强把社会资源细分为生产资料资源、财产或收入资源、市场资源（以上三种属于经济资源）、职业或就业资源、政治权力资源、文化资源、社会关系资源、主观声望资源、公民权利资源以及人力资源，并分别考察了社会分层的这十种标准。其中，对我们的研究有重要启示作用的有这样几方面。第一，经济资源一定在社会资源中居于首要位置，占有经济资源的差别会导致多方面资源占有的差异。按照生产资料占有情况划分社会阶层的理论和方法首推马克思，马克思的学说阐释了阶级分层的根本属性，有助于人们认识社会分层现象的本质，但这一划分方式带有浓厚的冲突色彩，处理不当不利于缓和社会矛盾，因此，学界在使用时需要谨慎。第二，以收入为标准划分社会阶层，这一方法并不十分具备理论基础，但因客观陈述了社会事实、有利于社会协调而更容易为人们所接受。按照韦伯提出的市场地位划分社会阶层，这一标准反映了社会个体全方位的生活机会和生活状况，能够比较真实地体现出个人

---

① 徐婷：《农村社会分层与社会流动研究综述》，《中国市场》2011 年第 9 期。

的实际生活地位，能够对传统的一元经济划分标准起到补充作用，有其合理之处。第三，按照职业划分社会阶层，是社会学家比较多采用的一种方法，比如提出后工业社会理论的丹尼尔·贝尔、我国学者陆学艺等。职业分化标准具有保守主义色彩，它试图从一个不带有冲突色彩的角度来呈现多层次的社会差别。它用社会分工和掌握专业知识、技术水平的不同来解释人们在社会中所处地位的差别。第四，按照政治权力划分阶层，具有较强的冲突色彩。在我国几千年来的官僚等级社会传统下，权力标准形成的社会分层的确反映出社会利益群体的差异与对立。第五，按照民权资源的分配来划分阶层，这个标准具有特殊的重要意义。这里的民权包括公民权利、政治权力以及社会经济权利。在当今的中国，民权资源在不同社会群体的分配中仍然具有巨大差异，尤其是在社会经济领域，社会福利、社会保障等方面的配置呈现出显著的分层差异。以户籍制度为例，在户籍制度下，公民按照等级被人为地区分为不同区域群体，享受相应的公共资源，自然在教育、社会福利、社会保障等领域表现出民权资源的巨大差别。第六，按照人力资源来划分社会阶层，即因为资历、教育、工龄等不同而产生社会分层，人们认为这样的分层结果是符合"后天努力"的原则，由于人力资源不同而形成的地位差别，属于"自获地位"。[1] 以上是李强教授对社会学界几种主要的社会分层的剖析与归纳，本研究即采用他的学说作为分析拉塔湖村社会分层的工具。

二 中国农村社会阶层的新变化

1978年后，我国实行改革开放，开始了由计划经济体制向社会主义市场经济体制的转变。伴随经济发展和经济结构的变化，中国的社会结构也发生深刻变化，城乡结构、职业结构发生改变，社会阶层结构由原来简单的工人、农民、知识分子的组成向更加多元化方向深刻变动，社

---

[1] 李强：《社会分层十讲》，社会科学文献出版社，2011，第12~21页。

第五章　社会分层与社会流动

会分化和社会流动的机制也随之改变,社会流动渠道越来越多了,流动速度也日益加快了。[①] 在工业化和城市化发展过程中,农村社会也发生了众所周知的改变,其中,农村社会内部不断深化的阶层分化,是这众多变化之中不可忽视的重要现象。当前对我国农村的社会分层研究,主要倾向于以多元社会分层理论来架构分层标准。一般认为,农村社会阶层的分化主要以职业为基础,职业与农村居民的收入、社会地位、权利大小、价值取向、生活方式与发展机会等相关度较高,因此,我国学者大多按照以职业分化为主的多元标准来分析农村社会分层情况。根据陆学艺等人的观点,我国农村社会可分为八个阶层,分别是农业劳动者阶层、农民工阶层、农民雇工阶层、个体工商户和个体劳动者阶层、私营企业主阶层、知识型劳动者阶层、乡村集体企业管理者阶层和农村社会管理者阶层。刘成斌、卢福英则根据农村社会成员分化情况将农村划分为九个职业阶层,即农业劳动者、第二产业劳动者、第三产业劳动者、农村知识分子、农村管理者、私营企业主、个体劳动者、兼业劳动者及无业人员。此外,20世纪90年代初,有些学者在考察全国不同地区、不同类型的村庄后,提出应该以农民职业类型、使用生产资料的方式以及对所使用生产资料的权力这三个因素的结合作为标准来划分农村社会阶层,并认为农村有十个阶层,即农村干部、集体企业管理者、私营企业主、个体劳动者、智力型劳动者、乡镇企业职工、农业劳动者、雇工、外聘工人、无职业者。[②] 这些划分方式在当时的社会状况下自有其合理性。但是进入21世纪以来,农村社会发展变化很快,一些分类如乡镇企业管理者阶层已经随着乡镇企业改制渐渐消失了,同时,很多地区农民流动加速,还有大量农民将土地完全转包出去,不再务农,对土地的依赖性进一步减弱。而取消农业税以后,因为农民在土地上获得的收益增加,一

---

① 陆学艺:《中国社会阶级阶层结构变迁60年》,《中国人口·资源与环境》2010年第7期,第7页。
② 徐婷:《农村社会分层与社会流动研究综述》,《中国市场》2011年第9期,第115页。

些转包土地、进城务工的农民又回归到农村、农业,甚至扩大耕种规模。种种变化,使我们对农村社会阶层的分析也需要针对具体情况重新考虑。

三 拉塔湖村的社会分层状况

在本研究中,我们对拉塔湖村的社会分层情况主要参照经济资源(特别是生产资料占有、收入差距与职业分化情况)、人力资本资源、民权资源与政治权力这几项标准进行分析。同时,更需要指出的是,因为我国农村阶层的分化在很大程度上不是以个人而是以家庭为单位的,农村的社会分层结构取决于农户而不是农民的个体状况,农民个体毕竟受制于其家庭状况,[①] 所以我们是以家庭作为分层单位的。

我们对拉塔湖村的社会阶层做如下划分。

1. 农村社会管理者家庭

拉塔湖村的村干部并未完全脱离土地,除了担任社会行政职务外,村干部家里也承包土地,进行农业经营,务农收入也是其经济来源的重要组成部分。在我国社会,权力的大小、高低仍然是构成社会差别的重要因素。权力资源所能发挥的作用常常要超越财产、收入。[②] 在农村,分层排序的确不能将收入和权力两个标准完全分开来衡量,需要结合在一起进行评价。拉塔湖村的村干部,虽然可能不是经济收益最多的,但他们却拥有最多的政治权力,在村公共事务中拥有最大的话语权和影响力,在村庄内部享有极高的社会威望。在本次问卷调查中,村民总体上对村干部的评价较高,有51.7%的受访村民认为村干部的办事能力"很高",有20.4%的受访村民认为村干部的办事能力"较高",二者合计的比重高达72.1%。而且有80.8%的受访村民都认为村干部处理问题公正。有30.1%的受访村民认为村干部"有很高威信",50.7%的村民认为村干部

---

① 贺雪峰:《取消农业税后农村的阶层及其分析》,《社会科学》2011年第3期,第71页。
② 李强:《社会分层十讲》,社会科学文献出版社,2011,第15页。

"有威信",二者合计的比例高达80.8%。另外,在对土地依赖程度比较高的村庄里,作为最重要的生产资料,土地承包如何分配,特别是开荒以后的土地如何分配,不能说完全排除权力、关系的影响,政治权力在某种程度上对经济资源的配置起到不容忽视的作用,形成社会地位差异。调查还显示,有43.4%的受访村民认为村民代表大会作用一般,当有意见或建议需要反映时,有72%的受访者选择直接找村委会领导反映,而不是通过村民代表大会。这从一个方面印证,村社会管理者自身拥有的社会资源和社会影响力是不容小觑的。此外,在访谈中,一些村干部也表示,相比较一般农业大户或工商业经营者,村主要干部在村里面地位高,因为有职务在身,在村里有较大的"面子"。而且因为拉塔湖村的经济发展较好,各项工作都走在沈北新区各村庄的前列,村干部在全区都算数得上的人物,同时又担任了区人大代表等多项社会职务,因此社会交往频繁、社会网络比较庞大而且交往层次较高。

2. 跳出农门的城市新移民家庭

我们认为,对农村社会分层应以家庭为单位。因此,培养出大学生、顺利在城里安家落户成为城市新移民的农户,在村里就获得了较高的社会声望和评价,社会地位较高。这一方面是因为,一般拉塔湖村子弟移民到城里的,都接受了高等教育,拥有较多的人力资源,就业都是在"白领"岗位,他们中有政府公务员、公司职员等,已经跻身正在形成和扩大中的中国城市中产阶层,而非普通的农民工或产业工人等,在经济资源、文化资源等各方面都远好于普通农民。另一方面是,作为城市里的白领、新移民,他们能享受到较多的或者跟原住市民接近的民权资源,在社会福利、社会保障、子女教育等诸多方面,都较农民群体具有更多的优势。尽管他们的家长也许只有小学文化,留在农村务农一年大概只有几万元的收入,但他们能培养出跃出农门的高才生,这份成就已经足够让其他村民艳羡,别人都会高看一眼,作为家长在村里生活得更有尊严,说话更有底气。在拉塔湖村,凡是能够培养出进城安家的"出息"

孩子的家庭，其社会声望与社会评价都是很高的。

3. 农业经营大户

在拉塔湖村，能称得上经营大户的，是指通过农业生产年收入超过20万元的农户。有以下几种情况，一种是粮食种植大户，他们一般承包150亩以上的土地，已经是有一定规模的家庭小农场，实现了家庭成员的充分就业，每年单靠种粮食的收入就在20万元以上，这样的农户有十几户。村里有个别的种粮大户还去周边的朝鲜族村甚至内蒙古地区通过土地流转承包大面积土地，有一户人家在邻近的黄岗子村承包了3000亩地，收入极为可观。另一类是种田与养殖兼业。1983年以后，拉塔湖村开始了一轮开荒热潮，按照当时的规定，新开垦出来的地30%上交村里，70%可由家庭承包，于是人们利用开出的荒地整理成鱼塘进行养殖。1990年以后，村里将开出的所有土地、鱼塘进行过一次分配，开荒较多的人家最后得到的鱼塘也较多，也就逐渐成为了养殖大户。靠着养殖一些新特品种，一亩水池往往能有5000斤左右的收成，再加上销售渠道早已成熟，经济收益颇丰。2005年以来，有几个养殖大户开始在网上办网站，宣传拉塔湖村的丰富水资源，又积极与到附近辽河岸边垂钓的沈阳市钓鱼协会成员联系，成功地将拉塔湖村鱼塘发展为集垂钓、旅游、休闲、农家乐为一体的多功能娱乐场地，每年单单通过垂钓，即可赚得10万元左右。这一阶层的人的特点是，有头脑、有经营意识，有较为丰富的社会经验和社会阅历，他们中有退伍军人、有曾经进城打工的农民工、做过小生意的个体小商人，这些经历扩宽了他们的眼界，帮助他们成为较为成功的经营大户。在村民眼中，经营大户的人力资源较多，他们头脑灵活、对新事物接触、接受、学习能力强，他们还经常到外面考察、参观，认为可以学可以用的，都会迅速引进。

4. 半工半农兼业户

这一阶层的农户家庭，虽然没有离开农村，但家庭收入并不完全依赖土地，甚至不主要来源于土地，呈现出明显的分工模式，这样的家庭也可分为两层。上层呈现代际分工,表现为子女务工,年长的父母务农。在 30 岁以下的留守青年农民中,只有 1/3 的人还在务农,剩下的都在争取脱离土地、寻找其他工作。拉塔湖村的集体经济十分有限,工业发展处于最初的萌芽阶段,所以在村里比较常见的收入较高的非农工作,即由父母投资为孩子购买一台挖掘机、运输车或收割机,让孩子可以从事运输、建筑工业或联合收割等行业。购买一台挖掘机的价格在 40 万~50 万元,每年的净收入有 15 万~16 万元。2005 年以来,因为沈北新区的城市化进程很快,城市基础设施建设一直处于高速推进状态,因此对挖掘机的用工需求量一直很大,农户家里有挖掘机的可以持续处于充分就业状态。甚至有的家里给儿子买了挖掘机以后,儿子并不自己开车做工,而是雇用司机,每月支付 3000 元工资。而跑运输的年轻人花几千元钱,从驾校学习毕业以后勤学苦练,凭借技术脱颖而出。下层则体现为男女分工,一般出现在搬进城里居住的农户家庭,这样的家庭中做丈夫的依然负责务农,而做妻子的因为需要担负接送孩子上下学、料理家务、买菜做饭等事务,只能找时间安排比较灵活的短工等工作来做,赚些薪水以贴补家用,所以其收入往往比较微薄。需要说明的是,这些半工半农的兼业户,随着时间的推移、父母年龄增大无法继续务农,就有可能出现新的代际分工的转换,而新一代的年轻人成长起来以后,是否仍留在农村使家庭重复或至少不改变半工半农的分工,还是难以预测的事情。

5. 普通农业劳动者家庭

这一阶层的农户家庭,家里既没有人打工、从商,又没有在村里的非农收入,其家庭收入完全来自农业生产,全家耕种大约不到 70 亩的田地,多数在 50 亩左右,每年家庭总收入在 5 万元左右,因此土地对于这样的人家而言是非常重要的。由于拉塔湖村土地较为富余,单靠务农收入也可以维持一定的生活水平,而且往往比外出打工收入还要高,农村生活颇可自给自足,生活成本较低,因此生活得也不错。

可以看出,在拉塔湖村,随着工业化、城市化的发展,村里的劳动力正在逐步向第二、第三产业转移，职业的差别在一定程度上影响着不同阶层的收入来源。职业分化是农户收入水平和收入结构差异形成的原因之一，也在一定程度上构成了村庄内部阶层分化。不过，拉塔湖村是一个集体经济尚不发达的村庄，也没有什么成规模的工业企业，村子里只有一个私人办的小砖厂，年收入大概在20万元左右。也就是说，在村庄内就业市场中，现存企业规模小，主要仍以传统的劳动密集型产业为主，同南方沿海省份农村常见的产值几千万元甚至上亿元的企业相比微不足道。也因此，影响拉塔湖村社会分层的最主要因素乃是掌握经济资源的多寡，特别是在占有生产资料方面。在拉塔湖村，很直观的是，谁家承包的水田、鱼塘多，谁家就有更多资源创造财富，从而提高自己在农村社会中的地位。可以看出，在拉塔湖村，农民们寻求非农就业的动力和决心很强。因为拉塔湖村情况的特殊性，该村虽然现在基本没有人在外打工，但那是因为将外面务工与回家务农的待遇相比较后形成逆向流动的结果。而在拉塔湖村，凡有能力通过高考摆脱自己农民身份，成为城里人的，均被广泛赞颂与羡慕。而留守在家的青年农民中的精英群体，也一直都在不遗余力地寻找非农就业的机会。人们舆论认为这样的青年是优秀的，给予很高赞美，可见村庄里的意识导向即认为走出农村改变身份是一种明确的向上流动。

　　同时，我们还观察到，在拉塔湖村的社会分层变化中，经济因素影响已经越来越取代了政治因素影响，就是说，经济上的不平等逐渐取代了政治上的不平等。村里出现了两大典型的强势精英群体，一类是子女已经成功流动到城市成为中产阶层的城市白领的家庭，另一类是靠经营、务工获得较为可观收入的留守农村中产阶层。正是这些村庄内的中产阶层，在积累了较雄厚的资金后，有能力为子女投资、购买生产资料，使其直接进入第二、第三产业，并获得更加丰裕的报酬。

　　我们也发现，随着经济分层导向的确立，贫富差距扩大问题也浮出水面。村里高收入阶层一年家庭收入至少超过20万元，而困难一些的家

庭年收入不到5万元。一般来说，贫富差距的快速分化容易造成社会关系的紧张，但在问卷调查中，有61.4%的受访村民却认为所有的阶层或阶级之间都没有利益冲突。我们分析，这是因为村内高收入阶层中的多数人是通过后天努力获得的人力资源（包括受教育水平、专业知识、技术能力等）带来了较高收入，而这种分化被认为是可以接受的、比较公平的，村民对大部分的致富能手目前还处在对其能力认可、佩服的心理中，因而该村的社会关系目前还是比较和谐的。

第二节　社会流动状况

一　人口变迁概况

结合调查问卷和个案访谈，我们得知，拉塔湖村的人口变迁与流动基本可以分为四个阶段。

1. 第一阶段，1948~1953年

拉塔湖村于1948年11月解放，那时全村有170户贫雇农，18家地主，牲畜170多口，耕地5000余亩。经过土地改革后，到1951年前，全村已经有300~400户。但遗憾的是，刚刚开始的人口增长与农业发展被1951年和1953年的两次洪水中断。当年辽河流域洪水泛滥，据村里的老人回忆，当时拉塔湖村的很多土地房屋等都被洪水冲走，大部分居民只好迁往附近村庄或沈阳避难，整个村里只剩下十几户，人口骤减，农田荒芜。

2. 第二阶段，1954年至1980年代

两次洪水肆虐后，沈北大堤于1954年建成，水患被制服，村里的生产开始恢复，人口也开始缓慢增加。到1960年以后，之前迁走的村民开始陆续回迁，1962年时已经达到30多户。这一时期，还有一些外地搬迁户的增加。1965年以后，村里还来了一些"知识青年"，人口增加比较

快。到"文化大革命"结束后,知青大多数已经返城,但本村人口仍在显著增长。1968年10月,沈阳市"革命委员会"决定在拉塔湖村创建"五七干校"。沈阳市"五七干校"占地142亩,其中,占用耕地130亩,荒地12亩。在1968~1977年的近10年间,沈阳市"五七干校"共在拉塔湖村开垦荒地近2000亩。1977年沈阳市"五七干校"恢复成中共沈阳市委党校,同年,沈阳市委党校撤到沈阳市内。

3. 第三阶段,1990~2004年

这一时期,拉塔湖村的新迁住户不多,新迁户主要是通过婚嫁从外地迁入的,还曾有4户家庭全家从黑龙江等地迁来。20世纪80年代,农村经济改革开始后,因为取消了大锅饭,实行了土地承包政策,村民生产积极性得到很大提高,人们热情高涨地开垦了许多荒地,逐渐获得了较丰富的生产资源,相较其他地区,这里人均耕地多,水田多,经济条件较好,发展快,收入多,因此一些妇女在嫁入拉塔湖村后,帮助娘家兄弟姐妹等亲属陆续迁徙至拉塔湖村落户。

4. 第四阶段,2004~2010年

2004年在沈北新区撤乡并镇的过程中,拉塔湖村与本乡的黄岗子自然村合并,成立如今的拉塔湖行政村。同时,在进入21世纪后,外出上学并实现进城就业、定居的拉塔湖子弟也逐渐多了起来。截至2010年10月,拉塔湖村共有人口190户,715人。

根据我们的调查显示,拉塔湖村的迁入人口具有如下特征:女性占83.6%,男性占16.4%;具有农业户口的占92.5%,具有非农业户口的占7.5%;从迁入原因来看,结婚者占84.9%,投亲者占9.4%,其他原因者占5.7%;从迁入者迁来前的地区来看,本乡外村占26.4%,本市外村占17%,本市城镇占1.9%,本市市区占3.8%,本省外村占26.4%,外省农村占22.6%,外省城镇占1.9%。由此可见,拉塔湖村流入人口的主要来源地仍然是农村,主体人群是青年女农民,主要方式是通过婚嫁落户当地。早在2009年,该村人均收入已达到1.6万元,这样的状况在附近十里八乡已属富裕村。据村党支部书记估算，2011年村里的人均收入有可能超过1.8万元。拉塔湖村发展农业的一个最重要因素即土地较富余，80年代时大家勤于垦荒，开辟出许多农田和鱼塘，2005年以后，因为取消了农业税，种庄稼、搞养殖越来越赚钱，纯粹务农家庭的生活水准也得到了较大的提高，较好的经济发展水平无疑是拉塔湖村吸引年轻姑娘嫁入的重要因素。而拉塔湖村的姑娘一旦嫁往外地，没有特殊原因，一般仍把户口留在本村。而在人口流入的过程中，通过本家有姑娘嫁入拉塔湖村继而带动娘家数位亲戚相继迁入拉塔湖村的现象也很常见。这说明，在农村社会内部的人口流动中，社会关系网络仍然是实现流动的主要社会机制。通过社会关系网络，农民能够获得信息以及物质和精神、情感上的帮助与支持。但由于拉塔湖村是个以农业生产（主要是种植水稻、玉米作物）为主的村落，村里第二、第三产业经济量微小，几乎没有什么工业，所以外村农民从相对贫瘠的土地上迁入拉塔湖村，在经济收益上有所提高，但他们依然从事农业生产，职业身份依旧，本身并没有实现在社会地位上的重大改变，因此仍局限于水平流动的范畴内。

二 人口的逆向流动

在往拉塔湖村的流入人口中，还有一种虽然占比例不多却不能忽视的情况，即逆向流动。近年来在对农民工流动情况的研究中，农民工在城市的去留问题一直是备受关注的。在这里，我们把从城市回到农村的流动称为逆向流动。根据白南生、何宇鹏的研究显示，近年来，因在外地特别是城市就业困难而返乡的被动回流呈上升趋势，因个人原因或家庭原因而产生的回流呈下降趋势，而其中以回乡投资为目的的回流仅占回流劳动力的2.5%。[①] 我们在访谈中也发现，很多农民因为无法在城市

[①] 白南生、何宇鹏：《回乡，还是进城？》，载李培林主编《农民工：中国进城农民工的经济社会分析》，社会科学文献出版社，2003，第27页。

里立足，只好在尝试过一次或几次的失败后，回到家里继续务农。比较值得注意的是，在拉塔湖村，30岁以下的青年农民即1980年后出生的一代，除因异地上大学毕业之后很快顺利在城里就业成为城市白领的，几乎没有出外打工（普工）或是从事初级技术工人的。在这些"80后"的新一代农民看来，在城里当一个蓝领工人，当一个中低端劳动者，还不如在家务农来得舒服、过得实惠。据介绍，在拉塔湖村30岁以下的留守青年农民中，大约有10人是经历过逆向流动的。这10个人还都曾经在新城子或沈阳市内的中专、技校等学校求学，所学专业涉及汽车维修、电子计算机、电力、商业管理等多种领域，他们中最长的在城里待过5年，最短的也在城里待过两年，基本都从事过蓝领技术工人的工作。但这样的工作对他们来说，实非理想。

小Z，男，1980年后出生，曾在沈阳金杯汽车技术学校学习车工，毕业后也顺利找到了工作，在某汽车制造工厂的流水线上当了一名操作工，每月工资有1500元。但是这样的工作对于他来说，实在不理想。

问：觉得哪里不好呢？

答：赚得太少了。1500元，要每天都不停地工作，一整个月下来的，一年还要12个月。这样辛苦，然后在城里还要吃、住都花钱。我家里大概有30~40亩地，种粮食的（水稻），我们种粮食，一年也就干三个月的活，那就能赚4万~5万元了。在家里住，不要钱的，吃的也是自己种的，便宜。比在城里打工强。

问：就是觉得在城里又累又赚得少，很不合算？

答：对啊，城里生活那么累吧，天天都上班，到年底手里剩下的钱还没有种粮食多呢。再说其他的也没啥待遇，就赚个死工资，也没有啥保险，你说出去干啥？

拉塔湖村因为前些年开垦荒地较多，至2010年，人均耕地达到15

亩，均为水田，要比周围其他村的面积多。根据国家统计局的数据，2003年全国人均分配土地是2.4亩，户均9.2亩，劳均7.3亩，而仔细比较各地区的差异，出来打工人数较多的湘、鄂、皖、川等省的数据是：湖南2.1亩/人，湖北2.7亩/人，安徽2.7亩/人，四川2.0亩/人。丰富的土地资源所带来的收益，是拉塔湖村的青年农民甘心留在村里务农、较少出去打工的最主要原因。自从国家取消农业税后，种植业利润上升，加之拉塔湖村全村范围内收割机、插秧机等农具的广泛使用，农业几乎实现机械化，真正使农业经营成为一项对农民来说既有营利又相对轻松的事业。

同时值得我们探讨的是，据拉塔湖村的一些逆向流动过的青年农民介绍，尽管他们已经受过中等专业技术学校的职业培训，但在劳动力市场上，他们所能找到的工作月薪基本都仅在1500元左右。加上没有社会保险、无法顺利落户城市等诸多原因，城里蓝领生活与他们曾经憧憬的城市生活相差甚远。由于在城市就业竞争中处于弱势地位，他们不但无法融入城市主流社会，反而徘徊、受困于城乡边缘。出于种种原因，这些20世纪80年代后甚至90年代后的新生代农民没能受到全日制高等教育，相对比大学生就业群体的确是存在教育缺失，在市场竞争中他们的确不是很容易找到就业机会，他们之所以选择回家，并非无法就业，而是就业状况不理想、看不到前景。这一现象反映出我国目前相当一部分产业工人的尴尬境地，值得我们关注和思索。

近年来，在我国社会学界对中国社会结构的研究中，多种理论获得的共识之一，即承认中国社会有一个庞大的社会中下层，这个人口数量巨大的社会较低层面包含有农民、农民工和普通产业工人群体。这个巨大的社会中下层持续存在的直接原因即是城乡二元结构。现阶段进城的农民工已经有1.5亿人以上，再加上离土不离乡的工人，我国农民工总数应达到2.6亿人以上。而事实上，农民即使走出农村进入城市、走出农业进入工业，他们在整体的社会结构中的位置仍然没有显著上升，甚至在一些特例中还可能变得更糟（比如拉塔湖村这样的富裕农村）。对此，李强教授认为，农民工是我国各个劳动力群体中，最具年龄优势的群体，他们都是以青壮年为主力，精力旺盛；同时，对各省人均 GDP 的社会贡献最大，为中国经济的发展与复苏作出了巨大贡献。然而，在社会地位的竞争中，制度安排的不合理，使他们处于劣势。我国目前制度安排没有为农民工留出依靠技术优势获得社会地位上升的空间，技术流动出现社会断裂，造成了农民工群体或者是产业工人群体有技术无地位的社会现象。[①] 一方面，目前中国在国际经济产业链的竞争中，在制造业环节占到优势地位，全社会急需大量的技术工人；另一方面，技术工人的待遇却比较低，对技术工人的职业技术分层也没有得到重视，对于绝大多数农民工或产业工人群体，即使通过中专、职业高中、技校等职业培训、有了技术证书，想要凭借自身的劳动技术水平来实现社会地位上升、进入社会中间阶层，却几乎找不到顺畅的渠道。这样的制度设计本身就拒绝了条件尚可的农民迈向城市化的脚步。像拉塔湖村没有接受高等教育的青年这样不愿意当农民工、留守农村，也就可以理解了。尽管从农村流动到城市，从农业流动到城市就业是一种积极的向上流动，但诸多制度性障碍严重阻碍了农民工获得城市社会地位，他们不得不依靠劳动力市场这唯一的流动渠道进行社会流动，这也进一步加剧了他们融入城市生活的难度。为了重新获取社会地位、赢得社会声望，逆向流动回到家乡就成为最佳选择。在诸多外部因素的作用下，离开城市是农民工权衡利弊不得不作出的无奈之举。

小 Y，男，23 岁。高中毕业，家中独生子。高中毕业那年十七八岁。毕业后，就在家人的支持和资助下，到新城子（原来是沈阳北部离拉塔

---

① 李强：《为什么农民工有技术无地位——技术工人转向中间阶层社会结构的战略探索》，《江苏社会科学》2010 年第 6 期，第 15 页。

湖村比较近的乡,后成为沈阳 10 个行政区之一)那里做生意。当时靠家里投资,在新城子的一条商业街上买了一个门面,支起一个档口,专门卖服装,门面大概有 20 多平方米。

问:做了多长时间,做得怎么样?

答:当时花了 7 万~8 万元批的服装,加上买档口,一共花了 20 多万元,当时在卖牛仔裤,但是效益不好。那时候每天早上 8 点钟左右就开业了,挺努力的,坚持了一年多,实在没办法,最后只好出兑了。

问:怎么就效益不好呢?

答:买的人太少了,还要交税,交各种费用,根本都卖不动货。

问:为啥呢?你的货卖多少钱呀?是太贵了吗?

答:是在沈阳的五爱街服装市场上的货,当时就想挑好的,上的货都是 200 多元一件的毛衫,后来上的牛仔服也是 70~80 元一件最低的,当时就顾着求好,但是这个价格根本卖不出去。那里是服装一条街,卖货的人太多了,大家也卖得都不太好,都不赚钱。当时想着贵的卖不动,但是你太贱的,也照样没人买。

问:当时家里什么反应呢?

答:家里挺支持的。觉得就是年轻人应该出去转转,闯闯,虽然卖服装赔了,但是要是以后再想出去,照样也还是支持。再说我也一直就在想,还是应该干点什么,但一直没想好到底干啥。

问:后来想过为啥卖服装没成功吗?

答:嗯,就是还是没什么积累呗。觉得要想成功干件事,必须得懂行、有经验。那时候小,什么也不懂啊,越做越赔,太年轻了,当时特别上火,也就没坚持。

问:当时做过市场调研吗?

答:也做过啊……我是跟我对象一起去五爱街上的货,反正当时就是俩人啥也不懂,家里大人也不会,也没人领我们去,我们自己摸索的,反正现在合计,指不定被人骗了呢……

问：哦，当时是跟女朋友一起开店……

答：我对象是我以前的同学帮着介绍的，她是新城子人，我也一直打算在新城子找工作，还是希望能留新城子跟我女朋友在一起……

问：那你后来打算做什么呢？有没有继续学点什么再从头来呢？

答：我后来就回家了……在家里待着来的，我们家有100亩地吧，就是父母赶着种呗……我也没学啥技术，我就还想做生意，现在就做生意好，能赚大钱，我不想给别人打工，没啥前景啊。像我们村里有人开抓沟机（即挖掘机）的，就在新城子，他们一年都能赚几十万，我同学他们都在新城子那边做生意，比如做化妆品销售的、开理发店、饭店的，一年能赚5万8万的。我个人理想吧就一年赚个10万8万的。

Y的家里承包了100亩水田，每年全家收入在10万~15万元之间，凭借较为宽裕的种植业收益，Y能够从家庭中获得经济资助，开始他迈向城市的第一步。尽管由于缺乏经验等各种原因导致第一次的投资失误，使Y回到农村家里，并待了几年，但他对融入城市生活、从事商业活动仍然有不可磨灭的兴趣。

Y的经历可以成为另一类新生代农民的典型。随着工业化、城市化的发展，经济发达地区的农村劳动力逐步向第二、第三产业转移，农村非农就业的比例逐渐提高，农户对土地的依赖性也逐渐减弱。近年来，农村社会中一个难以忽视的现象即出现了农民内部的分化，陆学艺等学者曾较早地提出农民已分为八大阶层。在我国经济发展和社会转型中，农民群体也形成了许多亚层次。[①] 在向城市和非农业转移的过程中，除进入产业工人行列外，更有一些出身殷实家庭的青年农民选择直接进入第三产业，开始自我创业的尝试。这些孩子高中毕业没有考上大学，没有

---

① 许恒周、郭忠兴、郭玉燕：《农民职业分化、养老保险与农村土地流转》，《农业技术经济》2011年第1期，第81页。

也不愿意经过职业学校培训去城里谋一个蓝领技术工人的职位，靠着家里的资助，往往选择了在县城、镇上或者城乡结合部开服装店、饭店等小规模生意，但由于选择的地方市场有限，竞争激烈，往往创业失败。以上述案例中的Y为例，在新城子这样的买方市场里，创业空间很小，有创业意愿的人却很多，创业风险其实极大，但他们抵御风险的能力却很弱，再加上他对创业项目的经营毫无经验，失败也就在所难免。尽管几年前的尝试并不尽如人意，但在持续的憧憬中他也并没有接受任何职业技能上的再教育，以提高在城镇生活创业的能力，适应市场经济的需求。但有趣的是，这并没有影响他对将来在城镇生活并从商的信心。给人打工没有前途，回家务农又没有意思，是这类农村青年的整体感受。因为年轻，对将来的前途暂时还有很好的想象，年轻人的理想主义、浪漫主义、城市生活的喧哗热闹有趣，无不吸引着他们想进一步去碰运气，并有勇气在梦想中一再投入他们并不是十分充裕的资金去创业。然而，在整个中国已经成为买方市场、小规模的产业创业几乎无发展空间的情况下，用整个家庭多年来的积蓄去创业，风险委实不小。尤其是在目前的经济发展背景下，创业要求的条件是越来越高。较高的期望值和继续教育与职业教育的缺乏，使他们陷入劳动力转移的困境中。

三　人口流出

1. 从农民到白领

拉塔湖村人口流出的主要方式是年轻人通过接受高等教育（此处特指大专以上）在城市里工作、定居。2000年以来，该村在外上学、就业定居的年轻人约有40人。其中有4个自费留学的：一个去了韩国汉城，目前未归；一个在沈阳大学毕业后去德国留学，目前尚未毕业；还有一户人家两个男孩从大连海运学院毕业后去日本留学，其中一个毕业后回到大连就业定居。其他的年轻人流动范围基本都在省内，以去往沈阳、大连两市求学、就业居多。毕业后从事的职业多为白领工作，有政府公

务员、公司白领、工厂技术人员等。年轻人进城后，家里的农活就由留守老人来承担。老人虽然年纪大，但因为务农有熟练技巧，再加上东北一年只种一季稻，机械化普及程度又高，因此一年里大约有9个月时间都比较清闲，暂时还都能应付得了。

村里有一位L大姐，因儿子培养得好，在城里闯荡得不错，一直被人艳羡，成为全村的榜样。L大姐的儿子是独生子，今年29岁，本科毕业于辽宁大学信息管理专业，目前在沈阳苏宁电器任销售部经理，已经在沈阳市区买了房子生活。村民说，L大姐的儿子能干，一年能赚几十万元，有人曾经当面向L大姐确认过，L大姐对此笑而不语，就当是默认了。L大姐家在村中，是十足的成功人士。L大姐常说，儿子从小爱学习，从来在学业上就没让家里人操心过。毕业时，是公司直接去学校招的人，家里人的确帮不上忙，可孩子也不需要家里帮忙。正因为学业优异，才能顺顺利利在城里安家、闯出一片天地。他们老两口在村里承包50亩土地，闲暇时打牌、走亲戚，生活得很舒心。

从20世纪80年代以来，农村劳动力转移伴随我国经济体制和运行机制的转变，以及跨区域推动就业的发展，取得了较大进展，为经济持续快速发展释放了巨大能量。而教育水平对出外务工的收入和地位获得具有显著的影响，特别是高中以下与大学之间。以拉塔湖村为例，是否具有大学文凭已经成了农村剩余劳动力转移中的一个分水岭，这就对农村的教育水平提出了更高的要求。李强教授认为，简明地概括改革开放30年来我国社会分层结构的最主要变化，即从以"社会身份指标"分层向以"非身份指标"分层方向转化。改革以后，最大的变化就是原有的身份制度或身份体系逐渐开始瓦解，重要体现之一，就是通过受教育改变了职业从而改变传统先天身份、突破户籍限制的农民越来越多，人们通过后天努力获得的文凭、学历、技术证书等作为社会分层、社会屏蔽和筛选的功能越来越突出。自从1977年我国恢复高考以来，文凭、学历就成为划分社会地位的越来越重要的标志之一。20世纪80年代以来，学历已经成为国家干部考核提升的重要标准，80年代中期以后，我国正式恢复了学位制度，建立了学士、硕士、博士等一系列学位体制，90年代以来又逐步建立了一系列的技术证书制度，如会计证书、律师证书等等。进入21世纪，中国加入WTO，与国际接轨的技术证书越发成为区分社会地位的新的依据。[①]一个现代文凭社会正在形成，越来越多的农民子弟通过教育获得了冲破城乡二元体制藩篱、参与更广阔层面社会竞争、改变社会身份的权利与渠道，而广泛的社会流动也为社会带来了巨大的活力。同时可以看到，随着我国产业结构的调整升级，那些纯体力的低技术含量的就业岗位也在逐渐减少，取而代之的是更多高级技能的职业。这就要求新生代农民必须接受更高的教育，才能拓宽就业领域，提高就业层次，从而打破城乡二元社会结构，加入城市化进程中。此外，我们也不得不认识到，高学历毕业生大量外出定居，使乡土社会精英大量流失，这也在一定程度上为农村的发展带来问题。

2. 候鸟式移民

城市的扩张使城市边缘的土地不断城市化，城镇生活的触角也越来越与农村亲密接触。随着沈北新区城市化的快速进展，一座座新型城市社区在原来的乡村上拔地而起，越来越多的青年农民被更加便捷现代的城市生活的魅力所吸引，纷纷在城镇买房，过起了农忙时在村里，农闲时在城里的候鸟式生活。这种候鸟式生活在2005年左右已经俨然成为沈北新区农村十里八乡最潮流的生活方式，仅在拉塔湖村173户人家中，凡是有年轻孩子的，已经有90%都在城里或者镇上买了楼房。据村里人讲，如今在拉塔湖村，年轻男孩要娶媳妇，城里楼房已经成为最重要的聘礼之一。为此，有儿子的家长们总会费尽心思为儿子在新城子、道义区或者更南方的沈阳市主城区皇姑区储备一套房子，哪怕只付了首付。

---

① 李强：《改革开放30年来中国社会分层结构的变迁》，《北京社会科学》2008年第5期，第48页。

我们对此深感有趣，对几户已经开始"候鸟"式生活的人家进行了访谈。

小 K，男，35 岁。已婚，有一个独生女儿。女儿现在在新城子区小学上学。2004 年在新城子买房以后，全家就搬了过去。

问：房子多大呀？

答：70 多平方米。那时候是 2004 年，房价当时才 1300 元一平方米，现在可倒好，涨到 3000（元）一平方米了。我那房子在新城子火车站附近，还算是挺繁华的地方。

问：那当时是出于什么原因决定去城里买房呢？

答：主要就是为了孩子上学才买的楼。我还是贷款买的，到现在还得还贷款呢。一个是，为了孩子上学方便，村里离新城子学校远，天天折腾孩子那也受不了啊，想让孩子少遭点罪，一狠心就买了。再一个，当时孩子在学校上学，第一年还得交赞助费呢。后来买了房子，有了房照（房产证），就不用交钱了，享受城里义务教育了。

问：村里没有小学吗？孩子为什么要去新城子上学呢？

答：乡里有学校。但是咱从村里去乡里的学校，比从村里去新城子的学校还远。孩子更遭罪。再说你这教育质量没法比啊。毕竟这边的学校教育水平高。

问：那你们全家三口现在是都在新城子居住了吗？

答：是啊，我爱人带着孩子，就是一直都住在城里了，我有农活的时候，就回村里住几天。田里没有活，那我就回城里去。孩子从小就在城里念书，就基本没回过农村了。

问：那你爱人在城里做什么工作不？

答：她一般就是打点短工，以前在服装厂干过，还卖过水果，卖过服装。

问：为什么一直打短工呢？可以找个固定工作啊？

答：她打短工主要就是因为时间灵活，可以照顾小孩，因为我有时候活忙，我就不能天天跑，像这段时间我就在村里的时间多。

问：那你有没有想过在城里找个工作呢？为什么还回去务农呢？

答：主要是我现在种地收入多啊。在城里找工作，现在根本找不到比种地赚得多的。你看，我家里现在承包30多亩，不到40亩地，这在咱村算少的，那我一年能赚个4万~5万。我以前在城里还真找过工作，刚开始开过出租车。那会儿一个月能赚2000块钱，比种地少啊。我开了一年多，不开了，主要受不了，太累了，也赚不到多少钱。后来我还干过保安，保安一个月就能赚个800、1000的，保安倒是闲时候多，但是太清闲了，太无聊了。就这么着所以还是种地呢。

问：那除了这些工作，你还琢磨过学点什么，找个别的工作没？

答：我就学过开车，学了6~7年了，当时闲着没事学的。所以后来当过一段司机。别的也没学过啊。

问：你们村像你这样的情况的多吗？当时你决定搬过去的时候。

答：我们村，现在都是30多岁或者更年轻的人搬到城里，能有20多户。这挺普遍的了。基本都是这5年之内吧。我当时吧，呵呵，我是我们村第一个在城里买楼的。

问：那他们都是为了孩子上学吗？为什么不选择租房子呢？

答：都是为了孩子上学，新城子学校比乡下的好嘛。我跟你说，在新城子租房子不合适。尤其我们那几年，房价便宜啊。你看我当时买的房子，还贷款也就一个月500元，拿这钱你租房子也是租了，还不如买楼呢。但是现在房价涨了，那你花钱也就多了。但是你看吧，再涨，现在还是买。我们村里年轻人，24~25岁要结婚了，男方都得在城里买楼，不买那都没人嫁。结婚了以后，都是妻子跑得少，在城里住，男人跑得多，两头跑。孩子生下来那就是城里小孩了。

问：那你们的户口在哪边呢？

答：也能留城里，但是要是没有特殊需要，还是留村里了。我这不是要在村里种地吗。那不能迁走啊。

问：那一直这样来回两头跑吗？对将来的打算呢？对城里生活感觉怎么样，适应不？

答：反正吧，农村冬天太冷了！（笑）还是城里楼房暖和。作为我们村年长的人来说，我们就是一辈子务农，到老了，肯定是要在农村养老。对于我们年长点的人来说，城里肯定是好，但是城里环境差，喧闹，也没有人情味啊，邻居都是点头之交。哪像村里，人情味浓，你有事有灾的，都有人帮忙，再说村里环境好，空气真好，安静，住着舒服。但是孩子呢，你说咱们吃这么多苦，费这么大力，牺牲这么大，包括她妈妈，就是想让孩子能在城里扎根。下一代这些孩子就是土生土长的城里孩子了，他们生下来根本就不接触农业，不明白怎么种田。我就希望他们能在城里找个稳定工作，有社保什么的，将来他们的熟人都在城里，估计是不能回去了。

小 Z，男，33 岁。有个独生儿子，今年 11 岁。他们家从去年开始搬到新城子住。

问：你们家是出于什么原因决定搬去城里呢？

答：也是因为小孩教育呗。我儿子原来在黄家乡小学上学，特别远，我不想让孩子太遭罪，再说乡里的学校教育质量差一些吧。搬过去主要就是为了孩子。

问：为孩子投入这么大呀？

答：是啊，咱就这么一个孩子，独生子儿，也不想要第二个了。就这一个，肯定得精细着养啊。现在养孩子，不精心那你也培养不出来啊。再说了，现在周边的村，像高坎儿等村，只要有条件就去城里买楼，都是这样的。现在结个婚，你得买楼，买楼就得 50 万、60 万。

问：那你的妻子在那边怎么生活，做什么工作不？

答：我媳妇就是一直基本住新城子，她做点小活儿，比如给人做帽子、编织之类的，可以在家里做嘛，时间上灵活。她就业必须得时间灵活,这样能接送孩子什么的。

问:你们的房子情况介绍一下吧?

答:我是去年买的楼,在新城子靠北边,地点不算太好,但也还行。去年那时候价格还行,是2200元一平方米。你像到今年再买那又贵了。现在新城子都得3000多了吧。沈北道义那边,楼高层的都卖到4000多了。买完就还贷款呗,现在一个月还1100元。家里面种了40亩地,一年也有4万~5万吧,反正就先这么还着吧。

问:那你现在除了种田还做点什么不?

答:没做什么啊。我就是小学毕业,也没啥技术。好在现在交通还可以,挺方便的,随时能回村回田里,所以两头跑着。

问:孩子呢?他在城里生活适应不?

答:孩子一年上10个月的学,有寒暑假,放假的时候有时就回村里,他喜欢农村,一到放假就愿意在农村住,他觉得农村好玩,人多嘛,热闹。

问:那孩子如果喜欢农村,你们又如何打算呢?愿意让他以后回农村吗?

答:那也不是,对孩子的打算,那还是不愿意让他回农村的,就是想让他在城市里扎根,孩子挺听话,将来也是能听父母的话。他将来具体做什么工作那肯定是他自由选择,但是不能回农村了。

问:那除了种田之外也没有太多其他的收入了,还要养家,还贷款,压力是不是也有一些呀?

答:是啊,其实我媳妇吧,一直也希望我出去学手艺,再找个别的什么活儿干,但是我还没仔细想过到底学点啥,干点啥,之前也没做过什么呀,走一步看一步吧。

一般来说,农村剩余劳动力转移大体上出于这样几种目标:一是为了让子女接受更好的教育;二是在致富后想要改善生活、满足物质文化的需要;三是由于城镇能提供更多的就业机会;四是一部分人为生计所迫，只能到城市中寻找出路。① 在拉塔湖村，很明显村民普遍的向城市移民的候鸟式生活多出于第一种、第二种原因。同时可以看出，在我国工业化和城市化进程中，农村劳动力持续地向城市和非农产业转移，农村劳动力流出规模在不断扩大。"人口流动高位移规律"说明，劳动力总是从低层次向高层次转移，由生存条件差向生存条件好的地方转移，由劳动收益低向劳动收益高的区位转移，由简单劳动向复杂劳动转移，由农村向城市转移。② 从劳动力的流向看，不论是迁移还是暂时居住，现阶段拉塔湖村的农村劳动力的人口流动高位移规律的趋势表现明显。从产业流向上看，农村劳动力受自身能力素质所限，主要流向的行业都集中在城市工业、商业、服务业、餐饮业等技术含量低的劳动密集型产业，当然因为这些行业的薪酬较低，有时甚至难以维持生活水准，一些农村劳动力又出现了回到农业、农村的现象。由于目前农业与其他产业相比收益还是较小，农村的生产生活条件相对较差，且无法有效持续吸引人才并缺乏人力资源培养机制，加上传统文化中对农业的偏见，导致较高素质的农村人力资源流失，而素质相对较低的人力资源却留守在乡。从个体和家庭的角度来看，这是劳动力的自由流动，也体现了市场之手对资源的配置作用，但在城乡二元社会结构背景下，从农村培育出的高素质人力资本却流向了城市，为近年来城市工业、服务业的腾飞提供了巨大助力，却没有成为全面建设社会主义新农村的后续力量，这在一定程度上造成了不同发展阶段的地区之间的差距愈发扩大，欠发达农村地区缺乏持续发展的动力，农业产业化难以实现。③

鉴于此，对于留守在乡的农民，有必要通过多方举措促进其实现向

---

① 高帅、张朋、刘光建：《关于对农村劳动力迁移、知识流动与农村产业结构调整》，《理论研究》2011 年第 3 期，第 22 页。
② 龙翠红、易承志：《中国农村劳动力流动的格局与现代新型农民培养》，《经济问题探索》2011 年第 1 期，第 109 页。
③ 龙翠红、易承志：《中国农村劳动力流动的格局与现代新型农民培养》，《经济问题探索》2011 年第 1 期，第 109~110 页。

第五章　社会分层与社会流动 ○ 中国百村调查丛书·拉塔湖村

新型现代农民的转变。

首先，需要提高留守农民的综合素质。其中最紧迫的是要增强对留守农民的人力资本投资。除了继续普及义务教育、提高农村教育水平外，还需要采取一系列措施，专款专用以发展、普及各类成人教育，对留守农民进行文化素质和劳动技能等方面的培训，使他们成为文化知识丰富、技术娴熟，又乐于留在农业领域勤劳致富的劳动者。同时，应该大力推进留守农民的就地市民化。拉塔湖村民的候鸟式生活方式的演变，体现出村民们普遍对于现代城市生活的向往和追求。推进农民的就地市民化，就是要在培养农民和实现农村发展的同时，让农民享受到他们向往的现代城市生活。农民就地市民化，还意味着农民应该享受与市民平等的权利，保障城乡居民在政治、经济、社会地位、享受公共服务等若干方面的平等，实现城乡生活的逐步趋同。为此，需要在以下几方面突破制度上的障碍：一是在户籍制度上应改革已经存在几十年的城乡分离的现状；二是取消对农民的各项歧视性政策，保障农民与市民平等的政策和机会；三是通过提高农民组织化程度来使农民以更强势的方式进入市场。[1]

其次，需要加强流动农民的职业培训。在候鸟式生活中的村民试图进入城市（镇）谋生而受困的经历也表明，农村剩余劳动力总体上文化素质较低，总体水平较低，同时缺乏职业技能和再培训的可能性，使他们只能承担比较简单的劳动，已经适应不了市场经济和农业现代化的需要。一般而言，个体文化程度提高，可参与的社会劳动范围亦随之扩大，也就越有可能实现自由流动，所得经济收入亦增多。农村劳动力素质不高，在就业中就容易被人替代，一旦转岗又比较难适应，因而延缓了农村剩余劳动力进入城乡非农产业的速度。[2] 由此可见，对有转移愿望的农

---

[1] 龙翠红、易承志：《中国农村劳动力流动的格局与现代新型农民培养》，《经济问题探索》2011年第1期，第110页。
[2] 赵梦媛、贾立平：《促进我国农村剩余劳动力流动的对策性思考》，《特区经济》2011年第2期，第178页。

149

村剩余劳动力的继续教育特别是职业培训是迫在眉睫的。在访谈中，我们发现，一些试图进入城镇就业但就业无门的青年农民，首先在职业规划方面并没有一个清晰明确的认识。很多人想做事，但又不知道该做什么，有时候会出现跟风、模仿已经成功创业或进城打工的先行者，但因不适合自己而宣告失败。面对复杂陌生的社会环境、市场环境和庞杂的信息，他们确定职业目标能力不足，抗风险能力差，有时频繁换工作单位，专业技能的学习严重缺乏系统性、连续性。这样既浪费了时间、精力，又赔进了创业资金，不利于其人力资本的积累。此外，在继续教育上面临着资金的极大限制。由于青年农民资金有限付不起过于昂贵的培训费，而企业又因为害怕人力资本流失而不愿大力投入人才培训项目，导致青年农民工基本得不到有系统性的、促进潜力开发的员工培训，因此他们也只能继续自我限制于较低层次的就业范围内。为了有效地促进农村剩余劳动力的顺利转移，应该通过各种措施加强针对这一群体的继续教育。一是要确立以个人职业发展设计为核心。当前社会专业分工日趋细化，市场竞争日趋激烈，农村劳动力首先需要专业培训方对其进行科学择业观和良好职业精神的培养，培训单位要围绕培训对象的职业规划展开工作，为培训对象提供职业咨询，做好职业倾向测试，使其在专业机构的帮助下学会准确的自我认识，找到职场定位。通过参加有针对性的职业培训项目，进一步发展职业技能、拓宽求职范围。二是需要针对不同需求，力求提供有针对性的、多元化的继续教育形式。比如，针对候鸟式生活群体，可以通过以其所在城镇市场为导向、加强所在社区教育等方面的积极合作，整合教育资源，优化资源配置，进一步完善继续教育体系。具体来说可以采取短期学习班、讲座等不同方法，根据学生不同文化知识储备、技术水平、不同工种职务开展相应课程。在强化技能、职业培训的同时，还应注意与市民化教育相结合，使其通过继续教育全面提升素质，增强其适应城市生活与就业的能力，以有效促进我国城市化发展进程。三是需要拓宽资金来源，多种途径筹措继续教育经费。这首先需要转变用工单位"重使用、轻培养"观念，使其真正认识到对员工人力资源开发与培育的重要性和可取性，通过政策、法规的引导，形成企业普遍开展员工职业技能培训的良好氛围。根据市场需求和员工个人需要，结合企业发展目标，因地制宜做好长、短期职业培训。另外，还要充分鼓励各类社会组织兴办或以更灵活多变的形式开展继续教育，发挥社会非营利组织的特色，吸纳社会各界资金，改善农民继续教育不足的困境。而作为受教育对象的青年农民，也应该在量力而行的前提下，乐于自我投资，提高自身素质，增强就业竞争力。①

---

① 孙学敏、朱凤丽：《新生代农民工继续教育中的问题与对策研究》，《继续教育研究》2011年第1期，第58~59页。

第六章 文化建设

物质生活的富足并不是拉塔湖人追求的终极目标，追求精神生活的最高境界，使每个拉塔湖人的物质生活和精神生活同时得到发展，使得每个拉塔湖人都过上日新月异的健康生活，这才是拉塔湖人的最高追求。总之，建设文明、富裕、和谐的现代化新农村，才是拉塔湖人所要追求的目标。为了实现这一目标，勤劳的拉塔湖人，对新农村文化建设同样有着锲而不舍的精神。

第一节 文化事业发展

经济的发展与文化的进步是衡量一个社会文明程度的重要标志。近年来，拉塔湖村在做好经济建设的同时，着力加强文化建设，提高村民文化生活水平。

一 加强文化基础设施建设

农村文化基础设施建设既是农村文化建设的物质载体，也是农村文化事业发展的重要标准，更是宣传、教育、组织和发动群众不可或缺的物质条件。因此，加强农村文化基础设施建设，通过搭建平台、塑造载体、开辟场所，让群众享有参与公共活动的空间；通过营造良好的文化

第六章　文化建设 ○ 中国百村调查丛书·拉塔湖村

环境，让群众共享文化繁荣发展的成果，对于着力实现和保障群众的基本文化权益，不断激发和调动干部和群众建设小康社会的积极性、主动性和创造性具有重要意义。胡锦涛总书记在十届全国人大五次会议上强调，要"大力加强基层特别是广大农村文化基础设施建设，加强县乡文化馆、图书馆和乡镇文化站等公共文化场馆建设。"近年来，为了提高广大村民素质，满足村民的精神文化需求，拉塔湖村在新农村建设过程中，重点加强了以文化教育设施为主的文化基础设施建设工作。

1. 建立文化教育中心

2007年，村投资8万元新建了30平方米的图书室和50平方米的电教室。图书室现藏有图书2600余册，电教室内设有电脑、投影仪电视、DVD等电教设备。2010年5月，拉塔湖村的文化教育中心正式成为沈北新区首批"农家书屋"。"农家书屋"使村里越来越多的农民享受到读书阅报的乐趣。村民们都说，有了农家书屋，谁还舍得浪费时间啊？农业、科技、教育……就算是家庭烹饪，坐在这里也能学到。为了充分发挥农

图6-1　2010年5月11日沈北新区在拉塔湖村举行"农家书屋"授牌暨赠书仪式

家书屋在文化教育中的作用,拉塔湖村农家书屋还为村民提供更多的延伸服务。如书屋建立了村小组借阅点,由农家书屋提供图书,每个月与邻近村小组进行一次互换。又如精心组织了"我最喜爱的一本书"征文活动,吸引更多农民加入读书行列等等。

2. 开辟文化广场

2000 年以来,村里开始兴建标准化的文化广场。到 2007 年村里已经建成 1300 平方米的文化广场一处,旁边还安装了路灯、全套户外健身器材,建设了精美的民族文化画廊。文化广场常年开展篮球比赛、读书、秧歌等活动。

3. 建立有线电视差转战

2006 年,拉塔湖村购置、安装了有线电视差转设备,并且在 11 月 8 日正式开通,从而彻底解决了村民观看有线电视难的问题。

4. 开通光缆联网

2007 年,拉塔湖村实现了光缆联网,从而提高了网络信息和电视信号传输质量。截至 2009 年全村家庭的电脑普及率已经达到 70%。现在村民不仅可上网获得种植养殖品种、市场行情、插秧、收割的跨区作业信息,与国内外进行商务联系,而且电视收视频道已经增至 50 个。

5. 设置宣传标牌

拉塔湖村大道旁标语随处可见,如在拉塔湖村文化广场旁边的标牌上写着"打造民族之村、魅力之村、生态之村、和谐之村"、"奏响民族团结进步主旋律,建设文明富裕优美和谐新农村"等。

二 举办具有浓郁民族特色的文体活动

锡伯族文化源远流长,独具特色。锡伯族的"喜利妈妈"被列入沈阳市非物质文化遗产名录。拉塔湖村地处全国第二大锡伯族聚集地,全村锡伯族人口占人口总数的 60% 以上。多年来拉塔湖村都非常重视对锡伯族文化的传承,不断挖掘和弘扬民族文化。每年农历四月十八村里都要组织村民参加在沈北新区举行的锡伯族西迁纪念活动。2005年以来，拉塔湖村多次带领少数民族村民到新疆察布查尔、省内民族乡参观学习民族文化的传承经验。拉塔湖村还通过制作锡伯族风情画廊、《辽沈大地上的民族之星》画册和民族工作专题片等对锡伯族的历史、文化、风俗等进行宣传。2008年，拉塔湖村成立民族协会，组织有特长的少数民族村民建立村少数民族服务队，尽其所能，面向本村各民族成员提供不同需求的、多层次、全方位的优质文化服务。

过去的拉塔湖人吃饭求饱、穿衣求暖、居住求安，文化娱乐活动很少。现在的拉塔湖人吃饭讲究营养、穿衣讲究时尚、居住讲究舒适，具有浓郁锡伯族文化特色的活动日渐活跃。近年来，拉塔湖村先后成立了锡伯族篮球队、秧歌队、嘎拉哈队，定期进行具有民族特色的篮球赛、敫嘎拉哈比赛、广场晚会和民族知识竞赛等文体活动。此外，村里还成立了红白理事会，倡导喜事新办、丧事简办，培养和造就有理想、有文化、守纪律的社会主义新农村的新农民。拉塔湖村丰富多彩的文体活动得到了村民的认可和由衷的赞许。

经过多年的努力，拉塔湖村已经成为辽宁省新农村文化建设的排头兵，并先后获得多个民族文化建设奖项。2006年6月，沈阳市民族事务委员会授予拉塔湖村"沈阳市民族新村建设示范行动示范村"。2006年7月，辽宁省民族事务委员会授予拉塔湖村"辽宁省少数民族社会主义新农村建设示范行动村"。2009年3月，辽宁省民族事务委员会授予拉塔湖村"民族团结进步示范村"。2009年10月，辽宁省人民政府授予拉塔湖村"全省民族团结进步模范集体"等等。

三 采取灵活方式进行农业技能培训

掌握科学技术是提高村民素质的重要方式，也是发展经济的重要手段。拉塔湖村近年来采取多种方式对村民进行农业技术培训，大大提高了村民的文化素质。

图 6-2 锡伯族舞蹈

1. 采取"走出去,请进来"的方式加强对农机户的技术培训

拉塔湖村充分利用农闲时间,举办农村实用技术培训,聘请专家、学者到田间地头讲授稻田种植、水产养殖、肉牛养殖等技术。如 2006 年 6 月,拉塔湖村聘请沈阳市水产畜牧局专家就水产高效、高产养殖和当前的市场需求等问题进行讲解。这一活动有力地推动了村养殖业由粗放养殖向精养养殖、老品种向新、优、特品种的转变。2007 年 6 月聘请沈阳农业大学王伯伦教授到拉塔湖村为广大农民解决水稻种植难题。王教授结合当地的气候条件和土壤特点指导农民针对不同品种的水稻进行施肥、给药,对水稻的不同生长阶段管理中应该注意的事项及水稻会出现的各种病虫害如何进行预防作了详细的讲解,解决了村民水稻种植中遇到的各种烦恼和问题。2008 年以来,村里多次聘请新城子区农林局及农机总站技术专家到本村培训机械插秧、育苗技术。村里还经常邀请日本井关公司、久保田公司的技术人员讲解农机使用、维护、现场操作等技术要点。这种把科技人员"请进来"的做法受到村民的热烈欢迎,每次活动

都有200多人参加。另外，每年3月到4月份，村里还组织农机户参加区农机局举办的插秧技术、机器维护、安全驾驶等农机培训活动，平均每次都有50多人参加。

图6-3 村民接受插秧技术培训

2. 积极发挥党员干部在科技学习与传播中的先锋模范作用

拉塔湖村党支部为了把农村优秀分子培养成为党员，把党员培养成为致富能手，把自身致富能力强、带领群众致富能力强的党员培养成为后备干部，全面实施"双培双带"工程。所谓"双培双带"工程就是抓好党员干部的培训和培养两项工作。一是抓培训。2004年以来，拉塔湖村每年都组织村党员干部参加理论学习培训班和实用技术培训班。黄家乡政府还专门聘请了种植、养殖方面专家、教授为水稻种植户和渔业养殖户提供高科技含量的技术培训，多次把课堂搬到鱼塘，专家现场亲自讲解。村里多次带领党员、种植户和养殖户到法库县参观学习，组织每户到盘锦市看稻田养蟹，学习外地典型村的成功经验。几年来，村里参加培训的党员干部和致富能手累计达到180人次。二是抓培养。近年来，通过指定培养人培养、党员群众推荐、支部考察讨论决定等措施，拉塔湖村党支部共培养了65名致富能手，其中有9名致富能手通过教育培养成为入党积极分子，6名致富能手被党组织先后吸收为预备党员，2名致富能手培养成为"两委"班子后备干部。总之，"双培双带"工程既提高了党员干部素质，又增强了党员干部带动村民发展经济、共同致富的能力和劲头。

拉塔湖村党支部在抓好"双培双带"工程的同时，又通过采取"以点带面"、"一帮一结对子"等办法组织技术水平高、致富能力强的党员干部把先进的农业科技传授给广大的村民。如在党员马喜双的带动下，村里10多户村民也纷纷养起了鱼，总面积达200多亩。对这些养殖户，马喜双热情地提供鱼苗、技术、鱼病防治等方面的帮助，并代购鱼饲料，联系销售渠道，解除了养鱼户的后顾之忧。又如为了帮助生活困难的村民早日通过发展生产摆脱贫困，村党支部安排付兴国等5名党员干部，每人帮持一名困难户，不仅帮助他们解决生活困难问题，还帮助他们解决农业技术、生产资金、农机维修等生产问题。

此外，为了使农业科技最大限度地惠及广大村民，村党支部还在普通农民党员中推行设岗定责制，通过量化党员身份，充分发挥党员在科技学习与传播中的先锋模范作用。村里根据每个党员的年龄、文化程度及特长，按照"按需设岗，因事设岗，以岗定责、责任到人"的原则，设立了工业发展带头岗、渔业技术传授岗、水稻种植技术示范岗、稻田养殖技术宣传岗、处理纠纷岗、扶贫帮困岗、文明新风岗、政策法律宣传岗、党内廉政监督岗等12个岗位，每个岗位安排1~2名党员，由党员个人认岗，或由党支部定岗，并设专人作为负责人。截至目前，拉塔湖村的普通党员先后帮助5户困难群众脱贫，新引进致富项目6个，化解矛盾纠纷6起。

第二节 民族文化保护

拉塔湖村在文化建设中非常重视挖掘锡伯族文化资源,弘扬锡伯族优良民族传统。

一 普及和传播锡伯族文化知识

村委会有意识地对少数民族文化知识进行普及与传播,让各族村民对彼此之间的民族文化、民族习惯有所了解。村委会的图书室中准备了大量的少数民族科普类书籍、光盘,在图书室的墙壁上我们还看到了"锡伯族西迁新疆戍边进军路线示意图",据村党支部书记马喜军介绍说,这个西迁路线图是应村民要求挂上去的。村图书室开放不长时间,就有不少村民去图书室借阅锡伯族西迁方面的书籍,经常要求村内对西迁历史比较了解的锡伯族人来讲解锡伯族西迁这段历史,村民对此都很感兴趣,有很高的学习热情,因此村委会特意制作了这幅图,便于村民了解这段历史文化。

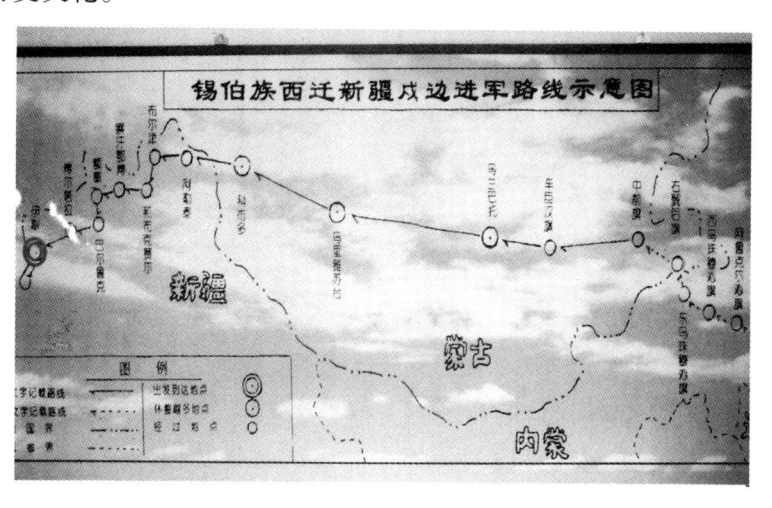

图6-4 悬挂在图书室的"锡伯族西迁新疆戍边进军路线示意图"

图 6-5　村画廊中反映锡伯族的绘画

图 6-6　村画廊中反映西迁历史的绘画

此外村里还在村委会院内建设了反映村内少数民族历史的画廊,以生动形象的艺术形式向村民们传播少数民族文化知识,让村民对本村少数民族的历史和变迁有一定程度上的了解,收到了很好的效果,同时也为村内的绘画爱好者提供交流、展示的平台,村民参与的积极性很高。

二 积极组织锡伯族民族庆祝活动

拉塔湖村居住着锡伯族、满族、蒙古族、朝鲜族等多个少数民族，因此其节日文化也十分丰富。每逢春节、元宵节、清明节、端午节以及锡伯族的西迁节等重要节日，村委会都会组织少数民族村民的庆祝活动。以锡伯族为例，每逢锡伯族的西迁节，村里都会组织进行欻嘎拉哈比赛、打瓦比赛。届时不分年龄、不分性别，大家都高高兴兴地围坐在一起，比赛的同时，增进了彼此的感情。随着钢珠的起落，嘎拉哈的哗哗声、人们的欢声笑语此起彼伏，一片其乐融融的和谐盛景。

图 6-7 村民正在参加欻嘎拉哈比赛

除此之外，少数民族节日的庆祝活动还包括参加省、市、区组织的大型文化活动，举办全村文艺汇演、青年舞会、灯谜晚会，邀请专业文艺团体为村民演出精彩戏曲等专场文艺节目。

这些活动既丰富了群众的文化娱乐生活，又增进了民族团结，同时提高了村委会的凝聚力，使少数民族村民更能感受到党的关怀和温暖，促进了和谐共荣。

三 尊重少数民族的信仰习俗

拉塔湖村委会十分重视村内的少数民族工作。长久以来，对于这样一个民族类别众多的村落，能相处得如此和谐，这与村委会对民族工作的努力是分不开的。对少数民族的尊重是民族工作开展的基础，而对于信仰的尊重与保护又是其中的重中之重。

图6-8　锡伯族儿童参加区委举办的新年联欢演出

据调查了解到，拉塔湖的很多少数民族村民把供奉祭祀祖先作为个人或者家庭的最高信仰。大多数村民家中并不长年专设祖宗牌位，或者根本不设，但是逢年过节把祖宗牌位请出来祭拜，或者做象征性地祭祀活动是绝对不可缺少的一个环节。许多村民认为，"人可以不信其他神灵，但是祖宗是一定要祭拜的。因为人们所取得的成就得益于祖先上天的庇佑。"

祖先崇拜是拉塔湖村传统孝道文化理念的重要组成部分。供奉祖先有两种代表形式。一种是供奉祖先牌位，另一种是供奉祖谱也叫家谱。在拉塔湖村，从其他地区迁移过来的家庭通常供奉祖先牌位；而在本地家族庞大的家庭通常供奉家谱。家谱由白布制成，按辈分详细写出每代家族成员的姓名，时间往往可以上溯至很久远的年代，在拉塔湖村至今仍有不少家庭按照家谱来给新生儿命名。

村委会对于这种信仰的风俗一直保持着尊重和保护的态度，积极配合少数民族家庭做好其自身的家族历史保存工作。

1958年出生的锡伯族村民关连喜所在的家族就是一个有着悠久历史的锡伯族大家族。据他介绍说，在拉塔湖村，姓关、何、佟、吴（乌）、隗、韩、葛、陶这几个姓氏的都是纯正的锡伯族，而关姓是比较大的姓氏。至今他家仍然比较严格地遵循着锡伯族祭祀祖先的仪式，家里还珍藏着绘有历代家谱的白布，由于年代久远白色已经变成了茶色。关姓锡伯族家族分布比较广，拉塔湖、龙岗还有其他别的区县都有宗族亲属，甚至新疆、台湾也有后裔。这些关姓的宗族亲属相约几年就举行一次祭祖仪式，家族成员都来参加，一同去祖坟祭拜，场面十分壮观。村委会得知这一情况认为这是非常珍贵的锡伯族文化资源，立即派人找到专业人士，对关氏家族的家谱进行保护，并以影像资料的形式对其加以留存。

与供奉祖先相比，拉塔湖村民对其他神灵的态度则要疏远或随意很多。比如财神、灶神等等都是在需要的时候，献上供奉并举行祭祀。祖先在平日里很少祭祀，大多以祷祝形式表达感恩或庇佑，寄托了更多的个人感情。然而对于其他神祇则是履行一种程序和义务。例如春节时候的祭灶神、接财神、放鞭炮、吃团圆饭等祭祀仪式逐渐演变为节日的一种庆祝形式和表征，其本质意义是预示合家团圆，来年一切顺利，日子红红火火。

由于拉塔湖村是锡伯族的少数民族村，拉塔湖村的民间信仰祭祀活动包含了很多锡伯族传统祭祀活动的因素。以关连喜家的祭祀活动为例，仍保留着在农历十二月二十三祭灶神、农历大年三十祭祖、农历三月"鱼清明"和七月"爪清明"祭墓等习俗。锡伯族比较固定的保留下来的祖先祭祀的时间还有七月七鬼节、十月初一送寒衣、上坟等。

尤其值得提到的是，锡伯族村民有的还保留供奉男女祖宗的习俗。女祖宗叫做"喜利妈妈"，男祖宗叫做"海尔罕玛法"。喜利妈妈在东北锡伯族中汉译为"子孙妈妈"，意思是有了女祖宗，子子孙孙才能不断地繁衍生息，一代接一代地传下去。"喜利"，锡伯语是延续的意思，"妈妈"是娘娘神。

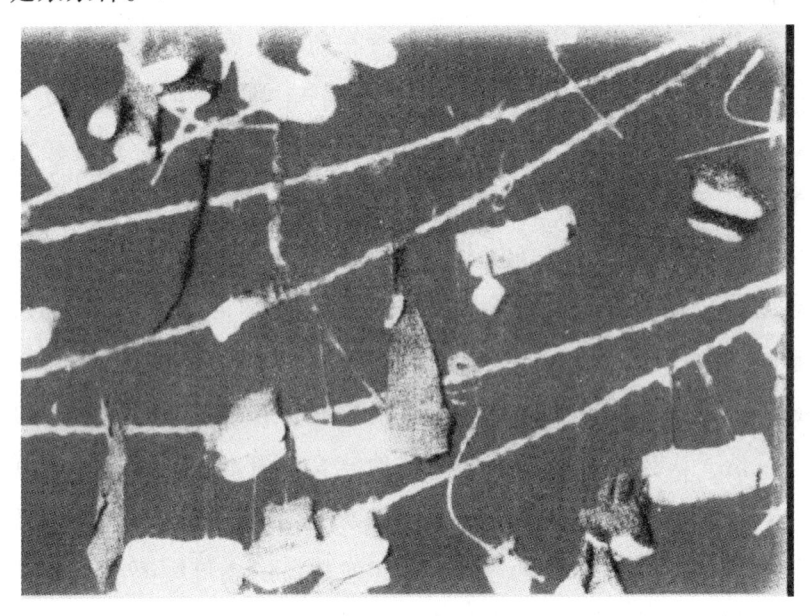

图 6-9　锡伯族人供奉的喜利妈妈

据关连喜讲，在远古的时候，锡伯族人遇到大难，天崩地裂，洪水滔滔，一半以上人死亡，人们苦不堪言，幸而有位女老祖人带领全族人逃难，历尽艰辛，迁到安全的地方，全族人才得以继续生存下来。子孙后代为纪念这位恩人，全族人都供奉这位女祖宗，尊为女神。在关连喜家进行祭祀喜利妈妈的活动时，村委会领导十分重视，由村委会出面协助安排一系列的祭祀活动，并且将此次祭祀活动以非物质文化遗产的保

护方式，加以全程记录，为少数民族文化资源的保护作出贡献。

锡伯族崇拜祖先的习惯承袭了鲜卑人的风习。随着时代的进步，人们心目中的宗教色彩越来越淡薄，对祖先的崇拜犹存。作为民族特色的民俗情结被保留下来，传承至今。

四 对锡伯族文化资源保护的几点思考

根据对拉塔湖村的实地调研情况，我们发现，拉塔湖村作为少数民族聚居的村落，其少数民族的文化资源比较丰富。但是从调查中我们也发现，在过去的几十年里，拉塔湖人着力点在于村经济的快速发展，水稻种植、水产养殖等产业占据拉塔湖村工作的首要位置，这一点是值得提倡的。但现在的拉塔湖村村容村貌都发生了巨大的变化，再也不是以前的那个"邋遢湖"了，因此人们对文化生活的需求日益提到日程上来。对于拉塔湖文化资源保护的问题，我们有如下思考。

第一，大力加强文化生态保护意识。清澈的莲花湖可以说是拉塔湖村的一个象征性的标志，也是拉塔湖村的一道美丽风景，然而由于文化生态意识淡薄，缺乏对莲花湖的保护，导致现在已经难见其本来面目。不过据村民讲，所幸的是在雨水丰沛的年份仍能隐约看见莲花湖的轮廓，菱角和蕨头仍然可以采到。如此看来，要大力加强文化生态保护意识，提高全村农民的文化保护觉悟，对莲花湖及周边景观加以抢救和维护，仍然能见其昔日秀美的景色。

第二，发展农业的同时可将着眼点放在发展农业生态旅游的第三产业上。拉塔湖在沈阳城市的近郊，风景秀丽，远有七星山自然风景区、近有村内少数民族人文风情，而且还是远近闻名的鱼米之乡。目前有不少农村着手发展了自身的农业旅游项目，拉塔湖村不仅在地理条件和自然环境上占据得天独厚的优势，而且在非物质文化上占有巨大的发展空间。锡伯族、满族、蒙古族、朝鲜族等少数民族聚居此地，在拉塔湖村这样一个村落里就可以同时领略多个少数民族的风情。在享受自然风光的同时，还能了解人文文化，除此之外还有当地农家的美食供游人品尝。湖边垂钓、少数民族风情游、开心农场种植等等都是拉塔湖村可以发展的旅游项目。第三产业的发展具有链条似的连锁效应，可以带动全村其他产业的全面繁荣。不仅充分利用了村民的农闲时间，而且还可以大大增加农民的收入，提高拉塔湖村的整体社会效益。

第三，大力保护和发掘少数民族的文化遗产。拉塔湖村的少数民族以锡伯族居多，保护和发掘锡伯族文化遗产也正是辽宁省目前的一个工作重点，拉塔湖村应把握好这一契机，充分发掘村内锡伯族文化资源，并给予大力支持和保护，鼓励村民将本民族文化还原并传承下去。同时要加大对村民进行民族文化知识的普及力度，增强村民对本民族文化保护的意识。

在拉塔湖村，民族之间的界限不是十分鲜明，不论是汉族、锡伯族还是满族、蒙古族、朝鲜族，所有的村民都认识到，建立和睦、协调、融洽、有序的人与人之间的社会关系是人们共同努力的目标。这与村委会大力宣传的民族共同繁荣是分不开的。

图 6-10　村委会院内汉语、锡伯语对照的宣传标语

现代化的乡村,应该是农业机械化、经营产业化、结构非农化、乡村城镇化、生活现代化、管理科学化、保障社会化、农民知识化、社会文明化等。在承认差别的基础上追求共同富裕;在公正与效率的关系上公正优先。这些对于每一个村民来说都是平等的,不存在任何民族间的差别。对于拉塔湖这样一个既普通又具有少数民族聚居特点的东北村落来说,民族之间的交流更多地体现在文化的融合上。在风俗习惯方面,拉塔湖地区人们的生活习俗呈现出多民族风俗因素融合的特点,如前文所提到的那些风俗习惯,多有锡伯族、满族、蒙古族的痕迹,这些民俗因素糅合在一起的结果就是源于长时间民族间聚居、交流,形成了你中有我、我中有你的特征。这些特征也正从另一个侧面反映出民族平等、融合共处、共同繁荣的和谐景象。

第三节 道德风尚培养

拉塔湖村在加强文化建设的同时还十分重视道德建设,使全村形成了良好的道德风气,村民提高了道德水平。

一 营造和谐的社会风气

社会风气是指整体或局部社会在一个阶段内所呈现的习尚、风貌,是一定社会中的风俗习惯、文化传统、行为模式、道德观念以及时尚等要素的总和。社会风气是社会文明程度的重要标志,是社会价值导向的集中体现。"风俗者,天下之大事。"对社会而言,风气是许多人通过思维及行为所形成的一种具有普遍性的结果,是一种无形的力量。好的社会风气,可以陶冶、滋养人们的道德情操;而不良的观念和行为一旦形成风气,就会腐蚀社会的健康机体。

多年来,在拉塔湖村,没有小偷小摸的,没有打架斗殴的,没有跳大神、看风水搞封建迷信的,没有虐待老人和孩子的,没有早婚早育和

超生的。有的是：团结互助的风气、无私奉献的风气、扶困济危、助人为乐的风气、学知识比技术的风气。

1. 团结互助的风气

俗话说，"天时不如地利，地利不如人和"。拉塔湖村能有今天的成绩靠的就是大家齐心协力、团结一心的精神。拉塔湖村地处辽河滩地，历史上的几次大洪水也使得这个村的人口聚聚散散，但无论人口如何变化，各个民族团结互助的精神一点都没有改变，而这对一个锡伯族、满族、朝鲜族等少数民族占人口多数的村庄来说就显得更加难能可贵了。比如在农业种植方面，当地的汉族人以往习惯于种植玉米、高粱，但由于拉塔湖村地势低洼，十年九涝，往往颗粒无收。而在这里居住的朝鲜族群众具有多年的水稻种植传统，经验和技术也趋于成熟。因此，朝鲜族村民就无私地把水稻种植经验传授给当地的汉族村民和锡伯族村民。而汉族村民也把养殖技术等传授给朝鲜族和锡伯族等少数民族村民。在长期的生产和生活过程中，各个民族相互学习、取长补短，形成了团结互助的传统和民风。现在，水稻的种植已经成为拉塔湖村的主导产业，水稻的种植品种和种植技术也与以前有了天壤之别，但是不变的是各个民族在水稻种植上的互帮互助。每年春季水稻育苗的时候，都是 5~8 家村民自愿组合，由其中一家选择最肥沃土地，集体育苗和管理。而在水稻的生长过程中谁家的水稻出现了问题，懂技术的村民都主动帮助解决，从不收一分钱。

拉塔湖村团结互助的风气不仅体现在生产上，更体现在生活上。村民们常说，"既然是奔向共同富裕，就应该互帮互助，大家都得益于党的好政策，就应该拿出新时代农民的样儿来。"在拉塔湖村，一个人有困难，周围的人都帮助，一家有难处，左邻右舍都前来照顾。村里有一家孩子上大学拿不出学费，村民们知道后，在村领导干部的无私捐助和带动下，你 100 元，他 80 元，为他凑齐了学费。村民在外做生意亏了本回乡，大家都会主动给他提供致富信息，谋划发展出路。这种各民族之间、邻里之间的团结互助，一家有难千家帮忙的喜人景象，是拉塔湖村民风的典型写照，也是社会主义新农村的生动体现。

2. 无私奉献的风气

在拉塔湖村，干什么活、挣多少钱已经不是村民斤斤计较的事情，为了发展，为民造福，为社会做贡献，已经成为人们崇尚的一种美德。在每一位拉塔湖劳动者的心里，都有一个共同的追求，这就是无私奉献。为了奉献，村干部甘当表率；未成家青年人，不再愿虚度光阴；成家的年轻人，可以抛家舍业；拖儿带女的中年人，可以撇下家小；垂暮之年的老人，也不闲度晚年。在这方面，马喜军书记一心为村里谋发展，全心全意为村民作贡献的精神一直感染着大家。在拉塔湖村调研过程中，村民给我们讲了这样一个故事。1984年，在马喜军书记大力倡导下，村里开始利用地势低洼的特点大面积开垦荒地种植水稻。他事事当先，身体力行，不遗余力地组织村民买种子化肥，请水稻种植技术员，打井修渠，整天像着了魔似地没日没夜地干。当时他的妻子做手术住院10多天，他没有在床前照顾一天，甚至连一次医院都没去过。在个人利益与集体利益的取舍上，他义无反顾地选择了后者。俗话说，村看村，户看户，群众看干部。马书记的这种无私奉献的精神感动着每一位村民，一些以前对他工作不太理解和支持的人也逐渐改变了看法。渐渐地，村民中奉献的多了，索取的少了；干实事的多了，发牢骚的少了；热爱集体的多了，损害集体利益的少了。2006年，村里开展了以"四清六改"（清垃圾、清污泥、清路障、清"三堆"，改路、改水、改厕、改沟、改圈、改厨）为主要内容的村容村貌大整治活动。全村男女老少齐行动，累计出工4000余人次，出动车辆2000多辆次，共清理"三堆"57立方米，清理柴草垛53个，清理鱼塘70亩，彻底改变了村里"脏、乱、差"的现象。如此大的工作量村民不仅毫无怨言，而且在几天之内就完成了。

3. 扶困济危、助人为乐的风气

扶困济危、助人为乐是中华民族的传统美德。而尊老敬老，惜老怜

图 6-11 村民在路旁栽花美化村路

贫也是锡伯族的优良民族传统之一。在拉塔湖村民人与人的关系上,有个很质朴的想法和说法,一个人,谁又能无三病两痛;一个家,谁能无一灾二难?谁都有需要别人帮忙的时候,谁也都有帮别人的义务。何况同在一个村生活,谁也不能在别人有难的时候漠不关心,更不能在别人遇到灾害的时候不闻不问,视而不见。在拉塔湖村只要有人在生活、生产上出现困难,村民们都会自发地伸出援手。村民高桂清一家三口智障,生产生活无法自理。马喜军书记夫妇二人从日常生活到责任田的耕种、收割全部包揽,逢年过节还自掏腰包送去米、油、面等生活用品,十几年如一日,像对待家人一样悉心照顾。锡伯族村民吴永清一家生活困难,全家三口长期栖身在破陋的祖屋中,村干部为此多方奔走,最后由乡里出钱,乡亲们齐动手为他们翻盖了新房。类似的情况在拉塔湖村还有很多。而每当听说一些地区发生灾害的时候,拉塔湖村民都要自发捐款。拉塔湖村的人口不多,但在 2008 年汶川地震捐款中捐款总额在全乡却是最多的。村民们说,如今日子富裕了要感谢党的好政策,国家有难我们不能袖手旁观,百八十元的捐款不算多,但多少也是一份心意。受人玫瑰,手有余香。扶困济危、助人为乐的风气既消除了村民的隔阂,拉近了村民的距离,也使村民摆脱了狭隘的利己观念,提高了思想觉悟。

4. 学知识比技术的风气

拉塔湖人,尤其是年轻的拉塔湖人,热爱知识和科学技术。他们从拉塔湖发展、振兴的实践中,切身体验到知识、技术是生产力,是人生最重要的财富。现在越来越多的拉塔湖人把获得知识、掌握技术当做人生第一追求。到目前,拉塔湖村共有成长起来的大学生40余人,其中留学德国、日本2人,从事民族事业工作的5人。如今拉塔湖的孩子们都要到新城区甚至是沈阳市求学,目标是念中专、考高中、上大学。2010年我们在对拉塔湖村村民的问卷调查中发现,有66.9%受访村民认为自己子女最低应该接受大学教育。在拉塔湖,老年人看重知识,中年人重视学习,年轻人除了积极参加集体组织的各种专业技术培训外,更抓紧一切可以利用的时间自己学习。2007年村里开始组织村民进行远程教育,为此村里新建了50平方米的电教室,购买7台电脑、1台电视、1台投影仪、1台摄像机、1台录像机,累计投资26万余元。远程教育的主要内容是党风廉政建设、先进农村地区的致富经验、种植业和养殖业的技术等内容。随着远程学习活动的深入开展,村民的视野逐步开阔,一些农民开始逐渐意识到仅仅依靠单一的远程学习模式所获得的知识和信息毕竟有限,先进的科技和及时的致富信息必须通过网络获取。于是,富裕起来的村民纷纷自配电脑,利用网络学习科技,获取信息。2008年全村家庭电脑普及率为30%。截至2009年末,全村家庭的电脑普及率已经达到70%。目前,比学习、比科技在拉塔湖村已经蔚然成风。

拉塔湖,确实是一方热土。然而,拉塔湖这份热土并非自然而然形成的,而是通过人的有意识的净化工作,点点滴滴培养起来的。拉塔湖人卓有成效的净化工作,主要有四点:重点抓党风建设,用党风带民风,

以民风促党风；抓思想教育，用科学的思路净化人的心灵，武装人的大脑；制定村规民约，用科学的"民法"规范人的言行；强调村干部带头，用干部的示范行为影响带动村民。用马喜军书记的话讲，目前拉塔湖村已经实现了三风和谐，即班风和谐、党风和谐和村风和谐。而今，拉塔湖人正不断地总结和完善这净土术，强化这净土术。毋庸置疑，拉塔湖这方热土，必将愈来愈纯净，愈来愈和谐，愈来愈生机盎然、蓬勃发展。

二 开展争做文明村民，创建文明家庭活动

作为行政村的村落是现代中国农村社会经济文化活动的基本单位；家庭则是社会的核心细胞。家庭是由婚姻、血缘或收养关系所组成的社会组织的基本单位。《说文解字》释"家"："口也，从宀"。清朝段玉裁注："本义乃豕之口也，引申口借以为人之口"。家庭一词是后起的，基本含义是指一家之内。家庭有广义和狭义之分，狭义的是指一夫一妻制构成的单元；广义的则泛指人类进化的不同阶段上的各种家庭利益集团即家族。从社会设置来说，家庭是最基本的社会设置之一，是人类最基本最重要的一种制度和群体形式。冲突论者认为，家庭是性别不平等的主要场所，因而是社会中许多别的不平等的基础。马克思主义者认为，男性主导的家庭，为社会提供了一些重要的不用付费的劳动形式，维持妇女的从属地位，极大促进了资本主义的产生。所以如果资本主义制度不推翻，性别平等就不可能减弱。而在功能论者看来，在以前，家庭大多是自给自足，满足家庭成员的大多生理、心理需求的单位、群体，融有经济生产、安全保卫、教育、社会化、宗教等功能，进行物质、人口、精神财富再生产。如今，家庭的部分功能由教育、宗教等其他社会设置分化了。家庭的社会化、感情陪伴、经济合作、性规范功能依然为社会的良性运行起到重要的作用。

多年来，拉塔湖村民学法、守法、用法，自觉遵守村规民约，学会用法律来维护自己的权益。村里的民事纠纷，例如办理财产买卖和继承

的，办理离婚的，都能运用法律，通过民事调解的渠道合理地化解矛盾。2007年拉塔湖村村民佟成钢等九户村民赊销本乡兴隆店村某加工厂水稻款合计金额30多万元。赊销款到期后买主百般推脱抵赖，拒不按期付款。其他村村民采取到买主加工厂打砸的过激行为索要货款，但没有任何效果。本村村民没有采取过激行为，而是拿起法律武器，通过向法院起诉，申请财产保全等法律程序，最终村民的水稻赊销款全部追回。法律不仅挽回了村民经济损失，也再一次教育了村民在自己权益受到损害的时候拿起法律武器是最明智的选择。在拉塔湖村，学法、用法已经成为人们文化生活的一项主要内容。

拉塔湖人总是把精神文明建设落到实处、进户到人。2002年3月拉塔湖村被中共沈阳市新城子区委员会、新城子区人民政府授予"文明单位"称号。2008年3月沈阳市社会治安综合治理委员会授予拉塔湖村"2007年度平安建设十佳村"。少数民族妇女杨桂芝一家，被评为市级绿色家庭，事迹在《沈阳日报》上报道。

2000年，拉塔湖村进行了"文明村组"、"文明信用户"和富在农家、学在农家、乐在农家、美在农家的"四在农家"等评比活动。从2007年开始，拉塔湖村开始进行"十星级文明户"的评选活动。

其标准是：

爱国星：爱祖国、爱集体、不欠款、不欠税。

道德星：讲文明、讲礼貌、讲公益、爱劳动。

致富星：奔富裕、有项目、年人均、四千多。

国策星：讲国策、不早婚、按计划、生子女。

守法星：遵法纪、守村规、不赌博、无犯罪。

教育星：重教育、不辍学、懂技术、常学习。

卫生星：爱清洁、改厕好、放三堆、不占道。

团结星：互尊敬、传美德、家庭睦、邻里和。

新风星：树新风、讲节俭、破旧俗、不迷信。

奉献星：讲奉献、尽义务、助贫困、共同富。

按照"十星级文明户"评选规则，参加评比的农户达到8颗星的才可以挂牌，达到10颗星且人均收入六千元以上的可申报富裕文明户。评选规则还规定被评为文明户的农户挂牌前名单应在全村公布，达不到标准的农户应及时摘牌，村里每年对文明户进行表奖。2007年评选出了文明户151户，占全村总户数的90%；富裕文明户30户，占文明户的20%。

"十星级文明户"的评选活动开始时一直被认为是属于开展精神文明建设的重要形式，如何利用"十星级文明户"评选活动提高精神文明，并促进物质文明发展却没有任何突破。拉塔湖村对"十星级文明户"实现精神文明和物质文明双重奖励，并将其看做是社会主义市场经济条件下精神文明建设的有益探索与创新。在理论上，实现精神文明物质奖励，充分体现了马克思主义物质利益观。马克思、恩格斯历来看重物质利益问题，认为物质利益是人们从事一切社会活动的最终目的，是社会历史发展的基本动力。[1] 实行精神文明物质奖励找准了物质文明与精神文明互相促进、相互协调发展的契合点。物质文明与精神文明是相互依存、相互促进的，没有离开精神形态的物质文明，也没有离开物质形态的精神文明。拉塔湖村的"十星级文明户"评选活动，以其鲜明性、参与的广泛性、手段的多样性走进了全村的每一个家庭，成为村庄治理过程中影响较大的一项活动，为村庄的和谐发展和村民的生活富裕带来了生机和活力。首先，促进了家庭的平等和睦、社会秩序的稳定和社会风气的好转。通过"团结星"、"道德星"、"守法星"、"新风星"的评选，树立了一批典型，逐步形成了尊老爱幼、团结和睦、遵纪守法、勤俭持家、邻里互助的良好社会风尚，也使越来越多的家庭营造起民主、平等、温馨、和睦、其乐融融的家庭氛围。家庭的稳定促进了社会的稳定，家风的好转促进了村风的好转。其次，通过"爱国星"、"致富星"、"国策星"、

---

[1] 《马克思恩格斯全集》第一卷，人民出版社，1995，第82页。

第六章 文化建设

"教育星"、"卫生星"、"奉献星"的评选加强了家庭促进社会生产的积极作用,为经济建设提供了良好的条件。由于家庭的和睦、互敬互爱、邻里间的互助,使一些困难得以缓解,人们不但在家庭中得到了休养生息,还可以有更多的业余时间提高自己,在各自的岗位上多作贡献,促进了集体生产的发展。最难能可贵的是,拉塔湖村在"十星级文明户"评选标准中逐步加大了诸如科技致富、发展经济等方面的新内容,生产搞不好当不了"十星级文明户",不重视子女教育当不上"十星级文明户",好吃懒做也当不上"十星级文明户"等等。那些生产积极、勤于经营的家庭户得到鼓励和鞭策,使得广大村民在安居乐业中得到了实实在在的实惠。

现在,在拉塔湖村,人人争做文明村民、家家争创文明家庭的民风逐渐成为村民的必修课。村民们逐渐告别了传统陋习,社会风尚也发生了许多积极的变化。过去,许多人酷爱打麻将、玩纸牌,动不动就吵嘴、打架,时不时有人装神弄鬼;如今,打牌赌博已被村民自觉抵制,没有人打架斗殴,更没有人搞封建迷信活动。过去,随地吐痰、乱扔垃圾、乱堆杂物的行为司空见惯,垃圾袋、碎纸屑随风飘舞;如今,垃圾分类收集,痰迹已经没有踪影,甚至连烟头、纸屑也难以寻觅。过去,虐待老人、打老婆孩子现象常有发生;如今,违法犯罪事情早已经绝迹,多年来拉塔湖村没有出现过一起治安案件。过去,家家喂养鸡鸭鹅、家畜,户户摆弄自留地;如今,家家栽花种树,户户读书、看报、上网,学习、娱乐、了解致富信息已经成为人们业余生活的习惯。过去,敬奉"龙王爷"、"土地神"、"灶王爷"等,看风水、算命等封建迷信活动盛行;如今,崇尚科学,抵制迷信,移风易俗,破除陈规陋习。过去,人们有空闲就喜欢走东家、串西家,串门聊天,说短论长,邻里常常因此闹矛盾;如今,闲暇时间常去文化广场逛逛,或读书看报,或运动健身。过去,逢年过节都往家里跑,与家里人团聚;如今,一有节假日就去外地、到名胜古迹或者名山大川观光旅游。

第七章 社会事业

"加快发展社会事业，全面改善人民生活。"这是胡锦涛总书记在党的十七大报告中提出实现全面建设小康社会奋斗目标的新要求之一。所谓社会事业，就是指为确保社会团结、维护社会安全、保障社会持续发展，进而为促进人的全面发展所提供的各种公益性支持与服务活动的总和。主要包括社会保障、公共安全、医疗卫生以及科技文化等多项内容。由于社会事业具有公益性、普遍性和互助性的特征，所以农村社会事业的发展，有利于推动城乡协调发展，有利于农民生活质量和农民综合素质的提高，有利于社会公平的实现。做好各项社会事业对于促进拉塔湖村的经济繁荣、社会稳定、经济社会全面健康发展具有重要意义。

第一节 社会保障

社会保障制度作为社会文明进步的标志，是弥补自由市场经济缺陷、消除社会不稳定因素的"安全阀"、社会收入的"调节器"、社会矛盾的"缓解器"、社会安全的"保护器"。党的十七大报告明确提出，要"加快建立覆盖城乡居民的社会保障体系，保障人民基本生活"，让全体公民"学有所教、劳有所得、病有所医、老有所养、住有所居"。农村是社会保障工作的"前线"，直接面对着广大农村居民，其发展状况与管理水平的高低直接影响到社会保障制度实施效果。目前我国农村社会保障制度实施状况如何,制度实施过程中面临哪些亟待解决的问题以及这些问题都如何解决?课题组通过对拉塔湖村社会保障状况的调查与分析,试图对上述问题进行解答。

一 拉塔湖村社会保障现状

农村社会保障制度是社会保障的重要部分,是工业化发展进入成熟阶段后,工业剩余反哺农业的产物。它的主要内容包括以下几方面。

1. 社会救助

包括农村最低生活保障制度、五保供养制度以及灾害、灾民临时救助制度。农村最低生活保障制度是对家庭人均收入低于最低生活保障标准的农村贫困人口,按最低生活保障标准进行差额补助的制度。早在1994年,我国有些地方就开始探索农村低保制度。但是在城乡二元结构下,我国的农村低保制度只是在局部地区有所发展,农村低保制度建设长期滞后于城市。2007年7月国务院正式发布《国务院关于在全国建立农村最低生活保障制度的通知》(国发〔2007〕19号),从中央政府的角度肯定农村低保制度,从而农村低保制度才终于在全国农村普及。我国五保供养制度始建立于20世纪50年代。根据国务院于2006年1月公布的最新《农村五保供养工作条例》规定,老年、残疾或者未满16周岁的村民,无劳动能力、无生活来源又无法定赡养、扶养、扶养义务人,或者其法定赡养、抚养义务人无赡养、抚养能力的,享受农村五保供养待遇。对未满16周岁或者已满16周岁仍在接受义务教育的供养对象,保障他们依法接受义务教育所需费用。此外,长期以来,我国农村还广泛开展了针对灾害、灾民的临时性救济措施,以缓解这部分因突发事件造成的困难群体的燃眉之急。

2. 社会养老保险

1992年1月,民政部颁布《县级农村社会养老保险基本方案(试行)》之后，按照"个人交纳为主，集体补助为辅，国家给予政策扶持"的筹资原则并以个人账户累计方式为主的农村养老保险工作，以县为单位开始在各地推广开来。2002年11月，党的十六大提出要在有条件的地方探索建立农村养老保险制度，使这一工作又逐步得到发展。2009年9月国务院发布了《国务院关于开展新型农村社会养老保险试点的指导意见》。新型农村社会养老保险，简称为"新农保"，是继取消农业税、农业直补、新型农村合作医疗等政策之后的又一项重大惠农政策。目前，我国的新农保尚处于试点阶段。

3. 社会优抚

这是一种比较特殊的保障，其保障对象为老红军、复员军人、烈军属、伤残军人等。根据有关政策，对这些人给予不同的优待抚恤，其业务由民政部门负责主管。严格意义上讲，优待抚恤不是一般意义上的农村社会保障，它是支持国防建设的特别社会保障措施。

4. 计划生育奖励扶助保障

2004年，农村计划生育家庭奖励扶助制度开始在全国5个省、直辖市和10个地市试点。2005年，试点范围扩大到25个省（区、市）。从2006年起，这项制度在全国范围内全面推行。其主要内容是，农村只有一个孩子或两个女孩的计划生育夫妇，每人从年满60周岁起享受年均不低于600元的奖励扶助金，直到亡故为止。

此外，社会保障制度还包括社会福利制度、社会互助制度以及与上述制度相配套的社会保障服务网络等内容。

从内容上看，拉塔湖村的农村社会保障制度主要有社会救助、社会养老保险制度两方面。

（1）社会救助。

1996年以前，拉塔湖村除了五保供养制度之外没有任何社会救助制度。1996~2004年，是拉塔湖村低保制度初步建立阶段。在这个阶段，拉塔湖村的农村低保救助范围比较小，救助方式也很不规范，在形式上以定期定量的粮款救助为主，以年节供应粮食、油等慰问品为辅。2004年，拉塔湖村保障人数仅为村贫困人口的二分之一，月人均补差粮款合计35.5元。

2004年以后，随着国家和辽宁省农村社会救济制度改革决心与支持力度的不断增强，拉塔湖村的低保制度建设进入了不断规范与完善阶段。在这一时期，拉塔湖村实施低保制度的具体工作，在低保标准的测算、家庭人均收入的核算、低保对象的识别、低保救助方式等方面日益规范化、科学化。例如对于村民最为关心的低保对象确认，拉塔湖村把"公开、公正、公平"作为实施农村低保制度的一项基本原则。低保户的确认都需通过一定的法定工作程序给予保证。一般来说，法定程序分为三步：第一步是个人申请。通常是由贫困户的户主提出申请。第二步是初步审核，即由乡人民政府与村民委员会配合，对申请对象的家庭收入和实际生活状况进行调查核实。第三步是民政审定。区民政局最后把关，对符合条件的及时批准，对不符合条件的书面通知申请人并说明理由。批准后，还要再次进行公示。整个工作程序的时限是20天（不包括公示的时间）。

在法定工作程序中，最为基层看重、执行力度也最大的有三个环节，即村民代表评议、两次公示和乡政府调查核实。尤其是民主评议，一般由村"两委"干部和部分村民代表7~11人组成民主评议小组，对申请者一一进行评议，最后确定低保对象的初步名单。

截至2009年，拉塔湖村的低保户已经增加至10户，低保户的识别标准也从2001年的年人均纯收入1800元增加到2000元，实现了动态管理下的"应保尽保"。

低保制度的最终目的不是为了维持或"制造"一个低收入阶层，而是把保障其生存作为一个基础，同时使其中具有一定劳动能力的救助对象经过一段时间的调整，经由就业摆脱贫困，不再接受政府救助。为了激励有劳动能力的低保户通过劳动就业摆脱贫困，拉塔湖村每年都为低

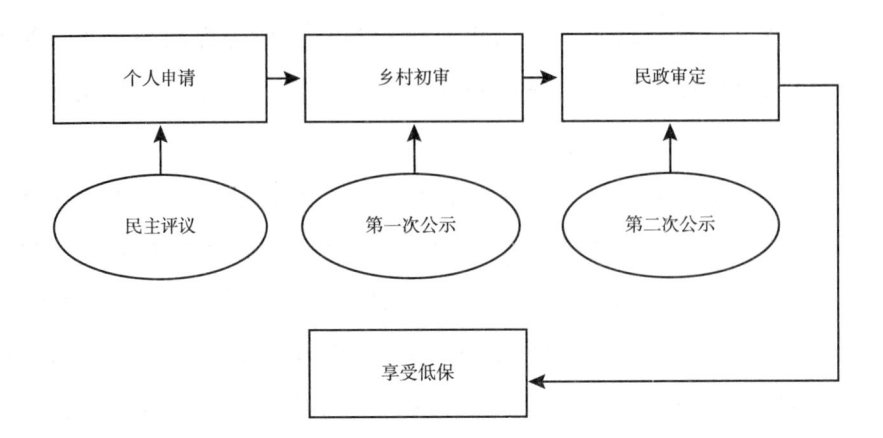

```
个人申请  →  乡村初审  →  民政审定
   ↑           ↑            ↑           ↓
 民主评议    第一次公示    第二次公示
                                        ↓
                                     享受低保
```

图7-1 拉塔湖村低保制度的行政程序

保户筹集备耕资金，并且在农闲时候积极推荐低保户到村及周边地区的工厂打工赚钱。此外，拉塔湖村还对那些家庭生活比较困难的大学生每年给予3000~5000元不等的救助，以帮其顺利完成学业。拉塔湖村采取的这些措施不仅帮助低保户维持了基本生活，还使有劳动能力的低保对象通过劳动摆脱了贫困，实现了低保制度"助人自助"的目标。

（2）养老保险。

拉塔湖村从1986年起就开始了农村养老保险的尝试。当时主要采取了以建立个人账户为核心，政府组织引导，资金以个人交纳为主，集体补助为辅，国家予以政策扶持的储蓄积累式农村社会养老保险模式。但由于这种农村养老保险模式在制度设计上存在筹资渠道单一、公共财政支持缺位、集体补助难以落实和农民缴费困难等问题，对农民吸引力不强，农民参保率极低，农村社会养老保险工作一直处于停顿状态。

然而近年来，拉塔湖村的人口老龄化程度不断加深。目前拉塔湖村65岁以上人口占全村总人口的25.5%，远远高于国际上65岁以上老年人口占人口总数的7%以上即为老龄化社会的标准。随着人口老龄化程度的不断加深以及村民收入水平的不断提高，从20世纪90年代中期开始，

拉塔湖村村民陆续开始购买或参加保险。目前，村民参加的保险主要有两种形式：其一是商业养老保险。购买商业保险主要集中在20世纪90年代中后期，当时村里一些先富起来的"见过世面"的人首先参加了商业保险。其购买的险种也比较丰富，既有养老保险，也有大病保险、事故保险、财产保险等。目前村里有超过40人购买了商业养老保险。

曾××，女，汉族，49岁：

"我是村里最早购买商业保险的人。13年前，给孩子买了'少儿终身保险'及'生命绿荫险'。'少儿终身保险'已经在孩子22岁的时候如期返回了所交的全部保费和利息。8年前我们两口子一起购买了商业养老保险。参加养老保险主要是想趁自己有劳动能力能挣钱的时候，给自己养老做些准备，这样既可以减轻儿女负担，又可以使自己晚年生活更有保障，更幸福。有些人认为商业保险不把握，参加保险受益也不大，但我认为我国的法律法规越来越健全，只要按照《保险法》和保险合同办事，保险就不会出现问题。在我的带动下许多亲戚朋友也购买了商业保险。"

其二是社会养老保险。拉塔湖村是在2009年才开始正式实行社会养老保险制度。按照政策规定，凡在沈阳市行政区域内，从事自由职业的，具有沈阳市居民户籍的农村居民，都可以按照城镇从业人员参保办法参加养老保险，待达到法定退休年龄时，符合条件的就可以享受城镇从业人员养老保险待遇。保险费的缴费基数可以全市上年度在岗职工月平均工资的60%、70%、80%、90%、100%五个档次中自由选择。由于新的社会养老保险是参照城市养老保险制度设计的，并且制度对退役军人、单亲家庭、夫妻双下岗家庭等都有优惠政策，回报率较高，因而对村民具有较强的吸引力。截至目前，拉塔湖村参加社会养老保险的人数已经超过30人。

佟××，男，锡伯族，48岁：

"我2009年4月参加社会养老保险，是本村第一批办社会养老保险的人。目前每月交保险费325元，这是低档水平。本想选择中档，但是考虑到保费是逐年增加的，所以就选择低档了。我20年前在青岛当兵4年，按照现行政策规定，我参军的4年可以免交保险费，因此现在我交11年保险费到60岁就可以按月领取养老金。我对社会养老保险政策并不是太清楚，到时候每个月能领取多少养老金也没有算过，但我觉得社会养老保险是国家对农民的照顾，利国利民。我相信党和政府能够按照规定办事，参加了这个保险肯定会有回报。"

总体上看，拉塔湖村参加商业或社会养老保险的人并不多，仅占总人口的10%左右。目前村民的主要养老保障方式是自我养老，即村民在年老时依靠土地种植收入或承包收入维持生活，而通常当老人丧失劳动能力后则主要依靠儿女的供养，采取传统的家庭养老方式。

二 拉塔湖村社会保障存在的问题

从内容上看，拉塔湖村的社会保障主要包括社会救助和养老保险两项内容。其中，拉塔湖村的社会救助制度在对象识别、资金筹集、救助标准、动态管理等方面日趋完善。而长期以来，拉塔湖村农村养老保障制度经历了由自发和传统式的家庭保障向集体经济保障过渡，再逐步实现社会养老保障的一个缓慢的发展过程。农村养老保障制度的建设仅仅处于起步阶段，制度发展完善过程中还存在一系列亟待解决的问题。课题组在调研中发现，总体上看，拉塔湖村的社会保障存在以下几个突出的问题。

1. 农村社会保障项目较少，已有项目覆盖面狭窄

如上文所述，农村社会保障项目不仅仅包括社会救助和农村社会养老保险等基本的项目，而拉塔湖村只有这两项。随着居民收入水平和生活质量的提高，居民对社会保障必然提出更高的需求，农村社会保障因而也应该逐步增加社会福利制度、社会互助制度以及与这些制度相配套的社会保障服务网络等内容。课题组在调研中发现，拉塔湖村尚未进行这些保障项目的制度化建设工作，村民的社会保障需求在短期内还难以得到充分的满足。不仅如此，从社会保障的覆盖范围来看，虽然低保制度已经实现了"应保尽保"，但农村社会养老保险制度还面临覆盖范围狭窄等问题。2009年参保人数仅占总人口的4.5%，大量的老年人口仍然要依靠传统的方式养老，老年生活无法得到有效的保障。

2. 社会保险意识不强，"养儿防老"思想仍有不小的市场

由于一些消费理念和长久以来的生活习惯，农民基本没有交纳保险费的意识。拉塔湖村农村社会养老保险参保率较低，固然与制度推行初期宣传力度不足以及居民对社会养老保险的接纳需要有个较长的过程有关，更重要的是受到传统的"养儿防老"思想影响。加之农村社会养老保险制度由于刚刚推行还缺乏规范统一的操作规程，管理上缺乏制约机制，不少农民对社保产生怀疑。特别是"生死由命、富贵在天"的封建观念还很浓厚，"养儿防老"思想在农村还有很大市场，农民的社会养老保险意识不强，使农村推行社会养老保险难度加大。

3. 农村社会保障社会化程度低

首先是资金筹集没有社会化，目前拉塔湖村农村社会保障资金的筹集完全依靠政府，没有建立起社会化的筹资机制，统筹层次低，抵抗风险能力弱。其次是农村社会保障制度大多停留在自我组织、自我管理、自我依靠的管理服务模式上，尚未形成自上而下、各项社会保障相互有机联系的社会化管理服务体系。

三 完善拉塔湖村社会保障的对策建议

我们认为，拉塔湖村在实现经济、文化、政治和环境全面发展的同时，在未来应该更多地致力于发展惠及广大村民的社会养老保险制度建

183

设和社会福利制度建设，从而进一步完善农村社会保障体系，并采取积极措施和相应对策，尽快扩大社会保障覆盖面，提高社会保障水平。根据课题组对拉塔湖村的社会保障状况的调查分析，结合拉塔湖村经济社会发展的实际，我们认为应该从以下几方面入手。

1. 从实际出发，因地制宜地建立农村社会保障体系

社会保障具有项目设置易增难减、待遇给付易升难降等"刚性"特点，超越现实可能的高水平社会保障支付可能产生负面影响。尽管拉塔湖村的农村社会保障项目亟待增加，但农村社会保障制度建设依然应坚持广覆盖和低起点的原则，项目的建设要符合本村村民的实际需要，资金筹措和待遇给付宜从较低水平开始，量力而行，逐步提高，不要超越自身承受能力，否则欲速不达、事与愿违。

2. 有效发挥商业保险在农村社会养老保险制度实施中的作用

农村社会养老保险制度要与家庭养老、土地保障、社会救助等其他社会保障政策相配套，保障农村居民老年基本生活。为了保证农村社会养老保险制度可持续发展，农村社会养老保险制度的运行不仅要做到与其他社会保障政策或机制在结构方面的统筹，而且要合理利用其他政策或机制以支持自身的可持续发展。农村社会养老保险具有一定的特殊性，这就是农村居民收入风险的特点决定了在农村社会养老保险制度实施中商业保险能发挥特殊作用。鉴于拉塔湖村参加商业保险的人数较多，在农村社会养老保险制度实施中要有效发挥商业保险的作用。在农村社会养老保险制度实施过程中，商业保险的作用主要表现在以下两方面：一是它可以通过保证农民的收入而成为农村社会养老保险制度实施的重要配套机制，这是商业保险支持农村社会养老保险制度可持续发展的作用表现；二是商业保险尤其是商业养老保险所提供的相关保障能够弥补农村社会养老保险制度在保障水平方面的不足，因而成为农村社会养老保险制度的补充，这是商业保险在制度结构方面的作用。

3. 逐步建立多层次的养老保险制度

一是养老保险的形式可以多样化，主要有基本养老保险、补充养老保险和商业养老保险等。在参加基本养老保险之外，鼓励拉塔湖村村民个人按照自愿原则，缴纳补充养老保险和购买商业养老保险。二是缴费方式要与城市有所区别。即由个人和用工单位按照一定标准灵活缴费计入个人账户。缴费时间可以灵活确定，每年年终个人可以查询、核对、补缴，逐年累计，到期、定期支付。三是规范养老保险基金管理。在确保基金安全的前提下，努力提高基金的使用效益，实现基金的保值增值。

4. 完善农村养老保险制度的配套措施

首先，要建立拉塔湖村农村养老保险信息网络。社保资金的缴纳、记录、核算、转换、支付以及查询等服务都要纳入计算机管理系统，逐步达到与全国联网，做到信息共享。其次，发展农村生产力，增加农民收入，提高农民的自我保障能力，解决农村养老的瓶颈问题。为此，要加快拉塔湖村基础设施建设，优化村产业结构，增加农民的收入。

当然要完善农村养老保险制度的配套措施，还需要政府及有关部门大力建立农村金融组织，"整合农村金融资源，优化金融支持体系"[①]，为农村提供资金保障。要加快教育和医疗价格体制改革，减少村民的不公平支出。如降低药价和农民的教育分担成本，从根本上提升农民的人力资本积累。

5. 加强对农民参保意识的宣传教育，解除农民思想疑虑

现在一些拉塔湖村民的思想受传统观念影响较深，仍认为养儿防老才是可靠的养老方式，对社会养老保险这个新事物认识不足，仍持怀疑、观望的态度。由于社会养老保险周期长，村民怕政策有变，到时兑现不了，不太自愿投保，这是农村社会养老保险制度在该村难以深入的原因之一。因此，拉塔湖村要加大农村社会养老保险宣传力度，加强对村民

---

① 冯继康、钟钰：《论农村金融体系的缺陷与创新》，《齐鲁学刊》2007 年第 2 期。

参保的宣传教育,加深农民对社会养老的认识。农村社会养老保险制度的建立意味着农民必须从世代相传的养儿防老意识转化为社会养老保险意识,意味着农民的心理、生活习惯及价值取向等方面都要发生深刻的变化。在宣传的过程中,对于村民存在的收费疑惑和不明事宜应积极主动地予以耐心讲解,对于确实存在的违规现象必须加以纠正和抵制。通过广泛深入的宣传,使拉塔湖村民充分认识到参加社会养老保险不仅可以使自己将来生活有可靠的保障,而且有利于家庭和睦幸福,使其首先在思想上接受,再在行动上积极参与。

第二节 医疗卫生

合作医疗制度是具有中国特色的农村医疗保障制度。进入21世纪以来,新型农村合作医疗制度的蓬勃发展有效地满足了拉塔湖村民的基本医疗和卫生服务需求,使村民摆脱了"因病致贫"和"因病返贫"的困境。

一 新中国成立以来农村合作医疗制度的变迁

1. 农村合作医疗制度发展的阶段

(1) 传统农村合作医疗的发展阶段(1949~1978年)。

中华人民共和国成立初期,经过长期战乱,全国医疗卫生条件非常落后,卫生资源极其匮乏,且利用率极低,人民健康指标属于世界上最低水平的国别组。1950年前后,为了解决广大农村缺医少药问题,东北各省率先倡导合作制和群众集资举办基层卫生组织。农业合作化高潮时期,农村地区正式出现合作医疗保障制度。1956年,全国农村合作医疗的覆盖率达到了10%。1976年,全国90%的生产大队实行合作医疗,覆盖了85%的农村人口,实现了合作医疗"一片红"。1978年底,全国"赤脚医生"约477万人,卫生员约167万人,农村人口合作医疗覆盖率达90%以上。①

（2）传统农村合作医疗的衰退阶段（1979~2002年）。

从改革开放到党的十六大召开之前，是我国传统合作医疗的严重滑坡与艰难重启阶段，总体上是一种严重衰退。随着1978年家庭联产承包责任制的实施和人民公社解体，农村合作医疗出现了急剧滑坡衰退的局面。1985年全国实行合作医疗的村由1978年的90%骤降到5.4%，绝大多数农民失去了医疗保障。1989年农村实行合作医疗的行政村仅占全国的4.8%，② 很多地区的合作医疗处于完全瘫痪的状态。

鉴于合作医疗制度曾经有过的辉煌成就和它对政府财政基本没有依赖性，1991年中共中央和国务院再次肯定了农村合作医疗保健制度，提出了恢复与重建合作医疗制度的任务，并为此进行了艰难的探索。此时期，尽管中央下了很大决心，采取许多措施进行了几年的恢复与重建，但效果并不理想。1997年，农村合作医疗的覆盖率仅占全国行政村的17%，农村居民参加合作医疗的比例仅为9.6%，③ 使合作医疗再次陷入困境。

（3）新型农村合作医疗的崛起阶段（2003年至今）。

鉴于传统农村合作医疗难以恢复的现实以及由此引起的严重后果，中央在认真分析之后，作出了建立新型农村合作医疗制度的重要决定，短期内取得了积极成效，这使我国农村合作医疗重新崛起。2002年10月，《中共中央、国务院关于进一步加强农村卫生工作的决定》首次提出建立新型农村合作医疗制度的概念。2003年1月，国务院办公厅转发卫生部等部门《关于建立新型农村合作医疗制度的意见》，对其实施进行具体安排，标志着新型农村合作医疗制度的正式实施。到2008年，全国农村已基本普及新型农村合作医疗制度。

---

① 张德元：《中国农村医疗卫生事业发展历程回顾与分析》，中金在线，2006年1月12日。
② 杨国平：《中国新型农村合作医疗制度可持续发展研究》，复旦大学学位论文，2008。
③ 陶勇：《农村公共产品供给与农民负担》，上海财经大学出版社，2005，第81页。

2. 新型农村合作医疗制度的特点

新型农村合作医疗制度是对我国传统农村合作医疗制度的继承和发展，它在吸取我国传统农村合作医疗制度长期实践经验的基础上，从现阶段我国的实际国情出发，在体制上、机制上对传统农村合作医疗制度进行了创新。

（1）筹资机制创新。

在筹资机制上，传统农村合作医疗制度是以集体经济组织为依托建立起来的农民互助共济制度，它只是强调了个人和集体共同筹资，对政府的投资并没有强制性的规定。而新型农村合作医疗制度不仅明确规定"实行农民个人缴费、集体扶持和政府资助相结合的筹资机制"，而且明确规定了各级投资主体的投资额度，特别是明确规定了各级政府对新型农村合作医疗制度的资助责任和资助额度，从而使新型农村合作医疗制度有了比较稳定的资金来源。

（2）管理体制创新。

在组织管理体制上，传统农村合作医疗一般是实行村办村管、乡办乡管；而新型农村合作医疗制度则一般采取以县（市）为单位进行统筹，并按照统一模式自上而下地建立协调委员会、经办机构和监督机构等组织管理机构。

（3）基金管理和监督机制创新。

在基金管理和监督机制上，传统农村合作医疗管理粗放，主要是原则上强调合作医疗基金要"专款专用"、"账目日清月结，定期公布"，但缺乏有效的监督机制。而新型农村合作医疗制度则明确要求从制度上加强对农村合作医疗基金的监督和管理。

（4）补偿机制创新。

在补偿机制上，传统农村合作医疗由于筹资水平低，统筹范围小，除少数地区外，大多地区将保障的重点放在门诊或小病上，即所谓"保医不保药"、"保小不保大"。而新型农村合作医疗强调以"大病统筹为主"的补偿机制,重点解决农民因患传染病、地方病等大病而出现的"因病致贫、因病返贫"问题。

总之,新型农村合作医疗制度与传统农村合作医疗制度相比,资金来源渠道更广泛,资金更有保障,统筹层次更高,保障水平更高,制度更完善,管理更科学,组织更严密,它在一定程度上弥补了传统农村合作医疗制度的缺陷,具有更强的生命力。

二 拉塔湖村的新型农村合作医疗制度实施状况及面临的主要问题

长期以来,拉塔湖村缺医少药的问题非常严重,农民看病难的问题相当突出。"小病拖,大病挨,重病才往医院抬","小病忍,大病抗,重病等着见阎王",这是以往在拉塔湖村经常听到的顺口溜。而随着新型农村合作医疗制度的建设与不断完善,拉塔湖村农民"看病难,看病贵"问题得到了有效缓解,村民健康水平显著提高。

1. 实施状况

调查发现,拉塔湖村的新型农村合作医疗制度建设经历了以下两个主要阶段。

一是起步阶段(2005~2006年)。拉塔湖村的新型农村合作医疗是在2005年开始启动的,尽管起步较晚,但发展速度较快。2005年新型农村合作医疗的参合率为90%,2006年就达到100%。

二是发展完善阶段(2007年至今)。近年来,新型农村合作医疗的保费略有上涨,2008年保费为每人每年20元,2009年又上涨至每人每年30元。尽管如此,村民参加新型农村合作医疗的热情不减。广大农民得到越来越多的实惠,取得了良好的效果,农民对新农合制度的满意率达到95%以上。新农合制度建立以来,农民的医疗需求得到初步释放,农民群众的就医流向已发生明显变化,参合农民就诊率和住院率逐步升高,因经济困难应住院而未住院的比例明显下降,农民的医疗费用负担

有所减轻，因病致贫，因病返贫情况得到有效缓解。

2. 存在的问题

新型农村合作医疗制度的全面推广提高了参合农民抵御大病经济风险的能力，缓解了农民"因病致贫，因病返贫"的状况，推动了农村卫生工作。但课题组在调研过程中发现，新型农村合作医疗在具体实施过程中也出现了一系列问题。

（1）乡村医疗机构技术人员短缺。

调研中发现，拉塔湖村所属的黄家乡卫生院人员缺乏问题十分突出，而卫生技术人员短缺已经影响到了基层卫生院医疗服务功能的充分发挥。例如，黄家乡卫生院的小针刀诊疗方法[①]在沈北地区颇有名气，但由于乡卫生院长期以来招不到青年卫生技术人员，该项诊疗技术正面临后继无人的窘境。调研中还发现，造成乡卫生院人才缺乏的主要原因包括：一是待遇低，机会少，难留人。二是医学院大中专毕业生近年没有招考或分配。三是原有的骨干人员在职培训成材后又流向城市。这种状况远远不能适应新农合发展的要求。目前，为了留住疑难病患者在当地医院就医，地方医院的做法是从省城等大医院聘请名医到医院治病。而这无疑会增加患者的医疗费用，常常遭到患者的拒绝与不满。

（2）乡村卫生机构的基础设施仍然不能满足村民医疗需要。

调查发现，现有医疗设施还远不能满足拉塔湖村民正常的就医需求。乡卫生院即使购进现代化的医疗仪器，由于没有专职医技人员，大部分医疗仪器也处于闲置状态或半闲置状态。而村卫生室设置不规范，服务质量较差。拉塔湖村仅有一个村级卫生室，该卫生室现有村医仅1人，该人年龄偏大，医疗知识老化，不能充分满足村民的就医需求。

---

① 小针刀疗法是一种介于手术方法和非手术疗法之间的闭合性松解术。它是在切开性手术方法的基础上结合针刺方法形成的。小针刀疗法操作的特点是在治疗部位刺入深部到病变处进行轻松的切割，剥离等不同开工的刺激，以达到止痛祛病的目的。其适应病症主要是软组织损伤性病变和骨关节病变。

(3) 同药不同价问题较为突出。

同样的药品,不一样的价格。医院开药时,会将自费和合作医疗分开,自费的药价相对低些,而合作医疗的药价则要贵不少。原来500元就能治好的病,到了合作医疗定点单位就要1500多元,即使按照40%的报销比例算,600元也比500元高,农民并没有获得足够的实惠。因此,农民盼望"新农合"医疗机构的药品价格能够尽快降下来,最好降到"地平线"。

刘×,男,汉族,41岁:

"我是2005年参加的新农合。2006年骑摩托车发生严重车祸,先到区指定医院治疗,但是由于病情较危重,区指定医院无法救治,后经指定医院开出转院证明后到沈阳陆军总院治疗,花费近20万元。2006年时该种情况的报销最高限额为1万元,因此报销了1万元医药费。此外,按照合作医疗规定,对于花费的医疗费较高的重大疾病,区合作医疗集资总额如果年末有余额,可以按照一定比例追加报销。于是,我在2006年末又得到追加的报销款5000元。应该说我是新农合的受益者,对于新农合制度很满意。"

王××,男,汉族,53岁:

"我是2005年参加的新型农村合作医疗,当年交费10元。2005年我因摩托车祸在沈阳住院就花费10万多元。当年报销办法为不限制治病的医院,报销额度为3000元封顶。因此,当时我提交了诊断书、病志等材料就顺利报销了3000元的医疗费。由于我的病情比较严重,2006年还得进行三次手术进行恢复治疗。但2006年新农合的报销政策就变化了,规定必须到区指定的医院就医才能报销,该种情况的报销上限为3000元。而且由于区医院技术水平较低,做手术要从沈阳的大医院聘请专家,初步估计一次的手术费总计约为20000元,自己最后实际花费17000元。我觉得这样的手术在沈阳做根本就不用花那么多钱,于是我在沈阳联系一家医院,一次治疗费仅花费9000元。一气之下2007年我没有参加新农合。后来考虑到新农合多少还是可以报销一部分医疗费的,所以2008年以后我又参加了新农合。

我认为,新农合确实可以报销一部分医药费,报销速度也快,可以在一定程度上解决农民的就医问题。但新农合也存在不足。如患者就医必须到指定的医院,而这些医院往往医疗技术水平较低,医疗设备不太先进,不能给病人提供高质量的医疗服务。若病人转院必须要得到指定医院的认可,否则不能报销,而转院后的报销比例也会显著降低,这限制了患者享受优质的医疗资源。又如指定医院的医疗服务和要价虚高,拍一张 X 光片以前要 20 元,现在得 150~160 元,这种情况增加了患者的经济负担。总之国家政策很好,但问题主要出在医院。"

(4) 补偿方案不完善。

建立新型农村合作医疗制度,其目的是重点解决农民的因病致贫、返贫问题,所以合作医疗资金使用方向重点是实施大病救助。大病如何救助?目前大病救助采取的是患者先垫付医疗费法,待日后一并结算的方式。但调研中村民普遍反映,大病补助,不应"秋后算账",还是事先确定比较好,否则村民患者心中不托底,往往会影响重大疾病的及时治疗。同时,现有的封顶线对于真正的大病患者来说,也只能解决部分的困难,而且规定的补偿比率几乎难以实现,因为基本药物目录不够合理,有些常规用药没有上目录,而一些治疗必需的进口药也不在报销范围之内。

三 促进拉塔湖村农村合作医疗制度建设的对策

拉塔湖村自 2005 年开始进行新型农村合作医疗制度的建设工作,目前"新农合"已经进入良性发展和逐步完善阶段。从拉塔湖村近些年运

行效果来看,"新农合"解决了农民的医疗保障问题,增强了农民的自我保健和保障意识。新型合作医疗管理和服务体系正在形成,统筹层次和管理体制的水平更高,各级财政补贴更充足,并逐渐形成了一体化的管理和服务体系。新型农村合作医疗制度实现了运行的科学化和规范化,有效地规避了制度运行的道德风险问题,提高了制度的安全性和效率。农民对于合作医疗制度所带来的实惠有了更深的认识,提高了政策推行的效率,同时也改善了广大农民群众的健康状况。

然而,应该看到拉塔湖村新型农村合作医疗制度在运行过程中还存在着一些亟待解决的问题,直接影响到新农合制度功能的发挥。充分发挥新型农村合作医疗制度的功能必须不断纠正制度实践中出现的问题,促进新型农村合作医疗制度的健康发展。

1. 采用轮岗的模式解决拉塔湖村医疗人员缺乏的问题

拉塔湖村只有一个医生支撑着村里的卫生系统。现在城市的年轻医生普遍不愿意去农村卫生机构,哪怕是在家里待业也不愿意去农村。不仅仅是因为工资太低,工作环境不好,更是因为没有晋升机会。现在城市医院的年轻医生每个月基本工资少则一千多元,多则数千元,加上名目繁多的奖金,收入不少,而且只要努力工作,就有很大上升空间。但相比之下,农村医生收入低,发展机会小,因而年轻医生往往望而却步。可以采取一种轮岗的模式,由沈北新区医院定期派医生进入农村工作,尤其对于年轻医生,作为进入基层工作的经历,将该项工作经历作为升职的要求之一。工作期间工资不低于在同一级别大医院的医生,由此利用区一级的医疗资源来支援农村。这种轮岗时间可以控制在两年左右,时间太长了则会带来惰性。对于医生而言,进入农村工作,工资没有减少,而且还是上涨的前提,哪怕是采用强制轮岗的方式,也不会有太多阻力,而且当医生深入基层了解当地病情后,也有利于日后在门诊上的工作。实行轮岗的人员安排可以采用就近原则,实现早出晚归,不用在农村住宿,夜间的突发状况可以由原来村里的医生解决。

2. 多种方式并举降低"新农合"药品价格

由于我国实行的是城乡二元体制结构，在经济地位以及某些社会地位上，农民的利益受到一定程度的损害，所以农民应该得到更多的优惠。对于"新农合"的药品，可以找定点企业生产，使用不同的标签，不可以在药店交易，只能在定点医院使用，配发给属于新农合范围的农民。药品全部贴上处方药的标签，只有定点医院或者卫生室的医生开了处方才可以购买，并且限制开药的剂量，进行严格的监管。这样一来，价格就可以大大低于市场价了，并且可以遏制倒卖药品情况的发生。对于一些钻空子的人，则可以通过立法进行约束。

由于医疗资源相对短缺，所以药品可以大量采用中药。对于急性病，西药管用，而对于慢性病，目前仍是大量采用西药。在农村，可以尝试使用中药或者中成药。首先农民普遍比较信任中药，其次价格会相对较低，容易接受。现在，高血压、糖尿病、冠心病是比较多的症状，拉塔湖村农民药费的支出主要是花在这上面，如果能够找到合适的中成药，药费就会相对减少。

3. 严格指导和规范新型农村合作医疗的工作程序

要规范工作程序，做好审核和发证工作。第一，由拉塔湖村负责从农民手中收取新型农村合作医疗的参合费用，在收取费用的时候向农民出具交费收据。第二，乡村在规定时间内做好统计工作，将所收的合作医疗费用、参合人数及名单一起上交到县主管部门，由上级部门存档，制作电子档案向全社会公开，以方便监督、查询。第三，上级主管部门经过核对确认以后，根据基层政府所提交的参合人数发放有效的参合证件，农民凭交款收据到当地部门领取证件。如有错误之处，到基层政府开证明，并下载政府公开的电子档案，持两项有效证明在规定时间内到县主管部门补办参合证件。

4. 加强村民健康教育

积极推进农民健康教育，通过向拉塔湖村民发放卫生知识问卷调查，入户宣传健康知识等方式，建立农民健康档案，增强村民健康意识，形成"人人爱清洁，个个讲卫生"的良好氛围，使村民健康教育、防病治病、健康保健和互助共济成为广大村民群众的一致行动，推进新型合作医疗制度顺利实施。

第三节 社会治安

一 拉塔湖村社会治安状况

拉塔湖村是一个以锡伯族村民为主的少数民族村。慷慨豪爽、互帮互助是锡伯族最为珍视的民族传统。长期以来，锡伯族与汉族、满族、朝鲜族等各个民族和谐相处，拉塔湖村也一直是一个社会安定祥和的静谧村庄。

然而，进入20世纪90年代，随着我国社会经济转型加剧，特别是随着拉塔湖村的经济发展水平逐步提高，外来人口开始不断涌入拉塔湖村，人口结构复杂化。而此时，绝大多数村民自我保护、安全防范意识较弱，村里的农电设施，村民家里的粮食、牲畜、家禽等丢失现象逐年增加，社会治安状况不断恶化。而村里和有关部门也因人手不够而不能正常有效地开展上门宣传教育、登记办证和日常检查等工作，使治安管理在某种程度上"脱空"。

面对日益严峻的社会治安状况，马喜军书记会同村委会主任付兴国开始下大力气对全村的社会治安进行综合治理。2004年，在村委会的组织和领导下成立治安联防队，负责全村治安工作。该治安联防队由村委会主任付兴国负责，队员全部由经村民推荐认可的20~35岁的男性村民构成。治安联防队员每晚在全村范围内进行治安巡逻，村里每年为治安联防队员支付一定的报酬。治安联防队的成立极大地改善了村里的治安状况。2004年以后，拉塔湖村的火灾盗窃等社会治安案件发生率较以往年份显著降低。

在社会治安治理工作实践中,马喜军书记逐步意识到要提高村民的文明程度、从根本上改善村里的社会治安状况关键是做好治安防范,采取有效措施实现社会治安综合性治理。他的基本思路包括以下几方面。

1. 大力发展农村经济

大力发展农村经济,让剩余劳动力就业是解决农村社会治安问题之本。当代农民正处于社会经济转型的关键时期,只有解决农民就业问题,让农民增收,解决经济基础的问题,才能从根源上解决治安问题。农民如果收入增加太慢或者负担过重,就容易激化干群矛盾,从而引发一系列治安问题,同时还是诱发农民群体性事件的重要因素。卸下农民身上不合理的负担,还是关系到构建公平、合理的市场经济规则、引导市场经济健康发展的重大问题。

2. 加强农村基层组织建设

维护农村治安稳定,切实解决农村治安问题,关键在于搞好基层组织建设。

其一是加强基层党支部和村委会建设。加强农村基层党支部和村委会建设是关键中的关键。事实证明,哪里的基层组织建设好、班子强,哪里的社会治安就好;哪里的基层组织涣散、班子弱,哪里的治安状况就不好。在村一级,主要是搞好以党支部为核心的村级各种组织建设,充分发挥村委会及治保会、调解会的重要作用。

其二是完善群防群治组织。完善群防群治组织,使其能够有力协助基层政权组织,充分发挥其维护农村稳定的第一道防线的作用。在依靠群众的基础上,充分调动广大农民的积极性,共同参与到维护治安的工作,建立覆盖农村社会各层面的群防群治体系。目前,一些农村地区在社会治安综合治理实践中,还出现了一些其他形式的群众自治组织,如"红白理事会"、"道德评议会"、"移风易俗理事会"、"老年协会"等,在维护农村治安方面起到了非常积极的作用,拉塔湖村也有类似的组织。

要对这些群众自治组织加强指导，更好地发挥他们在社会治安综合治理中的作用。

3. 加强农村公安派出所建设，全面变革农村警务运行机制

农村公安派出所，不仅仅是公安机关的一个派出机构，而且是农村基层政权的一个重要组织部分，它是集打击、防范、管理、服务于一体，保一方平安的实体。加强农村公安派出所建设，要尽快实现一乡一所制；要推进农村派出所勤务制度和管理体制的改革，110报警服务要向农村延伸，逐步建立农村地区接出警机制；以"发案少、秩序好、社会稳定、群众满意"为目标，落实民警工作责任制，把派出所工作重心切实转移到防范管理上来，针对市场经济的负面效应对农村民警队伍的冲击和影响，深入开展以人民满意为目标的创建活动，全面提高农村公安派出所民警的素质。

4. 进一步提高社会治安管理工作科技化水平

科技是第一生产力，实施科技强警战略是新形势下建立社会防控体系的必由之路。只有加大科技投入，不断提高基础警务设施及通信、交通等警务装备的现代化建设水平，才能切实提高动态环境下治安防控体系建设的科技含量。

5. 加强农村精神文明、政治文明建设

改革开放30年来，拉塔湖村的物质文明建设取得了显著的成绩。相比较而言，农村精神文明建设的步伐并没有跟上物质文明建设的脚步，农村人口文化素质普遍偏低，学法、懂法、守法的观念意识差。必须重视农村精神文明建设，加强农村法制宣传教育，推动依法治村不断深入，使基层干部和人民群众真正学法、知法、懂法、守法并依法办事。

一要狠抓村支两委基层骨干法律知识培训，着力增强基层政权组织班子的法制意识，充分发挥农村致富带头人在农村普法工作中的带头作用。

二要着重抓好对广大农民群众社会主义道德意识和法制观念教育，

通过开展文明村文明家庭创建活动，增强农民群众的荣誉感，建立起人与人之间相互帮助、相互尊敬的和谐人际关系。同时结合党的农村政策，引导他们正确处理眼前利益和长远利益、个人利益和集体利益、局部利益和整体利益的关系。深入开展普法教育，充分利用村设广播、有线电视、报刊等新闻传媒，宣传普及法律知识，运用法制墙报、黑板报、办法制培训班以及个别走访、送法上门等形式，组织广大农民学习法律，自觉遵纪守法，用法律来规范和约束自己的言行。

总之，拉塔湖村的社会治安工作是在实践中摸索，在摸索中总结，在总结中进步。拉塔湖村良好的社会治安状况不是自发形成的，而是长期严格管理的结果。

二 拉塔湖村社会治安管理

在社会治安管理方面，拉塔湖村主要做了以下几方面工作。

1. 完善规章制度

社会治安工作的发展与完善最终要依靠制度，拉塔湖村在社会治安工作中一直非常重视治安制度建设。2004年3月拉塔湖村制定了《拉塔湖村社会治安管理制度》，其中对村治保委员会工作任务及职责范围进行了规范，提出了村民赌博、搞封建迷信活动、偷盗、寻衅滋事等违法犯罪行为的处理办法。其具体内容包括：

第一条 村建立治保委员会，在村党支部、村委会和乡派出所业务指导下负责全村的社会治安工作。

第二条 村治保委员会工作任务及职责：

（一）经常向全体公民进行法制宣传及遵纪守法教育，不断提高村民民主法制意识，增强法制观念，使全村村民自觉遵守国家政策法令；

（二）认真贯彻综合治理、打防结合、以防为主的方针。充分发动群众做好防特、防盗、防火、防治安灾害事故和突发性事故的发生，保护国家、集体和个人的合法财产与人身安全不受侵害；

（三）依靠群众，同一切违法犯罪行为做坚决的斗争，预防和组织各种打击违法犯罪活动，把犯罪隐患消灭于萌芽状态；

（四）协助公安机关依法做好对管制、缓刑犯和刑满释放人员以及违法青少年进行管制、监督和帮教工作。采取有效措施，做好转化工作，化消极因素为积极力量；

（五）组织优秀青年经常值夜巡逻。

第三条 严禁任何形式的赌博活动，凡参与赌博的一经查获，一律没收全部赌资、赌具。根据赌资大小、情节轻重，依法教育、处罚，数额较大，情节严重及屡教不改者报镇派出所处理。对查禁赌博或检举揭发赌博活动的人员进行打击报复、妨碍甚至对抗、殴打谩骂者，报公安机关从重处理。对查禁赌博、制止、检举、揭发赌博活动有贡献的人员，应当表彰奖励。

第四条 依法保护村民宗教信仰自由。严禁聚会搞封建迷信活动，装神弄鬼、迷惑人心、危害健康骗取钱财者，一律没收迷信工具，责令退出不义之财，并予以处罚。

第五条 严禁销售制作黄色书刊、音像磁带，严厉打击流氓活动，一经发现报公安机关处理。严禁偷窃行为，一经查获，追回赃款赃物，并给予罚款处理。对销赃窝赃、知情不报作同样处理。应立案上报的，交乡派出所处理。

第六条 村民醉酒后行凶或寻衅闹事应按治安处罚条例予以处罚。未满18岁的人和精神病患者，损坏他人庄稼或财产或造成伤害，应由其监护人依法负责赔偿或负担。

第七条 村民饲养的各种家畜，提倡圈养并应看管好，给他人庄稼、财产及其人身造成损害的，应依法承担民事责任。

第八条 村治安保卫人员应加强政治、文化及国家政策、法律的学习，不断提高业务水平，带头遵纪守法，以身作则，秉公办案。

不仅如此，近年来，拉塔湖村的社会治安工作的规章制度不断规范化、精细化。如拉塔湖村 2010 年度对村内巡逻及看护农电设施工作有以下规定：值班人每天晚上准时上岗，值班有事委托他人值班不得空岗，如果被委托人没有上岗值班造成空岗则对原值班人员罚款若干元；值班人每天晚上在村内巡逻不得少于若干次，并且要有值班人员留守在值班室，主机报警后确定防区并及时组织人员第一时间到达现场同时布防保护好自身安全；值班室所有设施保持完整，卫生洁净等。

调研中发现，逐步健全的规章制度使得拉塔湖村的社会治安管理工作质量日益提高，社会治安工作的效果凸显。村民们普遍反映，有了这些规章制度，大家做事更有谱了，做错了事就要受到处罚，因此，大家都会自觉抵制一些不良行为。

2. 加强组织机构建设

2007 年拉塔湖村成立了警务室。"自从村里建起警务室，打架斗殴的少了，盗窃现象少了，我们心里的安全感大大增强了！"每当提起村里的警务室，村民们都会竖起大拇指。而且，为了配合警务室的工作，2007 年拉塔湖村成立村义务巡逻队，分组轮流值班，负责每晚的夜间治安巡逻。村里为义务巡逻队配备了手电筒、头盔、对讲机等治安管理工具。警务室与义务巡逻队在工作中相互配合，搭建起联防联控的社会治安防范网络，为农村社会治安稳定筑起坚实的"第一道防线"。

3. 推进农村治安防控体系建设

拉塔湖村在社会治安管理中注意抓好以公安机关为主的专业防范队伍建设和以村专职治安联防队、义务巡逻队、治安中心户长、联户联防、邻里守望、护村护院等形式为主的群防群治队伍建设，建立了点线面相结合的多方位、广覆盖、大防控的治安防范网络，缓解了警力不足的矛盾。拉塔湖村还实行社会治安与保险互动，大力推行家庭财产治安保险。为了最大限度地保障村民的家庭财产安全，近年来拉塔湖村村民全部参加了社会治安保险，而每户保险费全部由村里承担。此外，拉塔湖村还进一步完善与社会主义市场经济体制相适应的维护农村治安稳定的动员

第七章　社会事业 ○ 中国百村调查丛书·拉塔湖村

图 7-2　拉塔湖村警务室

机制、参与机制、保障机制，积极稳妥地推进治安防范工作的社会化、职业化。

4. 装备先进设施

2007年7月初，拉塔湖村开始创建"平安村"，在全市乡村率先投资2万元为农户安装了80台红外线探头防盗报警器，只要有人进入农家院内，报警器就会自动报警，同时农户家的电话和手机都会响起。调研时看到，每家农户的院内都安装了一台红外线探头防盗报警器。村民们说，这小小报警器看家护院特别管用，前几年，经常有外地流窜犯趁村民下地干活时进村偷盗，现在下地干活、串亲戚再也不怕家里丢东西了。

与此同时，拉塔湖村还为23台变压器安装了远程防盗报警器，能够实时监控电力线路运行情况，在变压器等设施发生缺项、短路或遭到人为、灾害破坏时，主机立即发出警笛声，同时自动循环拨通已存储的电话号码，将警情及时报告相关责任人和公安部门。

5. 加强法制宣传与教育

加强对村民的法制宣传与教育可以从源头上预防和减少社会矛盾与治安案件的发生。近年来，拉塔湖村非常重视对村民进行法制教育和宣传工作。村里通过悬挂标语、设立咨询台、展出宣传板画、法制宣传车在辖区流动宣传等形式，确保法律宣传教育活动落到实处，为老百姓送上了丰富的法律精神食粮。目前已开展各类大小法制宣传活动近20场次，发放法制宣传资料1000余份，接受法律咨询120余人次，上法制课10多场次。通过开展法制宣传活动，群众的法制观念明显提高，依法诉求、维护合法权益的意识和能力明显增强。

经过多年的努力，拉塔湖村的社会秩序非常稳定。2004年以后，全村未发生过火灾，未出现过盗窃，未发生过刑事、民事、治安案件。现在村民出门常常连门都不愿意锁，停在门口的自行车没有一辆上锁，小偷小摸、打架斗殴等现象在拉塔湖村早已经成为历史。由于拉塔湖村社会治安管理工作出色，因而得到了各级党政部门的肯定和表彰，获得了许多荣誉称号。例如，2007年1月，沈阳市社会治安综合治理委员会授予拉塔湖村"沈阳市2006年度基层平安建设先进单位'平安村'"称号。2007年1月，沈阳市公安局授予拉塔湖村"2006年度人民满意警务室"称号。2008年3月，沈阳市社会治安综合治理委员会授予拉塔湖村"2007年度平安建设十佳村"称号。2010年4月，中共沈北新区委员会、沈北新区人民政府授予拉塔湖村"2008～2009年度社会治安综合治理工作'先进单位'"称号，等等。

第八章　村落组织结构与治理模式

第一节　村党组织

一　拉塔湖村党支部的产生、发展及现状

人民公社时期，作为拉塔湖村前身的捕鱼队就已经成立了党组织，王国荣、赵殿邦曾任书记。拉塔湖村党支部成立于1965年，第一任书记是王海成，慈秀兰等为支部委员。继王海成之后，徐永祥也曾担任过拉塔湖村党支部书记一职。1985年，时任村委会主任的马喜军被任命为党支部书记，王海成接任村委会主任。除1991～1996年5月由于家庭原因到市内经商外，马喜军在20多年间一直担任拉塔湖村党支部书记。2010年换届选举产生现任村党支部委员会成员：支部书记马喜军，支部副书记付兴国（锡伯族），支部委员刘波。

马喜军，汉族人，现年55岁，是沈北新区黄家锡伯族乡拉塔湖村党支部书记，先后任职达25年。他1974年入党，1983年8月辞去城里工作回村竞选第一届村民委员会主任，1985年被乡党委任命为党支部书记，一干就是25个春秋。上任以后，他认为拉塔湖村要想致富，必须先改洼防涝，大面积开发稻田。拉塔湖村土地多水资源丰富，可充分利用当地

资源大面积开垦荒地，种植水稻是一条切实可行的致富路子。一开春，他就带领群众打井修渠，那时就像着了魔似的，没日没夜地干。就这样开发 3000 亩水稻，又修了 2400 米的排水沟，在水稻品种上选高产抗倒伏的品种，在水稻栽培上利用科学方法，终于迎来了大丰收年，是村里有史以来打粮最多的一年。接着的几年逐年扩大种植面积，粮食产量年年翻番，村民收入逐年提高，为黄家地区创出了一条改造低洼易涝的致富路子。他接着在全村开展富民强村第二次创业大行动。一是把群众分散耕种的土地，通过流转互换的方法集中连片，形成了小户 40~50 亩，大户 100 多亩，一户一片地、一套井灌设备、一套农机具的格局，实行集约化经营；二是充分利用村里丰富的水资源，开发水产养殖业，使村经济快速发展；三是发展农机专业村。

2004 年乡政府又把全乡最差的黄冈子村合并到拉塔湖村。这个村欠外债 80 多万，干群关系非常紧张，群众抵触情绪非常大，打官司告状、群众上访是家常便饭。面对黄冈子村这种特殊情况，村干部首先对黄冈子村环境大整治，彻底清除所有的垃圾柴垛。几年来先后投入 30 多万元为黄冈子村群众安装有线电视，安装自来水，安装卫生厕所，全村所有的街路铺成了油路沙石路。2005 年马喜军又领导村班子成员研究决定专门成立远程教育中心，先后投入资金 8 万元建立 50 平方米的电教活动中心，配有 7 台电脑和 1 台电视机、VCD 1 台和 1 台投影仪。自从安装了该设备以来，拉塔湖村充分利用远程教育的丰富资源，积极组织党员和群众开展形式多样的学习和培训，使该村的党组织增强了活力，党员受到了教育，群众得到了实惠。

截至 2010 年 11 月，全村共有党员 33 人，普遍居于中等文化程度，个人素质相对较高。近年来发展的党员大多有一技之长，在村中率先致富，家庭收入水平普遍高于全村平均水平。党员年龄日趋年轻化，年轻党员文化程度有所提高，少数民族党员数量增加较快。

第八章　村落组织结构与治理模式 ○ 中国百村调查丛书·拉塔湖村

图 8-1　现任党支部书记马喜军

表 8-1　拉塔湖村 2010 年党员情况

单位：人，%

项目	合计	性别		年龄			文化程度			
		男	女	20~35岁	35~50岁	50岁以上	小学	初中	高中中专	本科大专
人数	33	29	4	5	14	14	3	16	11	3
百分比	100	88	12	15	42	42	9	48	33	9

资料来源：拉塔村党支部提供。

从拉塔湖村党组织的产生方式上来看，主要经历了三个阶段：第一阶段是村党支部成立初期，支部书记和委员主要由上级任命。第二阶段是随着《村民自治组织法》的实施，村委会和党支部两委开始由选举产生。2004 年以前，支部委员先由全体党员通过投票选举产生，再经乡里建议，从几名支委中选举出支部书记。第三阶段是 2007 年和 2010 年两届选举，由村民代表和党员共同参与推荐支部委员和支部书记候选人，再经党员大会投票选举出支部委员，并从中产生支部书记。根据"黄家乡

2010年村党组织换届选举工作方案"规定,第十届拉塔湖村党支部换届选举采取"两推一选"的方式选举产生新一届村支部委员会。候选人的产生采取"两推"的方式,"两推"一是由村党员和部分村民代表以投票的方式推荐,二是乡镇党委集体推荐。村党支部委员候选人预备人选报乡党委审批后,提交村党员大会充分酝酿,按照《党章》和《中国共产党基层组织选举工作暂行条例》有关规定,以无记名投票方式差额直接选举产生村党支部成员,选举结果报乡党委审批。

二 村党组织的职能和党员的职责

农村党组织的建立保证了党对农村的领导,它是农村各种组织和各项工作的领导核心。40多年来,拉塔湖村党支部一直保持着对本村各项事务管理上的主导地位,支部领导是村务管理中的主要决策者,一直由在村民中具有较强影响力和较高威信的人来担任。

1. 村党支部的职能

与现阶段我国大部分村党组织一样,拉塔湖村党支部的主要职责是:

(1) 贯彻执行党的路线方针政策和上级组织及本村党员大会的决议。

(2) 讨论决定本村经济建设和社会发展中的重要问题。

(3) 领导和推进村级民主选举、民主决策、民主管理、民主监督,支持和保障村民依法开展自治活动。

(4) 搞好支部委员会的自身建设,对党员进行教育管理和监督。

(5) 负责村、组干部和村办企业管理人员的教育管理和监督。

(6) 搞好本村的社会主义精神文明建设和社会治安、计划生育工作。

由此可见,随着家庭联产承包责任制的实施,村党组织的主要职能已经由人民公社时期的直接从事生产经营活动向引导和帮助村民经营致富转变,党对基层组织的领导更多地体现在村支部贯彻落实党的路线、方针、政策和上级决议上。拉塔湖村可供村集体自主经营的公共资源仅剩下170多亩机动耕地、300亩后湖养鱼池和部分林地及道路、变压器等

第八章 村落组织结构与治理模式

基础设施，相对于集体经济尚存的村落而言，村党组织的职能转变更加彻底。近年来，村党组织的工作主要集中在两个方面，即完善村庄基础设施建设、改造村容村貌和组织发展农业机械化、引导群众致富。

在上级党委和政府的要求和指导下，拉塔湖村党支部和村委会自2006年以来带领全村人民创建了省、市民族团结进步模范村和省级、国家级生态示范村，并按照社会主义民族新村建设规划理念，对村庄基础设施和生态环境进行整治改造，取得了显著成效，受到村民的交口称赞。2006~2008年，村两委班子为村民解决的生产、生活上的困难主要有：从区供电局协调资金23万元，将全村70%的机井改成电井；筹措资金40万元，修建了1.3公里柏油路面，将村里2900米的土路改铺砂石路面；投资9万元购置了村级远程教育和村级警务室办公设备；投资17万元改水改厕；为村民解决发展生产贷款资金650万元；投资30万元建设了面积为2600多平方米的村文化广场，并安装健身器材；投资2万元为村内农户院落安装了红外线探头防盗报警器80台。

拉塔湖村总耕地面积10000亩，全部种植水稻，人均稻田面积15亩，小户40~50亩，大户100~200亩。多年来，村党支部积极宣传先进的水稻种植技术与经验，引导群众实行全程机械化水稻种植，使村民增收显著，村里涌现了不少致富大户。由此可见，拉塔湖村党组织忠实履行了"三个代表"重要思想，在引导群众发展生产、共同致富的过程中，不断强化为群众服务的理念，着实为群众解决了不少难题，办成多件实事。村党支部领导也在为村民服务过程中树立了较高的威信，得到了群众的普遍好评。

2. 党员设岗定责活动

拉塔湖村作为全区农村无职党员设岗定责活动先期试点村，在全村党员中广泛开展了农村无职党员设岗定责活动，他们围绕建设"生产发展、生活宽裕、乡风文明、村容整洁、管理民主"的社会主义新农村的目标任务，积极探索党员发挥作用的有效途径，着眼于建立健全"党员受教育，群众得实惠"的长效机制，创新载体，搭建起了无职党员发挥作用的平台，进一步提升农民党员的责任意识和服务能力，充分发挥党员先锋模范作用，取得了显著成效。

所谓农村无职党员定责上岗，就是为在农村不担任任何职务的普通党员合理设置工作岗位，通过明确岗位职责，加强管理考核，引导其在一定岗位上履行职责，发挥作用。开展无职党员设岗定责活动的目的是深入贯彻落实"三个代表"重要思想和党的十六大精神，发挥农村无职党员的先锋模范作用，切实缓解农村区划调整后村级事务繁重与村干部人手少的矛盾，以推动农村三个文明建设。

作为试点单位，在开展无职党员设岗定责活动初期，黄家乡拉塔湖村党支部认真开展了调研，通过入户走访、座谈，了解到大多数无职党员很想干事，也愿意为民办事。于是组织全村党员认真学习了有关文件，使大家共同意识到，共产党员只有时时记得自己的党员身份，人人有岗位，个个有担挑，才能发挥出先锋模范作用，才能体现党员的先进性。通过学习，极大地调动了全村党员新农村建设的积极性，一时间，形成了无职党员纷纷要求上岗，上岗党员人人有岗位、有责任，个个有目标、有作为的良好局面。

针对本村实际情况和新农村建设的需要，在广泛走访党员群众的基础上，村党支部根据群众的需求和无职党员的基本情况，结合村在经济发展和社会稳定中迫切需要解决的热点、难点问题，按照"按需设岗、因事设岗、以岗定责、责任到人"的原则，设置了11个岗位并明确了岗位职责，做到了"民有所需，党有所为"。在确定具体岗位的设置与岗位职责时，结合每名党员的基本情况、特长和思想状况等，根据"群众信任、本人乐意、能履职责、方便就近"的原则，合理安排党员上岗。

设置的岗位有：文明新风岗，环境卫生岗，扶贫帮困岗，科技示范岗，社会治安维护岗，村务公开监督岗，党风廉政建设岗，村民代表大会程序监督岗，政策法律宣传岗，公共设施维护岗，结对致富岗。

职责要求是：①文明新风岗，义务宣传文明新风尚8次。②环境卫生岗，义务清扫街路200米。③扶贫帮困岗，帮助困难户解决生活、生产中的实际困难,三年之内达到平均生活水平。④科技示范岗,党员示范户设岗负责水稻种植水产养殖、农业机械化的技术指导,新品种的实验,解决群众在生产中的实际困难。⑤社会治安维护岗,义务巡逻60天。⑥村务公开监督岗,全程监督村务财务公开。⑦党风廉政建设岗,组织党员学习收看党风廉政建设有关内容4次,为党支部在群众中征求意见。⑧村民代表大会程序监督岗,全程监督村民代表大会召开程序和解决执行情况。⑨政策法律宣传岗,义务宣传政策法律8次。⑩公共设施维护岗,负责维护广场的健身体育设施。⑪结对致富岗,鑫鼎建筑材料公司负责安排10人就业。

此外,村里还成立由5名村民代表组成的党员设岗定责监督小组,负责监督在岗党员工作,每季度向党支部反映群众意见和党员工作完成情况。党员设岗定责工作年初部署,年中检查,年末总结,在深入听取群众意见的基础上确定考核等次,考核结果分为优秀、良好、一般、差四个等次,对考核结果优秀的给予表彰奖励,对考核结果差的进行批评教育。

通过开展设岗定责活动,给农村无职党员搭建了发挥先锋模范作用的平台。党员从无职无责到设岗定责,荣誉感迅速升华为责任感,他们用自己的实际行动诠释着党员的先进性。水稻种植科技示范岗的负责人由种植示范户马德占担任,负责全村的优良品种试种、推广和技术指导,并逐步推进水稻种植向绿色食品和无公害食品发展。粮食丰收了,马德占又开始千方百计地联系老客户帮助群众把水稻卖出去。马德占看到一车车的水稻运出村去,自豪感和使命感油然而生。现在,马德占购买了插秧机和收割机,生产效率提高了几十倍,成本明显降低,收入大幅提高。在马德占的带动下,全村购买了35台插秧机和8台收割机,全村将解放出的大量劳动力从事其他产业,又会创造一笔不小的收入。马德占看到一台台插秧机和收割机开进村里,脸上又露出了喜悦的笑容。渔业技术科技示范岗负责人由水产养殖示范户马喜双担任,负责全村养鱼户的技术指导,鱼苗、饲料、成品鱼销售等服务工作,协助村里建水产养殖小区。通过党员设岗定责活动，马喜双感慨地说："过去我认为我一个人养鱼挺好的，自己管自己的事，也没人和我竞争，但在我担任养鱼技术指导工作后，我发现联合起来养鱼大家都受益，集体批发饲料成本降低，而我把自己培育的鱼苗提供给养鱼户，不但节省了高额的运费，也避免了鱼苗运输途中大量死亡的危险。我在技术指导工作中感觉到我和群众已深深地融到了一起，我和群众一起富起来不仅是我的愿望，更是我——一名共产党员的责任。"拉塔湖村党支部在开展无职党员设岗定责活动中，让党员充分认识到自己在各项工作中应承担起为群众服务的职责，也使群众感到了在致富的道路上、在遭遇困难的时刻，党员是他们的依靠。

拉塔湖村开展的无职党员设岗定责活动，极大地提高了党员的凝聚力、向心力，使党支部如同一棵参天大树扎根于广大群众的心中。党员也通过这种活动，提高了工作能力，树立了党员威信，成为一支能打硬仗、能打胜仗的队伍。设岗定责活动密切了党员和群众的血肉联系。

3. 对新时期基层党组织职能定位的思考

拉塔湖村对新时期基层党组织职能定位的探索给予我们许多启迪。

（1）发挥基层党组织的政治职能。

农村基层党组织发挥政治职能，当前最重要的是引导基层群众政治参与。在市场经济条件下，人们经济自主权大大增加，社会生活呈现多元发展态势，农民群众政治参与的愿望随之增加，而基层民主政治的发展则为政治参与的实现提供了有利环境。但是，应当看到，人们政治参与的态度各不相同，有积极竞选者，有激进参与者，也有政治冷漠者。这表明，为了使政治参与在制度化、法制化的轨道内有序进行，基层党组织的积极引导非常必要。

（2）体现党的领导作用。

体现和发挥党的领导作用，这是基层党组织职能定位的必然要求。基层党组织的领导职能体现在：一是深化改革。农村改革的取向是市场化及以市场化为基础的工业化和城市化，这些工作必须依靠党组织来推动，领导农民通过改革走向富裕之路。二是组织农民发展合作。解决农民在市场竞争中的弱势地位，必须把广大农民群众以利益为纽带组织起来，帮助引导群众逐步从以个体劳动为主的小农经济转变为相互依存、分工合理、以劳动和资本共同创造财富的新型劳动方式。领导农民发展合作，不能搞包办代替、强迫命令，主要是通过动员、示范、维权等方式，激发农民群众的积极性和主动性。三是领导农民民主自治。要把握村民自治的领导权，充分发挥自治机制在处理村政事务、集体资产、村民利益等各方面的作用，通过自治依法维护村民的各项民主权利。

（3）发挥引导、协调、整合和维护各方合法权益的职能。

党的基层组织发挥作用的正确方法和途径是引导、协调、整合及维护各方合法权益，从而实现党的领导。关键是要充分挖掘和运用党组织的政治资源和优势，做农民群众的贴心人和带头人，切实维护好农民群众的合法权益。当利益主体发生冲突时，党组织要引导群众理性、依法维护自己的合法权益。

（4）发挥好服务群众、凝聚人心的职能。

作为党在农村的基层组织，要做到"上级党组织为下级党组织服务，党组织为党员服务，党组织和党员为群众服务"，就要充分利用党组织各种资源，切实为农民群众服务，做老百姓的贴心人，只有这样，才能体现党的价值、实现党的目标。要做好一切对群众有益的事情，在人民群众的利益表达方面发挥重要作用。

三 村党组织的自身建设

1. 发挥党组织和党员的先锋模范作用

从《拉塔湖村党组织和党员在新农村建设中应做到的具体要求》可以看出，村党组织在贯彻上级政策、服务群众、加强自身建设方面的坚强决心。

（1）对村两委会干部党员的具体要求。

①做顾全大局的表率。

认真贯彻执行上级方针政策，积极完成乡党委、政府布置的各项任务，自觉服从大局，妥善处理大局和小局、集体和个人之间的关系。

②做处事公正的表率。

严格依法照章办事，不搞宗教派性，不搞小团体，不搞亲疏，不搞暗箱操作，不拿原则做交易，做到一碗水端平、公开、公正、公平处事。

③做作风踏实的表率。

诚实、务实、踏实、真心诚意地为集体、为群众办实事、解难题，为本村发展和社会稳定出谋划策、尽心尽职。

④做服务群众的表率。

经常走访群众，主动听取他们的意见和建议，真心、真情、真诚关心群众的冷暖疾苦，做群众的知心朋友，自觉维护好、实现好、发展好群众的利益。

⑤做自身廉洁的表率。

以身作则，严格要求，自觉接受党员、群众的监督。做到不贪不占、不假公济私、不损公肥私。

（2）对农村无职党员的具体要求。

①带头联系群众。

宣传党在农村的各项方针政策，经常走访群众，掌握民情，反馈情况，发挥好桥梁纽带作用。

②带头勤劳致富。

增强发展意识，学习实用技能，提高创业致富本领，率先致富，带领群众共同致富。

③带头关心公益。

关心支持集体公益事业，主动帮助农村弱势群体解决生产生活困难，踊跃参加各项爱心活动，积极参与文明村建设。

④带头遵纪守法。

自觉遵守国家法律法规，遵守党的纪律，执行村级各项制度，正确

行使党员民主权利，自觉维护农村社会稳定，不搞宗族派性，不煽动、不组织、不支持、不参与群体性上访或越级上访活动。

⑤带头弘扬美德。

弘扬传统美德，遵守《公民道德纲要》，恪守社会公德、职业道德和家庭美德，尊老爱幼，与邻为善，诚实守信，崇尚科学，反对迷信，倡导文明新风。

（3）对老年党员的具体要求。

①保持思想常新。

重视加强学习，学习党的路线、方针和政策，树立新观念，吸收新知识，接受新事物，做到思想不落伍，行动不脱节。

②支持村里工作。

积极支持村里的各项工作，自觉维护村级班子的团结，对事关本村改革、发展、稳定的重大事项，能够积极建言献策。

③积极发挥余热。

充分利用自身优势，做好对年轻党员的"传、帮、带"工作，在对青少年进行爱国主义、集体主义和党的优良传统和作风教育中发挥余热。

④维护党员形象。

严于律己，保持晚节，用自己的模范言行引导、教育好子女，弘扬正气，保持本色，敢于同消极腐败现象和歪风邪气作斗争。

（4）对外出党员的具体要求。

①牢记党员身份。

增强党员意识，履行党员义务，严守组织纪律，参加组织生活，认真完成组织所分配的工作，不混同于普通群众，不做群众尾巴，在大是大非面前保持清醒的头脑。

②支持家乡发展。

关心和支持家乡经济发展，发挥自身优势，提供致富信息、技术支持和资金帮助。自觉帮困扶贫，奉献爱心，积极参与家乡公益事业建设。

③自觉遵纪守法。

遵守党纪国法，遵守当地的规章制度，开展诚实劳动，合法经营，为当地发展尽心尽力，自觉维护社会和谐稳定。

2. 加强党风廉政建设

拉塔湖村成立了党风廉政建设领导小组，党支部书记任组长，村委会主任任副组长，另有成员4人。领导小组主要从三方面开展本村党风廉政建设工作：一是通过学习培训，提高干部、党员政治理论素养。除坚持三会一课制度外，还定期举办党员干部培训班，集中收听收看党风廉政教育案例，组织党员到邻乡邻村学习廉政为民的经验和做法。二是规范党员干部行为，从源头上防治腐败。对村"两委"班子提出了"三不"要求，即送礼不收，吃请不到，违反政策的事不办，提高村干部的廉洁自律意识。三是监督党员干部正确行使权力。建立村级工程项目公开招标制度和监督制度，对工程项目实施的全过程进行监督和公开，防止村干部权力失控、决策失控和行为失控。如村里投资10.6万元安装自来水、投资18万元铺设油路和修建石砌边沟为村民办实事工程，就实行了以包工不包料形式对外发包，实行工程监管小组和材料采购小组具体负责制和村主要干部负总责任制。每个工程项目实施过程中村主要干部抓工程质量、材料质量，工程监管小组和材料采购小组的工作是协调处理施工过程中出现的新问题，工程竣工验收后，由两个小组分别在村民代表大会上通报，并在公开栏进行公开。根据课题组问卷调查，对"您认为您村的主要干部收入怎样"一题，回答结果如下：选择很高的有15人，占回答者的10.1%；选择较高的有18人，占12.1%；选择与村民差别不大的有74人，占49.7%；选择低于村民的水平的有1人，占0.7%；选择说不清的有39人，占26.5%。可见，村民并没有认为村主要干部收入太高，而认为与村民差别不大的占了近50%，认为很高和较高的总共才占22.2%。

根据上级党委、纪委要求，村"两委"班子于2008年和2009年底，分别开展了"述职述廉"和"勤廉双述双评"活动。村干部勤廉双述活动，是一些地方加强对村干部监督方面比较成功的做法。主要程序是：村党组织、村民委员会成员在有关会议上汇报自身履行职责情况和廉洁自律情况；参会的党员代表和村民代表针对汇报情况现场进行询问和质询，并开展民主测评；村干部对代表提出的问题现场答复，能解决的当场承诺，一时难以解决的要说明情况。通过组织村干部述职述廉和农民群众评职评廉，科学评价村"两委"班子及其成员履行职责和廉洁自律的情况，增强其廉洁自律的意识，提高履行职责的能力。"勤廉双述双评"会议由乡机关干部主持，指定专人记录。会议程序上也增设了述评双方的互动环节，并当场公布民主测评结果，这些都体现了对村党员干部的监督机制在不断完善，民主测评透明度进一步提高。根据课题组问卷调查，对"您认为您村的主要干部办事能力怎样"一题，回答结果如下：选择很高的有76人，占回答者的52%；选择较高的有30人，占20.41%；选择一般的有26人，占17.69%；选择较低的有1人，占0.68%；选择说不清的有14人，占9.52%。对"您认为您村的主要干部处理问题的公正性怎样"一题，回答结果如下：选择公正的有118人，占回答者的80.82%；选择有时不公正的有12人，占8.22%；选择不公正的有4人，占2.74%；选择说不清的有13人，占8.84%。对"您认为您村的主要干部威信怎样"一题，回答结果如下：选择有很高威信的有44人，占30.14%；选择有威信的有74人，50.68%；选择一般的有20人，占13.7%；选择威信不高的有1人，占0.68%；选择没有威信的有2人，占1.37%；选择说不清的有5人，占3.42%。从中可见，村民们对村主要干部在办事能力、公正性、威信等方面都给予了充分肯定，分别为72.41%（很高和较高）、80.82%和80.82%（威信很高和有威信）。

拉塔湖村还开展了廉政文化建设活动。一是廉政文化进家庭，向农户发放创建廉政文化倡议书、承诺书及"十劝歌"等宣传资料。二是开辟"廉政文化墙"、廉政文化专栏，在文化长廊和文化活动室内悬挂和张贴廉政知识和制度，宣传廉政文化。三是开展勤政廉勤村民评选活动。

图 8-2　2005 年投资修建的设施完备的新村部

每年的年初，村干部签订廉政承诺书和工作承诺书，年底接受党员和群众的评议。"干部行不行，交给群众评。"四是开展贴心便民工程活动，将村里有威信的老党员和老干部组织起来成立了"老年调解小组"，专门调解家庭邻里纠纷和家庭矛盾、儿童就学等问题。为了加强党支部的凝聚力、向心力，村制作了便民服务卡片 300 张，每家每户都有一张服务卡，村民一看服务卡就知道办事要找谁了，深受欢迎。通过组织一系列形式的廉政教育，使干部受教育，群众受触动，形成良好氛围。

第二节　村民自治组织

一　村民委员会的产生、发展及现状

1983 年，拉塔湖村在原有生产队基础上成立村民委员会，从 70 户村民中，每 4 户选出 1 名村民代表参加村民代表会议，选举出 5 名村委会成员，由马喜军任拉塔湖村第一届村委会主任（当时被称作村长代理）。

第八章 村落组织结构与治理模式

由于村民委员会是村民自治性组织，与上级政府并没有隶属关系，因此，村委会领导人不能由乡镇政府直接任命，村民委员会主任及成员必须由选举产生才具有合法性。拉塔湖村村民委员会选举主要经历了两个阶段：第一阶段是《村民委员会组织法》正式实施以前，村委会选举工作一般由乡镇和村党支部负责和领导，通常的做法是由村党支部通过走访群众提名候选人，征得乡镇党委和政府建议和意见，确定候选人和最终人选。这种选举不能算是真正意义上的民主选举，被认为是"指选"或"派选"。这种选举方式虽然民主程度不高，但已经从形式上突破了人民公社时期由上级直接任命村干部的传统模式，体现了基层民主政治的一大进步。第二阶段是从1998年《村民委员会组织法》正式颁布实施以来，村委会候选人由选民直接提名，并通过投票、发表治村演说等方式进行竞争选举。村民代表会议预选产生正式候选人，通过村民无记名投票，差额选举产生新一届村民委员会。2001年以来的几届村委会成员就是通过这种方式选举产生的。这种选举过程更加公开透明，体现了程序的规范化，其民主程度大为提高。

现任村委会班子产生于2010年3月，通过选举产生村委会主任马喜军、副主任付兴国、妇女主任杨桂芝。按照《黄家乡第十届村民委员会换届选举工作方案》中"村党支部书记、村民委员会主任'一肩挑'和村'两委'班子成员交叉任职比例要达到100%"的要求，拉塔湖村党支部书记、村委会主任由马喜军一人担任，党支部副书记和村委会副主任则由付兴国担任。另外，根据该《方案》规定，本届村委会委员中增加了两名少数民族青年，他们都是退伍军人。

根据课题组问卷调查，对"您是否参加了最近一次的村委会选举"一题，回答结果如下：选择参加了的有111人，占回答者的77.08%；选择没参加的有33人，占22.92%。至于没参加村委会选举的原因，不感兴趣的有4人，占回答者的2.78%，占没参加选举者的12.12%；不在家的有6人，占回答者的4.17%，占没参加选举者的18.18%；选择不知道的有 1 人，占回答者的 0.69%，占没参加选举者的 3.03%。从中可见，近 78% 的人参加了村委会选举，村民的参与率还是比较高的。而在没有参加选举的人中，除其他原因外，占最高比例的是因为"不在家"，而不感兴趣的只占回答者的 2.78%，占没参加选举者的 12.12%。

对"如果您参加了最近一次村民委员会选举，您是以什么形式参加的"一题，回答结果如下：选择到会举手的有 6 人，占回答者的 5%；选择到会画选票的有 74 人，占 61.16%；选择在家画选票的有 6 人，占 5%；选择在村民小组画选票的有 2 人，占 1.65%；选择在流动票箱投票的有 33 人，占 27.27%。也就是说有 107 人是通过到会投票和在流动票箱投票的方式参加选举的，占参加选举者的 88.43%，表明选举的程序也是比较规范的。

图 8-3　拉塔湖村第十届村委会换届选举大会现场

二　村民委员会的职能

《村民委员会组织法》规定，村民委员会的主要职能是办理本村的公共事务和公益事业，调解民间纠纷，协助维护社会治安，向人民政府反映村民的意见、要求并提出建议。同时协助乡镇政府开展工作，管理本村属于农民集体所有的土地和其他财产，支持和组织农民发展生产。拉塔湖村村民委员会设立人民调解、治安保卫、文教卫生、计划生育、社会福利、经济管理等工作岗位，由村委会成员分工负责。其职责如下。

1. 村民委员会职责

（1）组织村民发展生产，承担本村生产经营的服务和协调工作。

（2）编制并实施经村民代表会议通过的本村建设规划，整顿村容村貌，改善人居环境，办理本村的公共事务和公益事业。

（3）依法管理本村集体所有的土地和其他财产，教育村民爱护公共财物，合理开发和利用自然资源，保护和改善生态环境。

（4）宣传法律、法规和国家政策，教育和推动村民依法履行应尽的义务，维护村民的合法权益。

（5）调解民间纠纷，促进村民团结和家庭和睦，协助维护生产、生活和社会秩序。

（6）发展文化教育，普及科技知识，教育村民尊老爱幼，尊重妇女，拥军优属，扶贫帮困，移风易俗，树立社会主义新风尚。

（7）组织村民参加抢险救灾活动。

（8）向村民代表会议负责并报告工作，执行代表会议决议决定。

（9）接受上级政府指导，协助上级政府开展工作，向上级政府反映村民的意见、要求和提出建议。

2. 人民调解岗位职责

（1）制订本村民事调解年度工作计划。

（2）结合本村实际开展普法活动和道德风尚教育，定期组织村民组长和骨干学习民事调解等方面知识，增强村民守法的自觉性和骨干的依法理事能力。

（3）在村民中开展学法、知法、用法等普法活动，提高村民法制观念，严格按照法律、法规办事；做好村民思想教育工作，预防、调解和处理本村村民在集体和个人生活中产生的矛盾和纠纷，维护、促进村民之间的团结和安定。

（4）及时调解民事纠纷，做好纠纷预防工作，把矛盾激化苗头消灭在萌芽状态；调解率和成功率分别达到100%和95%以上，充分发挥好人民调解第一道防线的职能作用。

（5）建立业务档案，做好纠纷和调解记录、登记和统计工作。

3. 治安保卫岗位职责

（1）制定本村治安保卫工作安全措施和年度工作计划。

（2）加强治安防范工作，落实各项安全措施。维护社会治安，保证本村公共设施和村民生命财产的安全。

（3）教育村民遵守社会公德，遵纪守法，维护正常的生产、生活秩序；组织村民做好防火、防盗、防灾工作，协助公安部门搞好治安联防，及时制止违法犯罪活动，打击刑事犯罪分子，消除社会丑恶现象。

（4）发现重大案情及疑难纠纷，及时向公安、司法部门报告，主动协助破案，确保社会稳定。

（5）抓好《村规民约》的贯彻实施，规劝、制止违约行为，加强对外来流动人口的管理。

（6）建立业务档案，做好案情和防范记录、登记和统计工作。

4. 文教卫生岗位职责

（1）制定本村文教卫生发展规划和年度工作计划。

（2）认真贯彻执行《义务教育法》，开展捐资助学活动，确保九年义务教育普及率100%。

（3）抓好文化、科技知识教育，办好各类农民职业技术培训，不断提高村民的文化科技素质。

（4）开展群众喜闻乐见的文娱体育和全民健身活动，禁止传播黄色淫秽录像及书报杂志。

（5）开展爱国卫生运动，抓好卫生防疫宣传教育，组织消灭"四害"活动。

（6）抓好妇幼卫生保健工作。

（7）搞好村屯建设规划，加强村容村貌建设，治理整顿环境卫生，抓好环境保护工作。

5. 计划生育岗位职责

（1）制定本村计划生育工作发展规划和年度工作计划。

（2）大力宣传计划生育工作方针、政策及各级政府的有关规定，积极对村民进行计划生育"系统化"教育。

（3）建立完善计划生育工作网络，坚持会议和防范制度，把"三无"工作落到实处，加强对流动人口的控制和管理。

（4）建立计划生育有关账卡，做好计划生育各项指标统计，按时向上级汇报。

（5）加强对"文化中心户"的指导和辅导员培训工作，并达到"五有"。

（6）加强孕前型管理，做好育龄妇女的避孕指导和药具管理发放工作。

6. 社会福利岗位职责

（1）制定本村社会保障、社会福利、公共公益事业发展规划和年度工作计划。

（2）广泛宣传并积极为村民办理养老、医疗、工伤、家财等各类保险和各项生活补贴等事宜。

（3）开展拥军优属活动，完成征兵任务，开发使用军地两用人才，妥善安排好军烈属和伤残、复退军人生产、生活，落实各项优抚政策。

（4）做好救灾、救济、扶贫帮困工作，落实"五保户"供养政策，办好社会福利事业，保障老年人、妇女、儿童和残疾人的合法权益。

(5) 发挥"红白理事会"作用,积极倡导村民喜事新办,丧事简办,移风易俗,破除封建迷信,开创喜丧事改革新局面。

7. 经济管理岗位职责

(1) 制定本村第一、第二、第三产业发展规划和年度工作计划。

(2) 充分发挥生产服务、协调管理、资源开发、集体资产积累与管理职能,监督指导财务统计、环境保护等生产经营活动。

(3) 健全完善各种承包合同调控管理机制,巩固壮大集体经济,保证村级可支配财力稳步增长。

(4) 建立健全农业生产系列化综合服务体系,努力为村民提供产前、产中、产后服务。

(5) 招聘、引进人才开发新产品,积极推广应用科技新项目,加强各类技术人员培训。

(6) 积极招商引资,大力发展民营经济,带动本村经济发展。

从拉塔湖村村委会的岗位设置和职能可以看出,随着农村公共事务的增多,村委会公共职能在不断扩展,逐渐从直接参与生产经营、管理向治理公益事业转变,由传统的管理型组织向服务型组织转型。村委会的职能和宗旨就是针对村民生产生活中的需求,立足本村实际,为村民提供各方面的公共服务。

课题组问卷调查显示,对"您认为当前您村最亟须解决的大事是什么"一题,回答结果如下:选择选举村支部书记的有3人,占2.08%;决定土地承包办法的有13人,占9.03%;选择划拨宅基地的有1人,占0.69%;选择普及计划生育的有1人,占0.69%;选择村务公开的有2人,占1.39%;选择维护社会治安的有2人,占1.39%;选择加强学校教育的有17人,占11.81%;选择发展村办企业的有10人,占6.94%;选择加强农村基础设施的有78人,占54.17%;选择完善社会福利的有14人,占9.72%;选择环境保护的有3人,占2.08%。可见,村委会的职能设置与村民的实际需求是相符合的。

第八章 村落组织结构与治理模式

村委会副主任付兴国自2001年通过选举上任以来，连续三届被村民选为村委会主任，2010年"一肩挑"就任党支部副书记和村委会副主任。近十年来，付兴国兢兢业业，对村委会主任的工作从陌生到熟悉，积累了大量基层工作的实际经验。据付主任介绍，除了各方面的日常工作以外，他目前的核心工作主要集中在社会福利方面，即帮助生活困难的家庭向上级民政部门申报低保等福利待遇，村里每年对每家困难户也要拿出300~500元的补助，保障其基本生活。而生产生活用车难问题也是村主任心中的一件大事。

2004年，根据新农村建设"合村并镇"的要求，拉塔湖村与黄岗子村合并。合并前的黄岗子村经济状况在全乡倒数第一，村里更欠下80万元外债。据黄岗子村第七届村委会主任刘波介绍，当时税费改革还没有在该村实行，村民每年还要按时上缴农业税，也没有做到村务公开，村民们对村干部缺乏信任，干群关系很不融洽。而当时的拉塔湖村则开始走上村民自治的民主之路，村民经济收入、生活水平在乡里名列前茅。最后，在"土地不打乱、债务不平摊、资金不平调"的管理制度下，拉塔湖村"两委"班子还是同意了与黄岗子村的合并。合并后，刘波任第八届村党支部副书记，至今仍任村"两委"委员。六年来，在拉塔湖村"两委"班子的领导下，黄岗子村在环境整治、基础设施改造等方面有较大改善，尤其是将2900米的土路改铺为砂石路，解决了村民雨天出行的实际困难。但在调查中，我们发现，黄岗村村民的政治参与意识较拉塔湖村村民相对薄弱，对于村务、财务公开的关注度较低，甚至有一些村民认为这些与己无关。

拉塔湖村全称为黄家乡拉塔湖锡伯族村，锡伯族、满族、朝鲜族等少数民族人口占全村人口总数的67%，是一个典型的少数民族聚居村。因此，民族工作也是拉塔湖村村委会日常工作中的重要内容。2006年拉塔湖村民族工作开始启动，成立了村民族协会，会长付兴国，共有成员12人。

图 8-4　拉塔湖村"两委"班子成员在研究工作

8. 民族协会工作职责

（1）开展争创民族团结村活动，营造民族团结、稳定、和谐、进步、繁荣的新村氛围。

（2）组织有特长的少数民族村民，建立村少数民族服务队，尽其所能，面向村各民族成员提供不同需求的多层次、全方位的优质服务。

（3）建立少数民族志愿者队伍，为农村净化、绿化、美化等开展经常性活动。

（4）加强未成年人思想道德建设，开展"宣讲民族常识和光荣历史"和"争做民族团结小公民"等活动，形成"人人关心孩子，民族团结从儿童做起"的社会环境。

（5）代表少数民族在基层政权建设中参加民主管理和民主监督并发挥其作用。

另外，村里还成立了以马喜军为组长、付兴国为副组长、"两委"委员为成员的民族工作领导小组，小组依据《民族工作条例》领导拉塔湖村民族工作的方方面面，对促进民族经济、文化等事业的发展，保障少数民族的权益，增强民族团结起到了重要作用。每季度召开一次村民族工作会议，由"两委"班子成员、村民族协会成员和部分少数民族村民代表参加。

9. 拉塔湖村民族工作委员的职责

（1）宣传贯彻党的民族政策、法令、法规，学习有关民族理论、民族知识，教育村内各民族群众团结互助、共同繁荣。

（2）把民族工作切实纳入村工作重要议事日程，认真落实上级有关部门和村内民族工作任务，及时解决民族工作中出现的问题。

（3）准确和及时掌握村少数民族和外来少数民族流动人口的基本情况和需求，尊重少数民族风俗习惯，维护少数民族合法权益。

（4）执行村委会决定，办理各项民族事务，及时协调和反映村少数民族居民意见、要求和建议，为少数民族办好事、办实事。

（5）认真落实村民族协会章程和工作职责。

三 妇代会与妇女工作

在省、市、区妇联的关心、指导和帮助下，拉塔湖村妇代会认真贯彻执行各级妇联工作会议精神，紧紧围绕构建"和谐沈北"这一工作主题，以建设社会主义民族新村为目标，以大力创建"巾帼示范村"为载体，注重发挥妇女组织的突出作用，团结和带领广大妇女，积极进取、扎实推进，全村经济及各项事业得到了稳步的发展，经济实力显著增强，农民人均收入稳步提高，呈现出经济繁荣、生活富足、环境怡人、和睦稳定的良好局面，有力地推动了社会主义新农村建设进程。2005年获得区"零家庭暴力示范村"、2006年获得区"三八红旗集体"等荣誉称号。

在创建"巾帼示范村"活动中，拉塔湖村妇代会注重"三个结合"。

1. 把创建"巾帼示范村"活动与发展经济、环境建设工作相结合

（1）选准各项活动载体，努力实现广大妇女增收共富。

为加快新农村建设步伐，着力把拉塔湖村打造成为在省内乃至全国具有影响力的示范村，拉塔湖村专门邀请沈阳建筑大学编制了《沈阳市沈北新区黄家锡伯族乡拉塔湖村村庄整治规划与行动计划》。按照《规划》所提出的目标，妇代会充分发挥妇女组织作用，以"双学双比"活动为切入点，选准载体，实现广大妇女增收共富。一是开展科技培训活动。为让全村妇女能够掌握科学实用的劳动技能，村里举办了多期实用技术培训班。其中，专门聘请了沈阳农业大学的专家教授，就稻田养种植、家禽养殖、水产养殖等方面为养殖、种植大户提供高科技含量的技术培训，把课堂搬到鱼塘、水田地，专家现场讲解，培训率达100%；多次组织妇女致富能手到法库县、盘锦市参观养殖、稻田养蟹等典型基地，学习外地的成功经验。通过技术培训、参观学习等方式，广大妇女的技能水平明显提高，都能掌握一门实用技术。二是开展"树典型、共致富"活动。拉塔湖村四面环水，可利用养殖水面达1000亩，并已开发建成养鱼池300亩，其中村民佟秀红从1988年开始水产养殖，一跃成为村里的富裕户，村党支部抓住这个典型，积极扶持、引导和宣传。在她的示范带动和帮助下，另有四家群众也加入到了养鱼的行列中，年人均增收达3000多元。以朝鲜族妇女郑英淑等为典型，大力发展水稻种植业。拉塔湖村地处辽河滩地，土地肥沃，灌溉条件便利，而在这里居住的朝鲜族妇女具有多年的水稻种植传统，经验与技术都趋于成熟。妇代会充分发挥其优势，组织妇女互帮互助，迅速带动起全村的水稻生产。经过水稻品种的不断更新换代和先进种植技术的不断引进推广，全村万亩耕地全部种植了水稻，人均稻田面积达15亩，初步形成了集约化生产经营。该村还组织养殖珍珠鸡的郭荣华、稻田养殖的夏艳芳、村办企业鑫鼎新型建筑材料厂的张秀云三个致富典型传授经验，推广技术，极大调动了村民的参与积极性和致富热情。目前，妇女已成为种植、养殖业的主力军，极大地推动了全村经济的发展，涌现出年收入5万元以上的妇女致富大户36户，年收入10万元以上的6户，科技示范户65户，设立巾帼示范岗3个。全村年人均收入可达万元，居全乡榜首，也远超全区人均收入水平。

（2）组织妇女积极参与环境整治，着力打造生态新村。

为了使广大村民能够拥有一个整洁卫生、优美和谐的村屯环境，拉塔湖村下大力气对村屯整体环境进行了集中整治改造。2006年以来，开展了以"四清六改"为主要内容的村容村貌大型整治行动，全村妇女在环境整治中发挥了不可替代的作用。首先，由村妇代会为核心，以五个村小组为单位，每个小组选出3~5名能力较强、素质较高的妇女，成立了"巾帼志愿者服务队"，21名成员经过培训后，逐户进行讲解宣传，并发放《致广大村民的一封信》300余份，使村民正确理解整治的目的和意义，主动积极地投身到环境整治中去。其次，开展了建设一条"巾帼生态路"、一片"巾帼景观林"、"绿色家庭"等一系列活动，组织妇女在景观路边及自家房前屋后植树栽花，并在村南建成一片面积10亩的"巾帼林"。2006~2007年，全村植树3.2万株，栽花2万株，其中，妇女植树2.1万株，栽花1.6万株。再次，"巾帼志愿者服务队"划分成五组，义务负责村内环境卫生的管理和监督，对村内广场、图书馆等公共场所进行管理，保证这些基础设施能为群众提供更便利的服务；对村内树木加强养护，定期检查，保证成活率；对村内柴垛、路边沟、村民房前屋后卫生情况进行监督，加强卫生方面知识宣传，倡导良好生活习惯，纠正不良现象，教育村民养成爱村如爱家的良好品德。在服务队的建议下，还建成一处村外垃圾排放场，使以往附属房乱建、柴草乱堆、垃圾乱倒、畜禽乱跑、污水乱流的"五乱"现象得到有效治理。目前，已完成了1304米黑色路面硬化铺设工程，村内所有村路均实施了硬化；实现了庭院绿化，村容村貌得到美化。形成全村四旁植树（村旁、宅旁、路旁、水旁）、庭院种花的生态格局，村内呈现五步一林、十步一景的生态景观，村屯面貌焕然一新，生产和生活环境极大改善。

2. 把创建"巾帼示范村"活动与加强农村基层妇女组织建设工作相结合

（1）建章立制，为创建"巾帼示范村"活动提供组织保障。

在2010年村级组织换届工作中，拉塔湖村本着优中选优的原则，选举产生了新一届妇女代表大会领导会班子。现任妇女主任杨桂芝和两名委员都是村里的致富大户、技术能手，群众信任，能力出众。成立了创建"巾帼示范村"工作领导小组，组长由村支部书记担任，副组长由村支部副书记、妇女主任担任，成员由村两委及妇代会委员组成，明确了分工，责成专人负责创建活动的具体工作；建立和完善妇女群众代表参政议政、妇女工作例会等制度，重视和发挥广大妇女的智慧和力量。同时，成立了稻田种植、水产养殖两个协会，由妇女致富带头人担任骨干，主要解决在产供销方面存在的困难，方便农户，惠及村民。

（2）摸清底数，提高创建"巾帼示范村"活动的针对性和有效性。

根据"创建"工作领导小组统一部署，拉塔湖村组织人力，对全村妇女逐户进行了重新登记造册，从人口数量、经济收入、从业情况等方面进行详细登记，形成了底数清、情况明的档案资料，为开展工作奠定良好基础。坚持定期工作会议制度，2006年以来，村两委班子每季度至少召开两次会议，专题研究和部署妇女工作，及时处理涉及妇女切身利益方面的新情况、新问题，并采取邀请妇女代表和群众参加会议、走家串户进行谈心等方式，了解妇女的呼声和愿望，积极维护她们的合法权益，着力解决她们生产、生活中的实际问题。对生活确有困难的妇女群众，采取"一帮一"或"二帮一"的形式，由村领导班子和妇代会成员帮扶，确保一年实现脱贫，二年达到全村中等水平，三年无贫困户的目标。到目前，共为妇女解决实际问题10件次，得到普遍好评。

（3）发扬民主，营造创建"巾帼示范村"活动和谐民主的良好氛围。

注重发挥妇女代表和妇女群众参政议政、民主决策作用。全村35名代表中，妇女代表12名，占代表总数的34.3%。近年来，拉塔湖村坚持做到凡是村内涉及土地等方面的重大决策，在召开村民代表大会之前，特别邀请一些妇女代表和妇女群众参加两委会议，征求她们的意见，听取她们的建议，并邀请和接受她们监督执行和落实决策的全过程，从而既调动了广大妇女爱护家乡、建设家乡的积极性，增进了交流与团结，也进一步激发了她们参与和投身到全村发展的热情。2006年，在召开专题民主生活会上，该村特邀了近二十名妇女代表和妇女群众，就村屯环境、发展党员、种植结构等方面工作征求意见和建议，与会妇女提出五条建议，有三条被采纳，并在当年的工作中得到落实，广大妇女感到非常满意。

3. 把创建"巾帼示范村"活动与提高妇女文化素质、丰富业余文化生活相结合

（1）大力营造和谐文明氛围。

村妇代会配合村党支部和村委会，利用广播、专栏、标语、组织学习、专家授课、发放宣传单等方式，并借助已建成的集远程教育、电脑网络、千余册书籍为一体的现代化图书室，大力宣传党的政策、法律法规及科技文化知识，多元化的措施使宣传教育开展得生动活泼，富于吸引力和感染力，不仅受到广大妇女的欢迎，也使她们受教育，提高素质。同时，成立村红白理事会，道德评议理事会，引导村民崇尚科学、尊老爱幼、移风易俗、遵纪守法，全村无一例家庭暴力和赌博事件。通过深入开展"四好三新"教育、"十星级文明户"评比、"平安家庭"创建、妇代会联合驻村民警送法律到家庭等活动，收效明显。其中，全村评选"十星级文明户"参与率达100%，90%以上的农户达到"十星"标准。全村自2005年以来未发生一起治安案件，近十年来未发生一起刑事案件，连年被沈北新区评为"平安村"。同时，也涌现出很多孝敬老人、教子有方的事例。如村里的曹戴梅20年如一日照顾患病的公婆，成为拉塔

湖村的佳话；又如杨纯芳老两口在小儿子当兵和复员后的十几年里，数百个"廉政电话"和数百封"廉政家书"的故事，让人敬佩与感动等等。

（2）组织开展系列民族文化活动。

村里结合锡伯族传统特色文化丰富多彩、源远流长的特点，开展了丰富多彩、群众喜闻乐见的各种民族文化活动，调动了广大妇女的参与热情。每逢农历四月十八西迁节等民族传统节日，村委会都积极组织开展具有浓郁民族特色的搓嘎拉哈比赛、广场晚会、民族知识竞赛等文体活动以及与发达少数民族村联谊，既丰富了广大妇女业余生活，又营造了全村各族群众和睦团结、互助友爱、积极向上的良好氛围。

图 8-5　锡伯族村民庆祝"西迁节"

（3）结合文明家庭、绿色家庭创建，积极开展廉洁家庭创建活动。

通过一系列的活动的开展，该村涌现了绿色家庭杨桂芝和廉洁家庭杨纯芳等典型，杨桂芝绿色家庭的事迹和杨纯芳老人教育子女廉洁自律的事迹分别被沈阳电视台、《沈阳晚报》、《沈阳日报》、省级刊物《党风月报》、《辽宁农民报》、辽宁广播电台等多家媒体报道。

四 拉塔湖农机专业合作社

农民专业合作社是在农村家庭承包经营基础上,同类农产品的生产经营者或者同类生产经营服务的提供者、利用者,自愿联合、民主管理的互助性实体型经济组织。近年来,我国各类农民合作经济组织发展很快,并呈现多样性,如农民专业技术协会、农产品合作社、农产品行业协会等,这些组织在提高农业生产的组织化程度、推进农业产业化经营和增加农民收入等方面发挥了积极的作用。这些组织在组织形式、运行机制、发展模式以及服务内容和服务方式上具有不同特点,有的已有相关法律和行政法规予以规范。

1. 农民专业合作社具有的特点

(1) 农民专业合作社建立在农村家庭承包经营基础之上。

农民专业合作社区别于农村集体经济组织,是以依法享有农村土地承包经营权的农村集体经济组织成员,即以农民为主体,自愿组织起来的新型合作社。加入农民专业合作社不改变家庭承包经营。

(2) 农民专业合作社是专业的经济组织。

农民专业合作社以同类农产品的生产或者同类农业生产经营服务为纽带,来实现成员共同的经济目的,其经营服务的内容具有很强的专业性。

(3) 农民专业合作社是自愿和民主的经济组织。

任何单位和个人不得违背农民意愿,强迫他们成立或参加农民专业合作社;同时,农民专业合作社的各位成员在组织内部地位平等,并实行民主管理,在运行过程中应当始终体现"民办、民有、民管、民受益"的精神。

(4) 农民专业合作社是具有互助性质的经济组织。

农民专业合作社是以成员自我服务为目的而成立的,参加农民专业

231

合作社的成员，都是从事同类农产品生产、经营或提供同类服务的农业生产经营者，目的是通过合作互助提高规模效益，完成单个农民办不了、办不好、办了不合算的事。这种互助性特点，决定了它以成员为主要服务对象，决定了"对成员服务不以营利为目的"的经营原则。

"沈阳市沈北新区拉塔湖农机专业合作社"成立于2009年1月14日，由马喜军任理事长，成员有：任家海、王明辉、曾凡兴、杨占山、刘盛。合作社主要为村民提供水稻育苗、插秧、收割机械化服务，组织跨区作业，并逐步向外乡镇、外省市拓展业务。目前合作社拥有大型插秧机18台、水稻联合收割机12台、大型拖拉机16台。农机专业合作社成立以来，不但做到了节省土地用工、提高水稻亩产量和增加外出作业创收，而且实现了水稻种植从催芽到收割的全程机械化，使拉塔湖村成为沈阳市农机专业村之一。然而，农机专业合作社的发展还处于起步阶段，在管理和技术上仍存在较大的提升空间，加上近年来冬季雨雪增多，机械损耗较大，如何在适当提供作业费与帮助村民增产增收之间寻求一个平衡点是接下来合作社要思考的最主要问题。

2. 农民专业合作社在发展中存在的问题

（1）发展规模小。

目前农民专业合作社仍处于起步阶段，主要表现为合作社成员较少，生产经营规模不大，市场竞争能力和带动能力不强，同其他市场主体相比没有竞争优势，在农产品销售、生产资料购进、新品种和新技术的引进推广应用、标准化生产、提高成员素质、培育和打造品牌等方面还存在许多问题，仍需要不断做大做强。

（2）缺乏高素质经营管理人才。

由于进城务工的青壮年农民较多，造成文化程度较高、懂技术会管理的人才流失现象较为严重。农民专业合作社的牵头人和成员一般是本地的能人或专业户，从事农业生产和服务经验丰富，但缺乏全面的经营管理水平和市场开拓能力，难以适应社会化大生产的需要。这些制约了农民专业合作社的健康发展。

（3）内部联系松散。

农民专业合作社尚处在初级阶段，合作社成员之间的联系不紧密，合作意识不强，有利则合，无利则散，没有真正结成"利益共享、风险共担"的共同体。同时，"订单农业"由于受市场价格变化和企业、农户诚信程度的影响，也存在兑现难的风险。

（4）市场信息闭塞。

农民专业合作社进入市场的组织化程度较低，尤其表现在市场信息缺乏、品牌意识不强等方面，增加了开拓市场的难度，致使合作社的合作效益不高，难以获得突破。

（5）发展环境还需要改善。

一方面，缺乏信贷资金。农民专业合作社的发展离不开资金，由于金融机构对农民专业合作社认识不到位，提供的信贷资金金额有限，不能满足农民专业合作社的发展需要，制约和影响了农民专业合作社的发展。另一方面，各级政府财政资金扶持力度不够。农民专业合作社作为一种弱势市场主体，在发展的初期阶段，各级政府应加大财政资金的扶持力度。目前各级政府对农民专业合作社扶持财政资金额度偏小，不利于引导和鼓励农民专业合作社的进一步发展。

3. 促进农民专业合作社发展的对策

（1）扩大规模，增强市场竞争力。

不断提高自身经营管理水平和市场开拓能力，提高市场竞争力，增强适应和驾驭市场经济的能力；农民专业合作社要不断增强为成员服务的能力，增强吸引力和凝聚力；要积极培育品牌，不断提高在社会上的知名度和认同感，把农民专业合作社发展壮大。

（2）稳定联结机制。

在发展"订单农业"的同时，明确产销双方的权益和责任，规范各自的行为，逐步实现规范化、制度化。鼓励和提倡合作社通过建立风险

保障机制，设立风险基金、保护价收购等方式与农户建立更紧密的利益联结关系。

（3）积极开拓市场。

立足市场需求和优势资源，研究农产品供求关系的变化规律，加快适销对路的农产品开发。鼓励有条件的专业合作社到外地建立生产基地，拓宽原料来源渠道。同时加大市场营销和推广力度，充分参与市场竞争。

（4）加大扶持力度。

从政策、资金、技术等方面支持农民专业合作社。保证农民专业合作社享受国家规定的对农业生产、加工、流通、服务等活动的税收优惠；涉农金融部门应给予充分重视，加强信贷支持帮助解决资金不足的问题；要对农民专业合作社的主要负责人进行培训，切实提高合作社的经营管理水平和带动成员提高增收致富的本领，增强发展后劲；充分发挥辅导员队伍作用，为农民专业合作社提供优质高效服务和技术支持。

第三节 村务管理与村务公开

一 村庄管理制度建设

拉塔湖村支"两委"管理村庄公共事务的主要依据有两方面：一方面是国家法律、党的方针、政策，上级政府的文件和指示；另一方面是村庄内部的章程、制度和规定等。

1. 拉塔湖村的规章制度

拉塔湖村的规章制度分为两类：一类是村规民约，另一类是村务管理的各项专门制度。

村规民约规定了村民的权利和义务，指导村民的行为，对全体村民具有普遍的指导意义。拉塔湖村村规民约包括以下内容。

（1）热爱祖国、热爱党、热爱社会主义、热爱集体、热爱劳动；

（2）履行公民义务，依法完成纳税、服兵役、义务教育；

（3）学法、遵纪守法、维护社会公共秩序、遵守本村的规章制度；

（4）爱护公物、爱护集体财产、保护自然资源和环境；

（5）尊重和赡养老人，维护妇女、儿童合法权益，家庭和睦、邻里团结，互助互谅，教育子女，争当五好家庭；

（6）讲文明、讲礼貌、遵守社会公德、保持公共环境卫生整洁；

（7）努力学习文化科技知识、移风易俗、树立好的村风民风、提倡婚事新办、丧事简办、反对铺张浪费、反对封建迷信活动；

（8）执行基本国策、搞好优生优育、计划生育；

（9）积极参加健康有益的文化体育活动、积极参加各种社会公益活动；

（10）提高警惕、加强防范、自觉维护社会治安、不吸毒、不看淫秽书刊和录像、不赌博、不打架、不斗殴。

短短数百字包涵了村庄公共事务的各个方面，为村民"自我管理、自我教育、自我服务"的自治活动提供了总的依据。

拉塔湖村按照《村民委员会组织法》的规定，本着合法、民主、平等、实用的原则，结合该村的实际情况，制定和执行以"一章程两规则三制度"为核心内容的规章制度，即《村民自治章程》、《村民代表会议议事规则》、《村民委员会会议议事规则》、《村务公开制度》、《村财务制度》和《民主评议村干部制度》，实现了村里各项工作都有法可依、有章可循。另外，还有村委会自身建设制度、村民代表联系户制度、村干部激励约束制度、村干部任期届满或离任审计制度、两委联席会议制度、重要村务实行党支部书记与村委会主任双签字制度、财务审计监督制度、三年任期工作目标制等。这些严明详细的制度，为处理各项村务提供了制度保障。村干部和村民共同遵照这些制度规则办事，村干部行使权利和义务，村民监督干部，使村务管理不断规范化、民主化。民主管理村务是建设社会主义现代化新农村的必然要求。该村从建章立制入手，强化民主管理，实行村务公开，主动接受群众监督，使决策水平明显提高，各项村务顺利开展。

2. 拉塔湖村加强制度建设的主要经验

拉塔湖村加强农村制度建设的经验表现在以下几方面。

（1）坚持的原则。

一是依法建制原则。制定各项制度都要符合宪法和国家法律、法规以及党的方针政策，做到建章有据，不搞"土政策"。二是群众参与原则。制定制度必须走群众路线，让群众参与，充分听取广大群众的意见和建议，让农民群众当规章制度的"第一起草人"，使制度真正体现民情，充分反映民意，广泛集中民智，保护群众权益。三是综合配套原则。做到既有工作制度、管理制度，又有监督、考核、激励制度。四是实用实效原则。制定制度要从实际出发，删繁就简，讲求实效，力戒形式主义，要增强针对性和可操作性，绝不可照抄照搬。

（2）坚持突出重点。

从农村制度建设的内容上看，当前要突出抓好民主选举、民主议事、民主决策、民主管理、民主监督和政务公开、财务公开等"五民主、两公开"制度建设；从农村制度建设的层次上看，要坚持乡村共建，重点在村级；从农村制度约束对象上看，要坚持双向约束，重点约束村干部。

（3）坚持统筹兼顾，整体推进，抓好四个结合。

一是民主自治与加强领导相结合。村民自治要充分发扬民主，体现人民群众当家作主的主人翁地位。但一定要在乡镇党委和村党支部的领导下，实现自我管理、自我教育、自我服务。二是制度约束与思想政治工作相结合。制度约束是必要的，但不是万能的。既要强化制度的约束力，通过制度规范干部群众的行为，又要做好经常性的思想政治工作，提高干部群众执行制度的自觉性。三是制度建设与发展经济相结合。农村制度建设必须牢固树立发展是硬道理的思想，立足于为经济建设服务，着眼于解放和发展农村生产力，解决好农村经济发展中的难点问题，为

发展农村市场经济提供制度保证。四是制度建设与班子建设相结合。班子建设是制度建设的前提，没有好的班子就不会制定出好的制度，而好的班子也需要健全的制度来规范约束。要通过建立健全民主评议干部制度，组织党员群众对领导干部进行评议，把干部置于群众的监督之下，不断强化群众对干部的监督力度，确保干部按章办事，带头遵守各项制度。

（4）依靠乡党委和政府的正确领导。

乡党委和政府非常重视加强农村制度建设，将其作为深化农村经济体制改革和政治体制改革、实现依法治国的重要内容。一是组织得力干部深入到村进行具体的帮助和指导，实行乡镇领导负责制；二是分类指导，典型示范，不搞一个模式，不搞一刀切；三是加强监督检查，抓好制度落实，有关部门深入基层，督促落实；四是建立考核激励约束机制，把考核结果与农村干部的工资待遇、奖惩结合起来，与农村评优树先活动结合起来。这些工作对于促进拉塔湖村的制度建设发挥了重要作用。

二　民主决策

公共决策是公共权力运用的集中体现，村务决策则是村务管理中的重要环节。村务决策是否体现民主，包括了决策的方式和村民的政治参与程度。

1. 拉塔湖村村务决策的方式

拉塔湖村村务决策的方式可分为以下几种：第一，一般性日常村务，由村支"两委"主要权力核心商议、讨论决策。而在这种几人组成的权力核心中，村支部书记和村委会主任显然是决策的主导者。第二，重要村务，召开支委会和村委会集体讨论决定，必要时通过村民代表会议决策。拉塔湖村2004年开始实行村民代表会议制度，每届"村支两委"换届的同时，选举产生村民代表，每5户产生1名村民代表，目前全村共有村民代表40名，拉塔湖村和黄岗村各20名。诸如机动地发包、村级项目工程招标、工人招标、外来人口落户、社会福利发放等重要事务通常召开党员代表会议和村民代表会议，采取一事一议的方式做出决策。第三，特别重大村务，召开村民大会，由全体村民投票进行决策。如土地调整、动迁等关系到全体村民利益的重大事件，要听取全体村民的意见。

拉塔湖村作为沈北新区制度试点村，从2010年初开始，建立了"四议一审两公开"制度。所谓"四议一审两公开"制度，就是凡涉及村里发展的重大问题和村民利益的重大事项，都要按照"四议"、"一审"、"两公开"的程序进行决策和实施。"四议"，即党组织提议，"两委"会商议，党员大会审议，村民代表会议或村民会议决议；"一审"，即乡镇党委、政府审核；"两公开"，即实施决议公开，实施结果公开。在村集体的土地承包、新生儿土地的资金补偿、生态村建设动用村集体资金和村民切身利益相关的事项，都经过了村两委班子商议和村民代表大会决议的程序。5月下旬，该村凡是有重大事项的，严格按照"四议一审两公开"制度程序办理。目前，正在办理的事项是在全村设置一户一个移动式垃圾箱，共牵涉资金3.2万元，党支部于2010年5月22日进行了提议，2010年5月25日提交到两委班子进行商议，于2010年5月30日召开了党员大会（应到会党员32人，实到会党员28人）进行了审议（一致同意），最后，于2010年6月6日召开了村民代表大会决议，决议的结果为一致同意。决议的结果在村部的宣传栏进行公布，并对垃圾箱的摆放、资金使用等情况进行公示。

由此可见，拉塔湖村民主决策的机制较为健全。

2. 村民的政治参与

在调查中我们发现，随着村民自治的不断发展和完善，村民的政治参与能力和水平有了较大提高，制度化参与成为一种常态。在拉塔湖村，很少有行贿、越级上访、报复村干部甚至暴力攻击村干部和执法人员等现象。但从总体来看，村民的政治参与还处于一种不够成熟、制度化不

第八章 村落组织结构与治理模式 ○ 中国百村调查丛书·拉塔湖村

图 8-5 拉塔湖村召开村民代表征求意见座谈会

高的过渡状态，与我国民主政治发展的目标要求尚有差距。比如，农民的政治参与意识尚显不足。有些农民对自己的公民身份和政治参与的概念不甚了解，在深层观念中缺乏政治参与的动机和要求，也没有认识到政治参与既是公民的责任，更是公民的权利。如课题组问卷调查显示，对"2009年村里（或村民小组）召开的村民会议您或您家人出席情况"一题，回答结果如下：选择每次都参加的有70人，仅占回答者的48.61%；选择参加了大部分的有44人，占30.56%；选择参加了少部分的有17人，占11.81%；选择从未参加的有13人，占9.03%。对"您认为村民代表会议作用大不大"一题，回答结果如下：选择作用大的有52人，仅占回答者的36.11%；选择一般的有62人，占43.06%；选择作用不大的有15人，占10.42%；选择说不清的有15人，占10.42%。再如，农民的政治参与能力有待提高。部分农民的政治参与属于手段性参与，即当眼前利益受损时针对特定问题的政治参与，缺少明确的价值取向，也很少具有持续性。在这样的手段性参与中，农民参与者往往又单纯借助于简单、传统的个人接触方式，而非其他制度化水平更高的途径。如当问到"对村里的事有意见或建议您通常通过什么渠道反映"时，选择通过村民小组的有12人，占回答者的8.33％；选择通过村民大会的有12人，占8.33％；选择直接找村委会领导的有87人，占60.42％；选择直接找党支部的有3人，占2.08％；选择直接向村以上领导机关反映的有3人，占2.08％；选择向报社、电台反映的有1人，占0.69％；选择背后议论的有4人，占2.78％；选择不反映的有22人，占15.28％。

上述问题的存在，与村民的政治参与意识有关，也与现行体制、法规、政策以及经济发展水平有关。比如，根据村民自治的原则和精神，村民公共参与的主体是村民，但目前我国由国家主导农村社会的格局没有发生根本性的变化，以代表国家权力为基本特征的乡镇政权掌握着农村社会最主要权力资源，对农村社会的政治、经济和文化的发展起着决定性的作用。政社分设后的"乡政村治"体制，是当代农村社会最基本的社会组织方式，使两个处于不同层面且相对独立的权力主体并存成为现实：一是代表国家自上而下行使行政管理权的乡镇政府；二是代表村民行使基层社区自治权的村民委员会。村委会不是乡镇党委和政府的附属机构，但乡镇的许多工作都要通过村委会在行政村里得到落实。村委会除了完成自身属于自治范围的工作外，它的另一部分工作就是贯彻执行上级的方针政策。另外，在行政村中还有另外一个机构——党支部，与村委会一起分享权力，共同管理村务。这种党支部与村委会职责不清以及二者交叉任职的情况影响了村民自治。从目前状况来看，党支部在相当一部分农村拥有重大问题的最后决定权，这就不可避免地产生乡镇政府对村委会的行政控制与村委会为实现自治原则而加强自主性之间的矛盾，使村民自治理想模式并没有成为普遍的现实。在村民自治的实际运行中，"乡政村治"体制的内在冲突在相当程度上制约了乡镇行政职能的有效履行和村民自治的健康发展。

要解决农民政治参与中的问题，推动农民政治参与有序化发展，完善农村民主政治，需要从以下几方面入手。

第一，完善村民自治制度，搭建农民政治参与的制度化平台。村民自治承担着一个区域内社会稳定、经济发展的自我管理和自我发展任务，是农民政治诉求的主要载体。因此，应切实采取措施，真正发挥村民自治组织的自治作用。必须进一步完善村民自治的制度化，进一步从立法高度理清村委会与村党支部、村委会与乡镇政府之间的关系，进一步规范村民自治当中的村民议事制度、村务公开制度、村民对村官的监督乃至罢免的具体制度，以及相应的程序如议事程序、罢免程序等。

第二，完善法规制度，促使农民政治参与的健康发展。现行的《村民委员会组织法》是村民自治的基本制度安排，但过于原则化，缺乏可操作性强的具体执行制度安排，所以应该加强农村法制建设，切实保障农民的各项基本权利和自由，并应尽可能地细化规范农民权利行使的程序性法规，使农民在行使权利时能够有章可循，有法可依。政府要支持、鼓励农民建立自己的如农民协会等形式的现代社团组织，代表农民集体参与政治生活。加强制度创新，尤其要开发促进农民政治参与有序化发展的有效的综合途径，开创农村民主政治的新局面。

第三，加强农民素质培养，提高农民政治参与"合法化"水平。事实上，农民素质高低，也直接影响到农民政治参与的水平质量，也决定了农民的政治参与的目的、方式及其价值判断等。为此，应该大力进行农民素质培养。国家应加大义务教育的扶助力度，采取有效措施保障农村义务教育的开展。大力开展农村文化建设，扩大农民的视野，清除信息鸿沟，增强农民对国家、政府的认同感，提高农民的政治参与的技巧和水平。有针对性地加强农民的法律普及工作，通过学习法律，使农民认识到自己的权利、自由和责任。

第四，加强农村经济建设，发展农村生产力，改善农民生存条件，使农民的政治参与具有深厚的物质基础。具备一定的经济基础是农民有效进行政治参与的物质保障。当前我国农村经济整体发展水平较低，农民进行利益表达和政治参与的物质基础薄弱。因此，要大力发展农村生产力，改善农民生存条件，大幅度提高农民的人均收入。如此，农民才能享受更多的精神生活和政治生活资源。同时，农民利益表达权利的最终实现有赖于政府通过制度创新和对农业的政策、财力支持，如提高农业生产效益、促进农民增收、建设城乡一体的社会保障体系等，为农民利益表达与实现创造社会经济条件和物质基础。这样农民才会有政治参与的愿望，希望通过政治参与行使权利，参与到公共政策的制定中，表达自己的利益要求，使公共政策的制定与执行更加符合大部分农民的要求。

第五，加快农民组织化进程，保障农民有序政治参与。由于农民组织化程度低，在实际生活中难以形成群体的力量，当农民与其他阶层或群众发生关系时，其人数多的优势被其组织程度低下所抵消，无法真正保障其利益。所以应解放思想，端正对农民组织性的认识。曾有人认为农民组织化会削弱农村政权建设，实质上，农民组织化正好成为政府与农民的缓冲区，是政府与农民最直接的桥梁和纽带。问题在于，要引导农民组织在接受政府领导下，遵循自愿、平等、民主、服务、非营利原则进行维护农民利益的活动。

第六，努力构建农村公民文化，增强农民政治参与意识。一方面，要充分利用现代信息技术优势和大众传媒的导向功能，以农民喜闻乐见的形式广泛、全方位地传播公民文化。另一方面，要坚持村民自治实践。农民对村委会选举和自治事务的每一次参与都是在接受最为基本的民主训练，他们从中获得的实践经验和心理感受对于公民文化在农村地区的构建起着无可替代的作用。

三 村务公开

村务公开是民主监督的重要内容和有效形式，它是指由村民委员会把涉及村民权益的重要事项和村民关注的热点问题，通过一定形式告知全体村民，并由村民参与决策和管理、实施民主监督的一种民主行为，是民主监督的重要内容和有效形式。1998年4月18日，中共中央办公厅和国务院办公厅联合下发了《关于在农村普遍实行村务公开和民主管理制度的通知》，对村务公开的内容和方法做了规定。拉塔湖村从2004年开始建立村务公开档案，为了加强民主管理，规范村务工作，真正使村务公开走上制度化、程序化、规范化的轨道。

1.《拉塔湖村村务公开制度》

拉塔湖村结合本村实际，制定了《拉塔湖村村务公开制度》。

（1）村务公开的内容。

①村委会三年任期目标公开：包括任期内物质文明和精神文明的工作目标，以及完成时限、每个年度的工作计划。

②村级财务公开：财务计划和财务收支的具体内容；债权、债务；集体积累及净资产；上级拨发的资金和财政转移支付及各项补贴；税收与减免的具体落实。

③村集体经济所得收益的使用公开。

④集体资产的承包经营公开：包括村办企业、土地、水面、机动车辆以及其他项目的承包形式、承办人、承包时间、承包金额等。

⑤一事一议筹资筹劳公开：包括全村当年应出义务工总数、劳均和人均天数、以资代劳收款数、欠工人员名单及金额。

⑥宅基地审批公开：包括申请建房户姓名、原有宅基地面积、申请面积和位置、翻建还是新建、批准面积。

⑦计划生育各项政策及生育指标公开。

⑧优抚、救灾、救济等款物的发放公开。

⑨本村享受定工、误工补贴的人数及补贴标准公开。

⑩村民代表会议认为需要公开的其他事项。

（2）村务公开的程序。

①内容提出：每次公开的内容由村委会会同党支部共同提出。

②内容审核：村务公开内容在公开前应由村务公开监督小组和民主

理财小组审核。

③公开、公布：根据公开的内容，采取不同的公开形式。

④听取意见：每次公开后，由村务公开监督小组成员收取村民反馈意见。

⑤答疑解释：根据公开后的反馈意见，由村委会在村民代表会议上作答疑解释。

（3）村务公开的时间。

村级财务收支情况每季度公开一次。各业承包、劳动积累工和义务工、村委会任期目标年初公布计划，年终公布结果。干部报酬及奖金，年终一次公布。宅基地发放、计划生育各项政策及生育指标，随时公开。

（4）村务公开的形式。

①公开栏：凡村内应公开的事项，按时在固定的村务公开栏公开。

②广播：应急公开的事项，通过有线广播予以公布。

③公开信：重大的公开事项，通过公开信发至各户。

为了加强对村务公开的管理，成立村务公开监督小组，成员由5人组成，经村民代表会议推选产生，任期与村委会相同。村委会成员及其近亲属不得担任监督小组成员。村务公开监督小组负责监督村务公开制度的执行。

（5）村务公开的职责。

①监督村委会按规定时限进行村务公开。

②审查村务公开各项内容的真实性。

③征求和反映村民对村务公开的意见要求和建议。

④对村务公开存在的问题，督促委员会及时作出答复及进行整改。

⑤向村民代表会议汇报村务公开的监督情况，村委会负责对日常村务公开形式的各项资料进行整理，归档并妥善保管。

村党支部应加强对村务公开的领导，保证村务公开制度的执行和村务公开的正常进行。

第八章　村落组织结构与治理模式　○ 中国百村调查丛书·拉塔湖村

图 8-6　拉塔湖村村务财务公开栏

　　财务公开是村务公开的重要内容之一，财务收支状况也是村民最关心的热点问题。拉塔湖村村委会按照村务公开、财务公开的要求，认真实施公开制度，做好每一个细节，确保公布内容真实全面，坚持把每年的工作计划、财务收支安排提交村民代表会议讨论通过。实行"村财乡管"后，村报账员于每月底将下月收支情况预算报村财办审批，通过审批的账目于当月1~5日进行公开。超过200元的支出需村支两委负责人共同签字，5000元以上开支即时召开村民代表大会讨论通过。凡是涉及村民利益的事情都及时公开、上墙公布，让村民知村务、明账目，杜绝暗箱操作。拉塔湖村还成立了民主理财小组，理财小组与村支两委同时换届选举产生，监督村里的各项支出。现任民主理财小组组长为刘成斌，成员有王成金、佟广帧、马德占、关连喜。理财小组对每笔资金的使用都进行严格的监督，每张票据都有理财小组所有成员的共同签字。此外，拉塔湖村还实行村务财务点题公开，凡是群众提出的想要公开的内容，村里就会按照群众的要求随时进行公开。

村务公开增强了村干部与群众之间的相互信任和理解，随着村务公开的深入开展，村民们以前对村干部的议论和猜疑自动消除了。

2. 拉塔湖村村务公开工作取得的成效

拉塔湖村通过对内容、程序、形式的规范，建立了比较完善的村务财务公开制度，它既体现了村民参与的民主决策，又还知情权于村民，在拉塔湖村产生了明显的社会效益。

（1）初步解决了有章办事的问题。

实施村务公开民主管理工作，不仅对群众关心的各项事务进行了公开，而且保障了农民群众的知情权、决策权、参与权和监督权。实现了村务公开民主管理的规范化、制度化，使工作有序，办事有据，真正做到有章办事，有力地推进了农村的民主、法制建设，促进了农村的改革、发展和稳定。

（2）促进了农村党风廉政建设。

实行村务公开民主管理，一方面建立起民主化、规范化、程序化的管理制度，另一方面通过让群众参与管理与监督，保证农民群众依法享有广泛的民主权利。同时，通过群众参与，健全了监督机制，提高了科学决策水平，加强了村级班子廉政勤政和民主作风建设，增强了村干部的廉政意识。

（3）进一步压缩非生产性开支。

实施村务公开民主管理制度以来，通过村级财务监督小组的严格把关，使以往少数干部以权谋私、独断专行、挥霍侵占集体资产的现象得到遏制，很大程度上减少了村级非生产性开支。

（4）加快了村级经济发展。

实施村务公开民主管理，有效地实现了民主选举、民主决策、民主管理和民主监督。通过群众参与、监督，村委会把集体经济发展大计提请村民代表大会共同讨论研究，集思广益、群策群力，进一步理清了经济发展思路，使村级经济发展中的问题得到了有效的解决，有力地促进了村级经济的发展。

（5）加强了基层民主政权建设。

村务公开民主管理制度的正确实施，尤其是群众敏感的财务、土地、计划生育、宅基地等容易发生纠纷的事项，由于公开及时、规范，做到了公开、公平、公正，增强了透明度，减少了各类矛盾的发生，促进了农村的稳定，加强了基层民主政权建设。

3. 完善村务公开制度的思考

拉塔湖村的村务公开制度取得了显著成效，由此引发出完善村务公开制度的思考。

（1）明确村委会的地位，维护其自主权，建立健全并严格执行各项民主管理制度。

村民委员会是群众自治性组织，不是一级政府，但是事实上它被授予一定的行政权力，是事实上的行政主体，相关单位应当制定相关法律条例，明确其地位，维护其自主权。乡镇政府要转变职能，增强服务意识，加大帮扶力度，尊重村级自治。要把握好自己的定位，不与村争利，加强对村级自治的监督检查。村组要以法律法规和政策为依据，建立健全村级自治的各项民主制度，着重建立财务管理、审计、公开和监督制度。

（2）拓宽村务公开渠道，使信息公开方式多样化。

除了传统的信息发布渠道外，还可采用村有线电视、广播、会议、宣传单、明白卡等形式，以群众是否满意作为公开的出发点和落脚点，从而最大限度地增强村委会工作的透明度，切实落实群众的知情权。村委会还要充分利用现代信息网络的优势，全方位、多途径实现信息上网。要及时更新信息，让村民能够及时地了解相关信息，如有可能可在网站上设置专栏。

（3）规范公开程序。

一是村级重大的财务收支项目要通过民主决策，所有票据必须由村民主理财小组审核，查看票据内容是否真实，开支项目是否合情合理，是否符合财务法规制度规定，经办人、审批人手续是否齐全，是否盖村民主理财小组专用章。二是财务公开前民主理财小组再次对公布的收支进行审核，经确认无误后再向村民公布。三是村民主理财小组对群众提出的问题和建议要及时进行督促整改，使群众对财务公开放心满意。

（4）规范公开内容。

在村务公开民主管理中，公开的内容是群众普遍关心的重点，也是解决人民群众反映热点难点问题的关键，因此，把握好公开内容就显得尤为重要，特别是把握好公开内容的全面性和真实性。要把群众真正关心的、想了解的内容如实地公布出来。在每年确定村务公开内容时，都必须尊重群众的意愿，凡是与群众利益相关的，诸如"经济社会发展规划、村民委员会年度工作计划及执行情况、年度财务计划、集体资产收益情况和房屋动拆迁、土地征用、村干部报酬"等方面的内容，都应及时、真实、逐项逐条地予以公开。

（5）健全监督机制。

进一步建立健全村务公开民主管理的监督制约机制，切实做到依法建制，有制可依，按制办事。具体包括：其一，加强村民的自我监督机制，并明确村务监督机构的地位、职能及其与村民（代表）会议和村委会的关系，以更有效地开展村务监督。其二，加强外部监督，如各级纪检、纠风、村务公开办要加强经常性的监督，定期全面检查。一旦发现村务公开违法行为，要通报批评或责令其限期改正，并依法进行惩处。其三，坚持审计监督，加强乡镇政府的审计职能，定期组织力量对各村的账目进行集中审计。对群众反映强烈的村子，要随时进驻进行重点审计等。其四，完善民主监督，要变事后监督为事前、事中、事后全过程监督。尤其要反对重形式轻反馈、有公开内容无落实措施的现象。其五，要做好法律监督，通过组织各级人大代表、政协委员检查村务公开的执行情况和发挥政府主管部门的执法职能，适时进行督查，确保落实。其六，发挥好社会舆论监督作用，充分发挥新闻舆论工具（电视、网络、广播、报刊、宣传资料）的作用，大力宣传好的典型；对不公开、假公开或应付差事走过场的，要进行曝光，通过社会舆论为村务公开创造一个良好的外部环境。其七，健全责任制度。要进行责任追究，要把责任追究贯穿于村务公开民主管理工作的全过程，对无动于衷、敷衍应付、弄虚作假、欺瞒群众、公开不全面不及时等行为，要视情节轻重，予以责任追究。同时，要将村务公开民主管理工作纳入村干部考核的重要内容，把考核结果与干部的任免和年终报酬相挂钩。

附录1　拉塔湖村问卷调查报告

为了全面了解拉塔湖村经济与社会发展状况，2010年8月课题组对拉塔湖村进行了问卷调查。此次问卷调查对象涵盖了拉塔湖村的全部家庭，调查收回有效问卷149份，有效回收率为93%。调查的主要内容包括：家庭概况、家庭生产经营状况、家庭收支状况、家庭财产状况、文化娱乐状况以及村阶层结构、人口流动、村行政、村经济等。以下对问卷调查的主要内容进行简要的统计与分析。

一　家庭基本状况

调查显示，从家庭经济收入类型来看，拉塔湖村的生产经营模式比较单一，主要以农业生产为主，纯农业户占受访家庭的比重极大，为93.9%。从家庭构成来看，以核心家庭和主干家庭为主，两者分别占受访家庭总数的47%和29.5%。从受访村民家庭成员的婚姻状况来看，初婚者比重最大，为69.3%；其次是未婚者，为24.8%；离异未再婚、离异再婚、丧偶未再婚者所占的比重均较小，分别为1.9%、1.5%、2.5%（见附图1-1）。

从受访村民家庭成员的职业构成状况来看，拉塔湖村的职业出现一定程度分化，但并不显著。一般体力劳动者所占的比重最大，为87.7%，管理人员、技术人员、教师、医生等其他职业所占的比重极低。

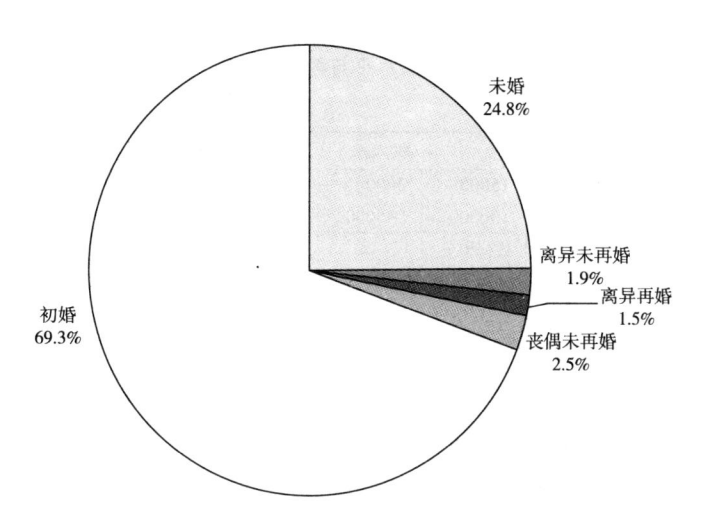

附录1　拉塔湖村问卷调查报告 ○ 中国百村调查丛书·拉塔湖村

未婚
24.8%

离异未再婚
1.9%

离异再婚
1.5%

丧偶未再婚
2.5%

初婚
69.3%

附图1-1　拉塔湖村民的婚姻状况

二　家庭收支状况

1. 村民家庭收入

拉塔湖村是一个以水稻种植业为主的农业村，农业收入（主要是水稻种植收入）是村民收入的主要来源。近年来，随着水稻出售价格的不断上涨以及国家粮食直补、农机直补等惠农政策的贯彻落实，拉塔湖村民的家庭经营收入有了显著提高。调查数据显示，2009年水稻种植户的年平均水稻种植收入为4.35万元。另外，调查数据还显示，从事渔业、工业、商业服务业、牧业等其他经营项目的农民在村民中所占比重虽然不大，但其收入依然可观，如2009年渔业养殖户的平均渔业收入为20万元。

在此，笔者利用问卷调查中的教育、职业与收入变量，运用相关分析方法对教育程度、职业类型与收入之间的关系进行定量分析，以试图揭示这几个变量之间的数量关系。

（1）教育程度与收入关系分析。将收入水平分为6个档次，将教育水平分为3个档次。不同档次的收入与教育程度分布频数见附表1-1。

附表1-1 收入水平与教育水平交叉列联

单位：元，人

类别		收入水平						总计
	频数	15000以下	15000~30000	30000~45000	45000~60000	60000~75000	75000以上	
教育水平	小学	49	19	2	3	2	0	75
	中学	125	59	10	6	0	1	201
	高中以上	6	6	0	1	0	0	13
总计		180	84	12	10	2	1	289

利用收入水平分类与教育水平分类的频数分布表，对这两类有序数据进行相关分析。附表1-2表明，收入水平与教育水平的Kendall's tau-b相关系数为0.044，Kendall's tau-c相关系数为0.032，Gamma相关系数为0.09。这说明收入水平与教育水平间的相关关系并不显著。

附表1-2 收入水平与教育水平相关关系分析结果

类别	项目	值	非对称标准差	近似值	近似显著性水平
有序数据	Kendall's tau-b	0.044	0.056	0.781	0.435
	Kendall's tau-c	0.032	0.041	0.781	0.435
	Gamma	0.090	0.116	0.781	0.435
	样本数	0.289			

（2）职业类型与收入水平关系分析。将收入水平分为6个档次，将职业类型分为7种。不同档次的收入与职业的类型分布频数见附表1-3。

附表1-3 收入水平与职业分类的交叉列联

单位：元，人

收入	职业							合计
	国家干部	村干部	教师	医生	一般体力劳动者	技术人员	个体工匠	
15000以下	2	0	0	5	167	6	5	185
15000~30000	1	1	3	2	72	3	1	83
30000~45000	0	0	0	0	11	1	0	12
45000~60000	0	0	0	0	8	1	0	9
60000~75000	0	0	0	0	2	0	0	2
75000以上	0	0	0	0	1	0	0	1
总计	3	1	3	7	261	11	6	292

对收入水平和职业分类进行相关关系分析。将收入变量视为等间隔测度变量，职业变量视为分类变量，度量这两类指标的关联性的统计量为 Eta 统计量。从度量两者之间关联性的 Eta 可以看到，收入作为因变量与职业分类作为分类变量的相关系数值为 0.116，而且进一步从附表 1-4 的费雪精确检验结果可以看到蒙特卡罗双侧显著性水平为 0.584，说明两者间的相关关系不显著。

附表 1-4　收入水平与职业间相关关系的费雪精确检验

类　别	值	蒙特卡罗双侧显著性水平	99% 置信下限	99% 置信上限
费歇尔精确检验	45.144	0.584	0.571	0.597
有效样本个数	292	—	—	—

通常情况下，教育程度和职业类型是影响居民收入的两个最主要变量。但拉塔湖村的问卷调查数据分析表明，教育程度和职业类型与收入之间并没有显著的相关关系。笔者认为，其主要原因是，拉塔湖村收入来源极为单一，主要是水稻种植收入。由于水稻种植收入是其收入的最主要来源，因而土地数量的多少成为影响居民收入的主导性因素，教育水平的高低对收入的影响很小。这使得教育水平与收入之间没有表现出明显的相关关系。而造成职业类型与收入之间的这种关系的主要原因是拉塔湖村的职业构成极为单一，农业劳动者是其最主要的职业类型（上文分析表明一般体力劳动者在全村中的比重为 87.7%），其他职业类型比重极小。这种状况使得职业类型与收入之间很难表现出明显的相关关系。

2. 村民家庭支出

从家庭开支的情况来看，拉塔湖村民家庭的主要开支有生产经营支出、购置生产性固定资产支出、生活消费支出等几项。调查数据显示，村民的平均生产经营支出为 2.4 万元，仅次于生产经营支出的是生活消费支出为 2.21 万元。而部分购置拖拉机、收割机等生产性固定资产家庭的开支平均为3.07万元。可见，作为一个农业村，村民收入的很大一部分都投入到农业再生产活动之中去了。

此次问卷还对村民家庭生活消费支出构成进行了调查（见附图1-2）。调查发现，村民家庭消费支出中建房（或市内购房）所占的比重最大，为51%。从房屋类型上看，目前拉塔湖村有97.1%的住房为砖混结构，有2.7%的住房为二至三层楼房。从住房面积上来看，家庭平均房屋建筑面积为124.68平方米，居住面积为91.04平方米。这些数据表明，随着收入水平的不断提高，村民不再满足于身居陋室，拥有宽敞的现代化住房已经成为现实。而从拉塔湖村盖房的主要原因来看，有17.4%的村民盖房原因是扩大面积，有14.0%村民盖房原因是结婚，有13.2%村民盖房原因是收入宽裕，有9.1%村民盖房原因是式样翻新。村民盖房原因表明拉塔湖村村民对提高居住条件的美好憧憬和追求。

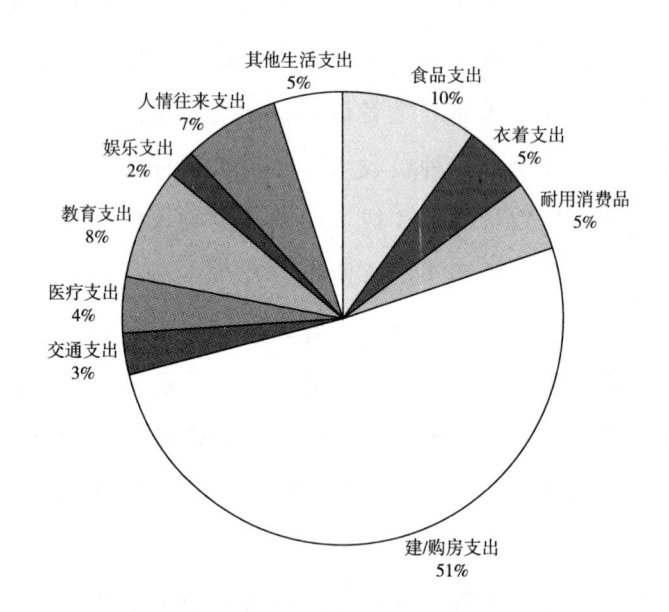

附图1-2 居民各种生活消费支出比重

农村居民消费结构正在向追求生活便利、提高质量、注重健康方面进一步发展。课题组利用问卷调查数据对拉塔湖村各种生活消费支出占生活消费支出总额的比重的进一步计算发现，村民家庭建房（或市内购房）消费支出所占的比重为51%，教育支出占生活消费支出总额的8%，人情往来支出占生活消费支出总额的7%，村民的衣着支出占生活消费支出总额的5%，耐用消费品支出占生活消费支出总额的5%，医疗支出占生活消费支出总额的4%，交通支出占生活消费支出总额的3%，娱乐支出占生活消费支出总额的2%。这种结果表明，村民的消费比重已经由最初的基本生活需求吃、穿占主要地位向吃、穿、住房、教育等方面发展。村民消费结构正在向追求生活便利、提高质量、注重健康、子女发展方面进一步发展。

问卷对拉塔湖村村民家庭现有财产状况调查发现，拉塔湖村村民家庭每百户耐用品拥有量远远超过辽宁省的平均值，如拉塔湖每百户家庭拥有小汽车16.7台（全省的平均值仅为1.11台），每百户家庭拥有手机162.4部（全省的平均值仅为91.06部），每百户家庭拥有电脑65.5台（全省的平均值仅为4.02台），每百户家庭拥有电冰箱86台（全省的平均值仅为44.44台），每百户家庭拥有照相机28.8台（全省的平均值仅为7.09台）。如今拉塔湖村人干活挣钱的目的不只是停留在吃饱穿暖这样的低水平上。问卷调查数据显示，有16.8%的受访村民认为干活挣钱的目的是扩大生产经营；有13.4%的受访村民认为干活挣钱的目的是为子女上学；有13.4%的受访村民认为干活挣钱的目的是吃好穿好；有13.4%的受访村民认为干活挣钱的目的是为自己或子女结婚。可见，追求个人及子女的更大发展以及提高生活质量正成为拉塔湖人新的生活目标。

另外，调查数据还显示，教育支出在全部家庭支出中所占的比重较大，为8%。事实上，调查中发现，村民对待养育子女的目的正悄然发生了变化，抱有"传宗接代"等传统观念的人越来越少了。受访村民在对"农村一对夫妇没有男孩行不行"回答中，有66%的受访对象认为"行"，仅有19.7%的受访对象认为"不行"。仅有10.9%的受访对象认为养育子女的目的是"传宗接代"，越来越多的人认为养育子女的目的是增加生活乐趣和维系家庭感情。

在传统养育子女观念发展变化的同时，村民对于子女未来发展的期望值却在不断升高。调查数据显示，受访对象中有74%的人希望子女未来至少应该接受大学以上教育（见附图1-3）。而在子女未来的就业地点选择上，更多的家长选择为"本地城镇"，而不是留在"本地农村"。调查数据显示，有57%受访对象希望子女未来在本地城镇工作，仅有8.1%的受访对象希望子女未来在本地农村工作。可见，在我国城乡生存和发展环境存在巨大差距的背景下，更多的父母希望子女能跳出农门享受城市生活。也正是由于以上诸多原因的存在，村民对子女的教育日益重视，村民家庭的教育支出比重不断加大。

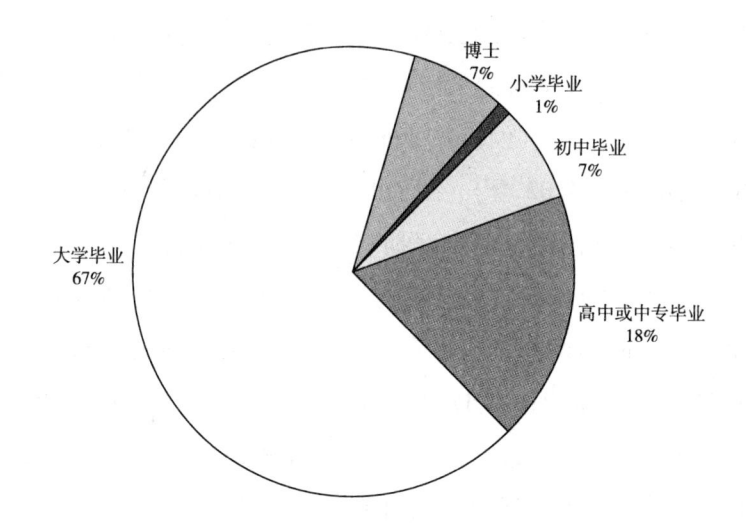

附图1-3 子女应接受最低教育的程度

三 社会阶层与人口流动

所谓"社会阶层"通常是以职业分类为基础，以组织资源、经济资源和文化资源的占有情况为标准来划分的。各个阶层及地位等级群体的高低等级排列，是依据其对三种资源的拥有量和其所拥有的重要程度来决定的。① 改革开放以来，我国各个社会阶层都出现了一定程度的分化，农民阶层的分化是改革开放以来中国规模最大的社会分化。由于第二和第三产业的迅猛发展和人口流动性增强，很多农民由传统的农业劳动者转化为其他社会阶层的成员，农民阶级已经分化成多个有不同利益诉求的阶层。为了较为全面地了解拉塔湖村的社会阶层情况，此次问卷调查中专门设置"社会阶层"部分。该部分内容主要包括阶层或阶级之间差别的区分标准、受访者的自我认同以及受访者对高收入者的态度等三方面。

1. 阶层或阶级间差别的区分标准

问卷调查数据显示，村民认为阶层或阶级之间最大的差别主要应该是金钱（或财富）和社会地位，选择这两个选项的比重分别占受访对象的44.9%和33.7%；阶层或阶级之间第二大差别应该是权力，选择这个选项的比重占受访对象的39.8%；阶层或阶级之间第三大差别应该是消费水平，选择这个选项的比重占受访对象的45.6%（见附表1-5）。以上数据表明，村民对于阶层或阶级之间的区别标准较为一致。掌握财富的多寡、社会地位的高低、权力的大小以及消费水平的高低等成为人们区分不同阶层或人群的主要尺度。这其中一个值得注意的现象是，教育水平、道德水平等并不是人们区分不同阶层或人群的标准。这实际反映了我国在向市场经济转轨过程中，人们的价值观在一定程度上具有物质化、功利化趋向，对财富、权力等的追求潜移默化地影响着人们的生活与价值判断。

附表1-5 阶层或阶级差别

单位：%

类　别	金钱/财富	社会地位	权力	教育水平	生活方式	家庭出身	消费水平	住房	道德修养	其他
最大差别	44.9	33.7	6.1	5.1	4.1	0	2.0	0	3.1	1.0
第二大差别	4.8	20.5	39.8	12.0	6.0	2.4	8.4	2.4	3.6	—
第三大差别	3.8	5.1	8.9	5.1	10.1	7.6	45.6	6.3	6.3	1.2

---

① 陆学艺：《当代中国社会阶层研究报告》，社会科学文献出版社，2002，第8页。

与以往一些调查中发现的不同阶层之间存在着明显的利益冲突和矛盾不同的是，本次调查发现，有61.4%的受访村民认为所有的阶层或阶级之间都没有利益冲突。仅有24.8%的受访村民认为，所有的阶层或阶级之间都有利益冲突。可见，拉塔湖村是一个人际关系和谐的社会。

2. 受访者的自我认同

所谓"自我认同"，是指在特定社会环境中，个体对社会生活、自身的生理心理、个体职业发展等进行的自主定位和深层解读，是个体价值观、人生观在特定历史时期的综合展现，是一个人能否健康或积极面对社会生活所做出的理性选择和情感体验。[1] 此次问卷调查通过两个方面了解村民的自我认同。

(1) 村民对自己所处阶层的自我认同。问卷调查数据显示，有71.1%的受访村民认为如果将社会划分为5个阶层自己属于中等，有9.9%的受访对象认为自己属于中下等，分别有9.2%的受访对象认为自己属于中上等和下等，仅有0.7%的受访对象认为自己属于上等。总体上看，村民对自己的认同为中等及偏下。出现这种状况不仅是与其个人所处的社会经济地位有关，可能也与其受中国儒家中庸思想的影响有较大关系。由于受到这种思想的影响，即使是社会经济地位很高或很低的人，在社会阶层等级的自我认同中也倾向于选择处于中等水平。

(2) 村民对自己所属职业类型的自我认同。问卷调查数据显示，91.2%的受访对象认为自己属于农民阶层，分别有2.2%的受访对象认为自己属于农民工阶层和个体经营者阶层，有1.5%的受访对象认为自己属于工人阶层，分别有0.7%的受访对象认为自己属于党政干部阶层、专业技术人员阶层和乡村管理者阶层。通过对这几个数据的分析可以发现，它与前文中受访村民家庭成员的职业构成状况基本一致。两者的数据相互印证说明，拉塔湖村农民虽然出现了一定程度的分化，但这种分化的

---

[1] 〔美〕乔纳森·布朗：《自我》，人民邮电出版社，2004。

程度极为有限。事实上,农民分化是近年来农村社会出现的一个不可忽视的现象。著名社会学家陆学艺认为中国农民已分化为八大阶层:农业劳动者、农民工、雇工阶层、农民知识分子、个体劳动者和个体工商户、私营企业主、乡镇企业管理者、农村管理者。与之相对比,拉塔湖村的农民分化尚处于初级阶段,很多的阶层仅有雏形或尚未形成。笔者认为,出现这种情况的主要原因是拉塔湖村的产业结构单一,第二、第三产业还没有形成规模,村民向第二、第三产业转移的渠道还不畅通,村民对于土地的依赖性较强,大量的村民还都集中在第一产业从事农业生产劳动。

3. 受访者对高收入者的态度

问卷调查数据显示,受访村民认为在当前的中国社会有文化(或有学历的人)、有技术专长的人、当官的人最容易获得高收入,对这三者的回答分别占受访对象的18%、16.7%、14.2%。而当问及哪三类人最应该获得高收入时,排在受访者回答前三位的分别是,有文化(或有学历的人)、吃苦耐劳的人、有技术专长的人,其比重分别占受访对象的27.3%、23.1%和22.7%。附图1-4将村民认为的最易获得高收入的三种人与最应该获得高收入的三种人进行对比。通过对比可以发现,村民认为有文化(或有学历的人)和有技术专长的人最易获得高收入,也最应该获得高收入;而村民对最易和最应该获得高收入这两个问题回答的最大区别在于对待当官的人和吃苦耐劳的人态度上。从社会现实的角度来看,村民认为当官的人更容易获得高收入,而从社会理想的角度来看,吃苦耐劳的人更应该获得高收入。这种情况反映了按劳取酬,多劳多得依然是为人们所珍视的普遍的价值观,依靠权力而获得收入有失公允,难以为人们所接受。

此外,此次问卷调查还对拉塔湖村的人口迁移状况进行了调查。人口迁移指人的居住位置在跨县(市)的常住地的移动,包括城乡之间、城市之间和国家之间居住位置的移动。迁移现象虽然是人口在地理上再分布的过程,但同时它又反映了经济、社会的演变,是经济在向市场经

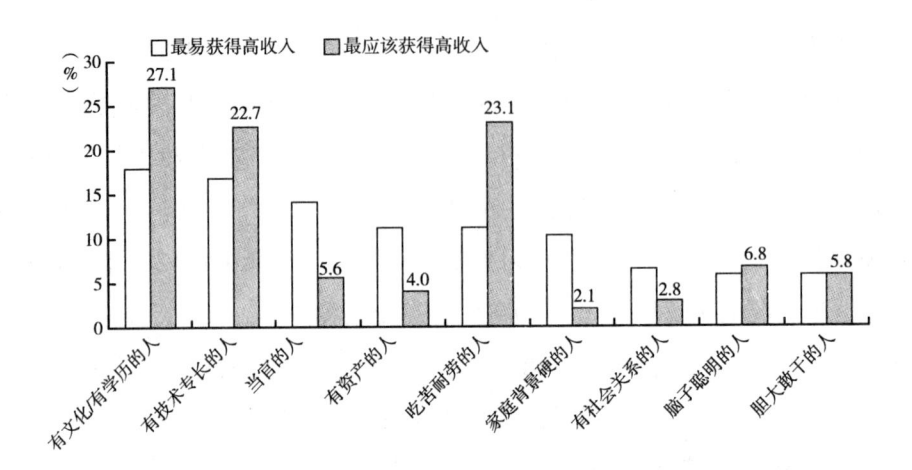

附图 1-4　村民对最易获得高收入的三种人与最应该
获得高收入的三种人回答的对比

济过渡过程中的一种深层次的转变。调查显示，拉塔湖村的迁入人口具有如下特征：女性占83.6%，男性占16.4%；具有农业户口占92.5%，具有非农业户口占7.5%。从迁入原因来看结婚者占84.9%，投亲者占9.4%，其他原因者占5.7%；从迁入者迁来前的地区来看，本乡外村占26.4%，本市外村占17%，本市城镇1.9%，本市市区3.8%，本省外村26.4%，外省农村22.6%，外省城镇1.9%。事实上，影响人口迁移的因素很多，自然环境、社会环境、经济环境和迁移者的心理状态都是影响人口迁移的因素。从拉塔湖村迁入人口的情况来看，迁入者多为本省内农村的女性，主要是基于婚姻关系引起的人口迁移活动。

四　村行政与村经济

1. 拉塔湖村行政状况

此次问卷调查主要从对村干部评价和村民选举等方面反映拉塔湖村行政状况。总体上看，村民对于村干部的评价较高。有51.7%的受访村民认为村干部的办事能力"很高"，有20.4%的受访村民认为村干部的办事能力"较高"，二者合计的比重高达72.1%。而且有80.8%的受访村民都认为村干部处理问题公正。从村干部与村民的收入差距来看,有51%的受访村民认为其差距不大,仅有10.1%的受访村民认为其差距很大。正因如此,有30.1%的受访村民认为村干部"有很高威信",50.7%的村民认为村干部"有威信",二者合计的比例高达80.8%。

我国从20世纪80年代开始形成的村委会选举制度,为基层民主的广泛推行提供了法制保障。问卷调查数据显示,拉塔湖村民的政治参与热情较高。有77.1%受访村民参与了最近一次的村委会选举,有48.3%的村民每次都参加村民会议,有30.3%的受访村民参加了大部分的村民会议。然而,村民也认为村民代表会议的作用有待提高,有43.4%的受访村民认为村民代表大会的作用一般,仅有36.4%的受访村民认为村民代表会议作用大。这一点也从村民的意见或建议反映的渠道得到印证,有72%的受访村民有意见或建议直接找村委会领导反映,仅有10%的受访村民通过村民大会反映,还有3%的受访村民有意见或建议根本就不反映(见附图1-5)。

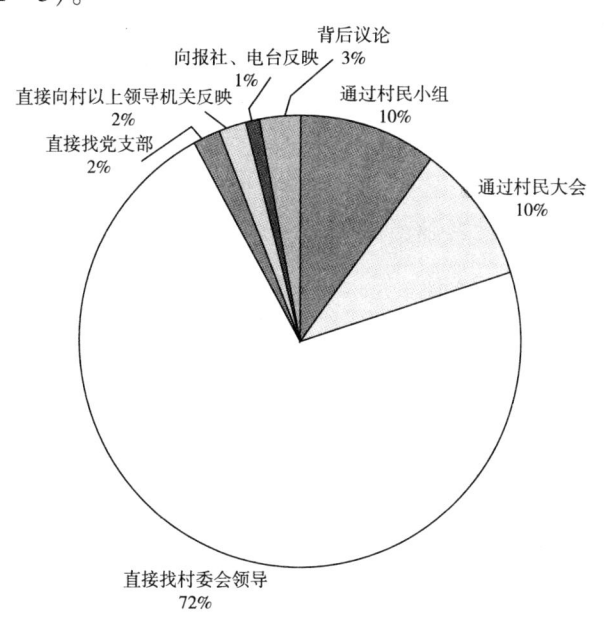

附图1-5 村民意见或建议的反映渠道

2. 拉塔湖村经济状况

经济发展为社会、政治、文化的发展进步提供强大的支持。近年来，拉塔湖村的村民收入水平有了显著的提高，村民的生活更是日新月异。拉塔湖村在经济发展的过程中实现了村民的共同发展和共同富裕。问卷调查数据显示，62.9%的受访村民认为拉塔湖村的收入差距并不大，仅有4.9%的受访村民认为拉塔湖村的收入差距悬殊。

研究发现，实现经济的持续、快速、健康发展仍是拉塔湖村一项重要的任务。提高收入水平是拉塔湖村民最关心的事情。问卷调查数据显示，有48.1%的受访村民认为其当前最关心的事情是增加收入，此外，还有32.1%的受访对象认为其当前最关心的事情是未来的养老问题。可见，拉塔湖人在追求收入水平不断提高的同时，也开始在为自己能够在未来享受高质量的福利保障和晚年生活而思考。时代在变迁，社会在进步，人们已不再囿于"养儿防老"的传统观念，养老方式多样化、现代化在拉塔湖正逐渐成为现实。

影响拉塔湖村民收入提高的最重要因素是农业基础设施的建设问题。问卷调查数据显示，有54%的受访对象认为村里亟须解决的大事是加强农业基础设施建设（见附图1-6）。事实上，根据课题组最新了解到的情况，拉塔湖村2011年已经被纳入国家综合农业开发项目。该项目拟总投入910万元用于农村基础设施建设，包括修整渠道26公里，衬砌渠道26.3公里，建设桥涵28座，铺设机耕路19.4公里，技术培训1000人次，示范推广新技术3000亩，改造耕地1万亩。预计项目完成将使拉塔湖村每亩水稻增收130元。可以预见，国家综合农业开发项目的开展将极大地改善拉塔湖村的农业基础设施建设水平，拉塔湖村民的收入还会有一个大幅度提高。

调查中也发现，随着经济的发展，村民对于发展村集体经济有着比较强烈的愿望。问卷数据显示，有30.2%的受访村民认为集体经济"重要"，有5%的受访村民认为集体经济"很重要"（见附图1-7）。集体

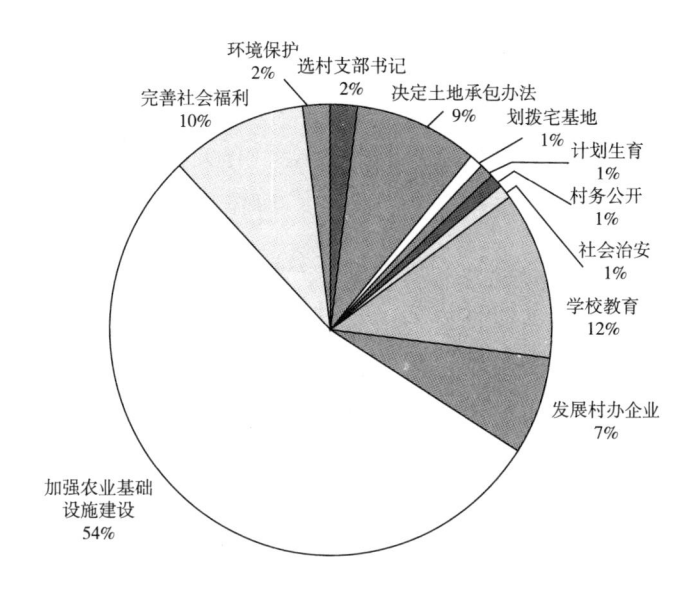

附录1　拉塔湖村问卷调查报告 ○ 中国百村调查丛书·拉塔湖村

附图1-6　当前村里最亟须解决的大事

经济的发展状况可以使拉塔湖村摆脱公共事业建设的被动局面，因此，发展具有当地优势与特色的集体经济将是拉塔湖村经济、社会、文化进一步发展繁荣的必然选择。

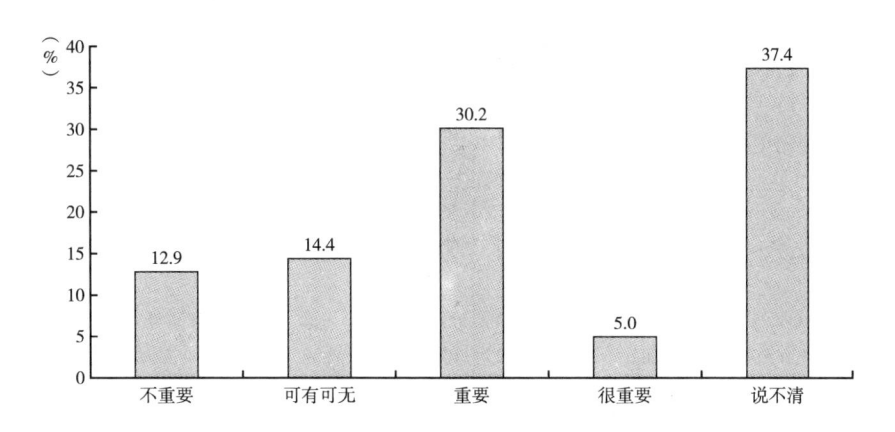

附图1-7　集体经济是否重要

此次问卷还对村民在日常生活中遇到生产经营问题等通常找谁来商量或帮忙进行了调查（见附表1-6）。问卷数据显示，遇到生产经营、

盖房、婚礼、丧葬、伤病护理、老人赡养、子女升学就业等情况时，村民主要是找家庭成员、亲戚商量或帮忙；而遇到灾害、治安、家庭纠纷、与他人纠纷等情况时，村民主要找村委会、有关政府部门解决。调查发现，拉塔湖村各种社会组织较少，因而，村民也较少参加民间组织、专业协会组织、集体经济组织。通常，社会组织的发展数量和质量是衡量一个地区发展水平的重要标志之一。社会组织涉及和深入到社会生活的各个层面，在促进经济发展、繁荣社会事业、参与公共管理、开展公益活动和满足人们多方面需求方面发挥着巨大作用。因此，拉塔湖村要进一步发展经济、提高村民生活质量与水平，需要大力发展包括民间组织、专业协会组织、集体经济组织在内的各种社会组织。

附表1-6　生活中家庭遇到以下情况找商量或帮忙的对象

单位：%

家庭遇到的情况	按重要性大小排序找的帮忙对象			
	第1位次	比重	第2位次	比重
生产经营	家庭成员	63.6	已分家的兄弟姐妹	36
灾害	村委会	43.6	乡以上政府部门	29.6
盖房	家庭成员	71.6	已分家的兄弟姐妹、父母、其他亲戚和朋友	26.8
婚礼	家庭成员	71.8	已分家的兄弟姐妹、父母	45.5
丧葬	家庭成员	68.9	朋友	24.1
伤病护理	家庭成员	87.4	其他亲戚	26.3
老人赡养	家庭成员	84.5	已分家的兄弟姐妹、父母	57.1
治安	村委会	55	乡以上政府部门	29.8
家庭纠纷	村委会	47.6	村党组织	32.5
与他人纠纷	村委会	63.5	村党组织	25
子女升学就业	家庭成员	45.2	已分家的兄弟姐妹、父母和其他亲戚	31.6
家里人找工作或找活干	朋友	25.9	其他亲戚	20

说明：表中的比重数据为受访村民选择该项的比重。

五　结束语

以上笔者利用问卷调查数据对拉塔湖村村民的家庭基本状况、收支状况、社会阶层与人口流动、村行政与村经济等方面进行了简要的分析。通过分析我们既看到了拉塔湖村在社会主义新农村建设过程中取得的骄人成绩，也看到了处于成长中的拉塔湖村在产业结构调整、文化建设、社会组织建设等方面存在的问题与不足。应该说有问题是正常的，关键是如何解决这些问题。我们坚信有党的正确领导，再加上拉塔湖人的聪明才智，所有的困难和问题终将迎刃而解。对拉塔湖村进行研究的意义就在于它不仅让我们以"解剖麻雀"方式全方位地了解了这个村的历史与现实，而且还在于它作为我们这个时代农村发展的一个样本和缩影，使我们认清了国情，而这对我国农村的全面发展进步是弥足珍贵的。

附录2　拉塔湖村村庄整治规划与行动计划

（2006~2008年）

一　拉塔湖村的村庄整治规划

1. 规划原则

（1）坚持人与环境的和谐，贯穿生态理念，体现文化内涵，反映区域特色，注重与土地利用总体规划，基本农田保护规划，城镇体系建设规划及交通、水利等相关规划衔接，统筹、合理安排村庄生活、生产布局，力求实用性与前瞻性相统一。

（2）与土地整理相结合，集约利用土地，保护耕地，村庄整治建设与产业开发结构调整相结合，改善投资、生活环境，培养新经济增长点。

（3）重人本，尊民意，政府组织、引导，村民谏言参与，因地制宜地选择方案、设计，量力而行地操作、实施，整村整治，侧重村庄各项基础设施的综合治理，少量拆迁，适量改建，普遍惠及村民，整体推进农村城镇化进程。

（4）依托政府扶助，建立村集体和与村民自筹和社会各方力量支持的建设资金筹集的有效机制，运用市场机制吸纳外来投资参与建设，与国家引导性资金政策相结合；坚持物质文明与精神文明协调发展、生产与生活条件同步改善、建设与管理同步推进，整体提高村民的素质。

2. 指导思想

依照中共中央提出的"构建社会主义和谐社会"战略总体目标和

"建设社会主义新农村"的历史任务要求,以邓小平理论和"三个代表"重要思想为指导,围绕全面建设小康社会的各项目标,认真践行"以人为本"与全民、协调和可持续的科学发展观,组织、引导农民和动员、吸引社会各方面力量改善农村最基本的生产和生活条件,促进农村经济社会全面进步,加速推进乡村城镇化进程,把拉塔湖村改造建设成为"生产发展、生活宽裕、乡风文明、村容整洁、管理民主"和以"布局合理、配套完善、环境优美、运行高效"为显著特征的社会主义新型示范村。

3. 整治目标和行动期限

(1) 整治总目标

全村空间布局合理,村庄形态总体改观,公用性基础设施服务水平达标,公共服务社会基本完备,环保与卫生设施有效设置,防灾减灾措施得当,家居、活动场所经济、美观、安全和富有地方特色,村貌整洁、舒适,村民素质和全村风尚显著提高。

(2) 整治具体目标

①村庄等级道路铺装率100%,干路亮化100%;

②生活饮用水质达标、无间歇供给,自来水普及率100%;

③砌筑边沟、明沟排水,有组织排水面积比率大于70%;

④秸秆气化,管道燃气普及率100%;

⑤卫生厕所普及率100%(其中水冲式厕所大于15%);

⑥生活垃圾收集率100%;

⑦人均公共绿地面积3平方米以上;

⑧人均公建面积不小于2平方米;

⑨人均住宅面积30平方米;

⑩人均生活用电量400KWH;

⑪固定电话普及率每百人30部;

⑫人均村庄建设用地降至400平方米以下;

⑬普及九年义务教育，高中教育普及率达到 80%；

⑭每 150 名村民拥有 1 名村医务人员。

（3）行动期限

拉塔湖村整治始于 2006 年初，至 2008 年底结束。

二　拉塔湖村庄整治行动计划

1. 指导思想

拉塔湖村庄整治行动要坚持科学发展观和政府组织引导及全民参与，以规划为龙头分步实施、绩效一致，以村庄发展治散、基础设施治陋、公共服务设施治缺、环境和村容治脏、建筑与风貌治陈为重点，兼顾村民经济增收、产业化开发与结构调整，创建文明村组集体，根本目的在于改善农村、农民的生产、生活条件，使之能尽早分享现代社会文明发展的成果和与社会各阶层人民一起步入社会主义和谐社会。

2. 组织领导

作为入选新城子区级"新农村建设村庄整治示范村"，拉塔湖村庄整治将直接纳入新城子区政府和区社会主义新农村建设办公室及其主要执行机构的组织领导体系，黄家锡伯族乡人民政府更要具体指导和帮助拉塔湖村庄整治工作的开展，这些肩负重责的权力机关及其所拥有的专业、综合机构，是村庄整治工作顺利开展和卓有成效地实施的强有力的组织保障。同时，形成和建立区、乡和村三级村级整治工作目标考核机制，细化分解各项任务，层层落实责任，并与相关部门和人员的工作绩效、收益等挂钩，即明确各自的工作角色、权利与义务，也使各部门及其人员的工作积极性得以充分发挥。

3. 组织形式

拉塔湖村庄整治工作依照沈阳市和新城子区的有关政策及其他示范试点工作模式，采取政府资金、实物的补助、支持、引导和专业部门技术指导，村集体和村民为主业，自筹投资与投工、投劳，吸纳和鼓励社会资金参与等办法实施，一般形式为：基础设施的建设与完善和村容村貌改造及不具经营性公益设施的配套等，由政府资金、实物支持，专业部门技术指导，村内建设为主，村民投资投劳；可设置经营项目的公益性设施和村容治理工程（如文娱场所，商业网点及池塘，水域的治理等），以本村村民优先为前提，吸引社会资金投入参与建设，谁建设谁拥有经营权和收益。

村民住宅及其他用房建设，对因整治规划需要拆迁和拆除的通过乡村与之协商，由政府资金、实物和村集体自筹资金、实物等按有关农房拆迁政策补偿，但要按整治规划（或村庄建设规划）和乡、村批准地点自建；对确属危房、土坯房而无力自建的，可按因整治规划需要拆除建筑由政府资金、实物和村集体自筹资金、实物等支持翻建；所有拆迁后要新建、翻建的住宅建筑及其庭院都要按整治规划推荐、要求建设。

4. 建设管理

拉塔湖村庄整治工作也依据沈阳市和新城子区有关管理权限和对示范村的政策要求等确保实施过程与成果的达标，其建设管理要从政府行政、技术指导、质量监督、工程监理、村民监督几个方面着手。

根据新城子区政府及其社会主义新农村建设办公室的具体部署和采取的综合协调要求与工作，由区内村镇建设行政直接管辖部门新城子区村镇建设办公室等依法对具体项目实施予以审批，拉塔湖村所属黄家锡伯族乡人民政府贯彻执行上级政府及其部门的决策，并协调拉塔湖村民委员会行使职能，拉塔湖村民委员集中村民意见、要求反馈给上级政府及其职能机构，对村庄整治中的重大事项组织、代表村民与相关方面协商。

根据拉塔湖村庄整治规划设计情况，在沈阳市政府及其职能机构的指导下，新城子人民政府及其职能机构依靠本区、本部门的能力，聘请

包括村庄整治规划编制技术单位在内的区内、外专业技术人员组成实施整治规划专家指导组，配齐各个专业工种和有效的联系工作制度，根据整治规划方案和建设实施具体及时予以指导。

按照质量（安全）监督方面的要求和行政权限，新城子区政府及其职能机构成立村庄整治实施建设质量安全监督工作组，负责包括拉塔湖村在内的全区村庄整治实施建设的质量安全监督，并根据各村建设特点，制定详细的质量安全监督计划，按照国家现行规范化规定，采取灵活多样的监督形式，对村庄整治实施建设质量安全进行全程监督。

在新城子区政府和黄家锡伯族乡政府的指导和帮助下，拉塔湖村民委员会委托聘请具有合格资质的工程建设监理公司、技术人员进驻整治工程项目现场，按照国家现行各专业技术的规范、规定对村庄整治各项工作项目实施全程监理。

在新城子区政府和黄家锡伯族乡政府的指导和协助下，拉塔湖村民委员会要组织全体村民推选村民代表，成立本村庄整治实施村民监督小组，举荐、反映村民意愿，对村庄整治实施过程中的各项工作情况进行监督，维护村民和自身的正当权益。

5. 建设步骤

拉塔湖村村庄整治实施建设按市、区各级政府及其职能机构的总体构想，根据本村的经济情况和发展潜力，村庄整治实施建设采取分阶段逐年实施，2008年底前全部竣工验收总结。在具体整治项目的实施上，本着"先易后难，逐个破解"的原则和"倒计时"的建设进度要求，启动一批验收一批，验收的同时为启动起到很好的示范带头作用，预计的实施建设情况如下。

（1）实施建设的宣传动员阶段（在整治规划批准的前后）

时间：2006年4~5月

工作：一是发挥村民中的党员的先锋带头作用和村民代表的"代言

人"作用，由他们在村民当中作表率，关注、了解社会主义新农村建设及其村庄整治的相关事务，将村民从日常的生产生活当中把注意力转移过来。

二是充分利用广播、电视、报纸等宣传媒体，多渠道多形式地宣传社会主义新农村建设和村庄整治实施的首要性和必要性，营造和强化舆论氛围，使广大村民在明白社会主义新农村建设及其村庄整治实施的目的、意义和具体要求的同时，也知道这是事关全社会长远发展和他们自己切身利益的大好事、大实事。

三是适时召开村民大会，宣传、讨论和发动工作并进，增强村民自觉投身社会主义新农村建设及其村庄整治实施的热情与渴望，在憧憬美好未来中思谋着自家该如何发展改变。

四是组织村民代表到省、市内社会主义新农村建设及村庄整治实施较好的典型村实地参观，切身体会典型村及其村民收获的成果，把他们的感受带回来，让全体村民也能真切地感受并认同社会主义新农村建设及其村庄整治实施是可以通过政府、社会和他们自己的努力达到的能看得见、摸得到的现实。

（2）实施建设的展开阶段

时间：2006年5月至2008年8月

工作：根据上级批准的村庄整治规划与行动计划，在完成村庄整治实施领导、组织、指导、监督等机构建立后，确定每年启动实施的项目工程，并按照市区主管建设机构规定要求等进行市场招投标，选定建设承接单位后陆续按村庄整治规划与行动计划中制定的年度计划实施。

（3）实施建设的总结验收阶段

时间：2008年8~12月底

工作：由市区政府及其职能机构协调拉塔湖村，先后组织技术专家和工程、安全、消防、卫生、环保等职能部门及财政、审计等部门对整治项目工程进行全面验收。全部验收结果都要经过村民代表会议或村民大会通过，并由黄家锡伯族乡政府及其职能部门帮助拉塔湖村形成村庄整治实施总结材料呈报沈阳市政府及其主管职能机构，区乡两级政府对村庄整治工作和参与人员予以总结与表彰。

附录3　拉塔湖村获得的荣誉

2001年6月　中共沈阳市新城子区委员会　先进党支部

2002年3月　中共沈阳市新城子区委员会、新城子区人民政府　文明单位

2005年12月　中共沈阳市新城子区委员会、新城子区人民政府　区村务公开和民主管理示范村

2006年2月　中共沈阳市新城子区委员会、新城子区人民政府　2004~2005年度社会治安综合治理先进单位

2006年6月　中共沈阳市新城子区委员会　新城子区2003~2006年度先进党支部

2006年6月　沈阳市民族事务委员会　沈阳市民族新村建设示范行动示范村

2006年6月　中共沈阳市委、沈阳市人民政府　村务公开民主管理示范村

2006年7月　辽宁省民族事务委员会　辽宁省少数民族社会主义新农村建设示范行动村

2006年12月　中共沈北新区委员会、沈北新区人民政府　2001~2005年法制宣传教育先进集体

2007年1月　沈阳市公安局　2006年度人民满意警务室

2007年1月　沈阳市社会治安综合治理委员会　2006年度基层平安建设先进单位平安村

2007年12月　沈阳市妇女联合会　沈阳市巾帼示范村

2007年12月　辽宁省村务公开协调小组　辽宁省村务公开民主管理示范村

2008年2月　辽宁省妇女联合会　辽宁省巾帼示范村

2008年10月　中共沈阳市委组织部　沈阳市农村党员干部现代远程教育工作"先进终端站点"

2008年3月　沈阳市社会治安综合治理委员会　2007年度平安建设十佳村

2008年10月　沈阳市创建"平安家庭"活动领导小组　沈阳市创建"平安家庭"活动先进示范村

2008年12月　辽宁省计划生育协会　红旗协会

2009年3月　辽宁省民族事务委员会　民族团结进步示范村

2009年5月　沈阳市维护妇女儿童与平安家庭创建领导小组　沈阳市"平安家庭"创建工作示范社区（村）

2009年10月　辽宁省人民政府　全省民族团结进步模范集体

2009年11月　中共沈北新区委员会、沈北新区人民政府　沈北新区生态区创建工作生态示范村

2010年1月　沈阳市防范和处理邪教问题领导小组　2009年度无邪教示范社区（村）

2010年3月　中共沈北新区委员会、沈北新区人民政府　2008~2009年度三八红旗集体

2010年4月　中共沈北新区委员会、沈北新区人民政府　2008~2009年度社会治安综合治理工作先进单位

2010年7月　中共辽宁省委员会　辽宁省"五个好"村党组织标兵

2010年　沈阳市人民政府　先进单位

2011年4月　沈阳市廉政文化进农村示范单位

2011年7月　中共沈阳市委授予先进党支部

附录4　村党支部书记马喜军获得的荣誉

1985年　农民教育先进工作者　沈阳市新城子区工农教育委员会

1986年　新城子区先进工作者　沈阳市新城子区人民政府

1986年　新城子区优秀共产党员　中共沈阳市新城子区委员会

1987年　优秀共产党员　中共沈阳市新城子区委员会

1988年　优秀共产党员　中共沈阳市新城子区委员会

1988年　尊师重教先进个人　中共沈阳市新城子区委员会、沈阳市新城子区人民政府

1989年　沈阳市1989年精神文明、科技致富标兵　沈阳市科学技术协会

1989年　社会治安综合治理先进工作者　中共沈阳市新城子区委员会、沈阳市新城子区人民政府

1989年　尊师重教先进个人　中共沈阳市新城子区委员会、沈阳市新城子区人民政府

1989年　沈阳市劳动模范　沈阳市人民政府

2001年6月　优秀共产党员　中共沈阳市新城子区委员会

2003年6月　优秀共产党员（2001～2003）　中共沈阳市新城子区委员会

2006年12月　2001～2005年法制宣传教育先进个人　中共沈北新区

委员会、沈北新区人民政府

  2007年　被中共沈北新区农林局聘为减轻农民负担义务监督员

  2008年4月　2005年度沈北新区防范和处理邪教工作先进工作者　中共沈北新区区委政法委

  2009年　国家生态区建设工作先进个人　中共沈阳市沈北新区委员会、中共沈阳市沈北新区人民政府

  2009年　被中共沈阳市委深入学习实践科学发展观活动领导小组办公室聘为沈阳市第二批深入学习实践科学发展观活动巡回宣讲团成员

  2010年被中共沈阳市沈北新区纪律检查委员会、沈北新区监察局聘为区纪委监察局特邀监察员

  2010年7月　沈阳市"五带头"农村优秀党员　中共沈阳市委员会

参 考 文 献

《锡伯族简史》编写组：《锡伯族简史》，民族出版社，1986。

王景新：《村域经济转型研究反思》，《广西民族大学学报》（哲学社会科学版），2008年5月。

杨桃源：《生活质量：中国人的新追求》，《瞭望新闻周刊》1999年第7期。

郭正林：《中国农村权力结构》，中国社会科学出版社，2005。

张时飞：《用参与式贫富排序方法识别农村低保对象：一项探索性研究》，http://www.docin.com/p-8396704.html。

詹天庠、陈义平：《关于生活质量评估的指标与方法》，《中山大学学报论丛》1997年第6期。

周长城、蔡静诚：《生活质量主观指标的发展及其研究》，《武汉大学学报》（哲学社会科学版）2004年第5期。

张友渔：《宪政论丛（下）》，群众出版社，1986。

〔法〕H. 孟德拉斯：《农民的终结》，社会科学文献出版社，2005。

王玉波：《中国传统生活方式的纬延与变迁》，1997年12月13日《人民日报》。

王跃生：《社会变革与当代农村婚姻家庭变动研究的回顾和思考》，《当代中国史研究》2002年第5期。

郭于华：《农村现代化过程中的传统亲缘关系》，《社会学研究》1994 年第 6 期。

徐婷：《农村社会分层与社会流动研究综述》，《中国市场》2011 年第 9 期。

李强：《社会分层十讲》，社会科学文献出版社，2011。

陆学艺：《中国社会阶级阶层结构变迁 60 年》，《中国人口资源与环境》2010 年第 7 期。

贺雪峰：《取消农业税后农村的阶层及其分析》，《社会科学》2011 年第 3 期。

白南生、何宇鹏：《回乡，还是进城？》，载李培林主编《农民工：中国进城农民工的经济社会分析》，社会科学文献出版社，2003。

许恒周、郭忠兴、郭玉燕：《农民职业分化、养老保险与农村土地流转》，《农业技术经济》2011 年第 1 期。

高帅、张朋、刘光建：《关于对农村劳动力迁移、知识流动与农村产业结构调整》，《理论研究》2011 年第 3 期。

龙翠红、易承志：《中国农村劳动力流动的格局与现代新型农民培养》，《经济问题探索》2011 年第 1 期。

赵梦媛、贾立平：《促进我国农村剩余劳动力流动的对策性思考》，《特区经济》2011 年第 2 期。

孙学敏、朱凤丽：《新生代农民工继续教育中的问题与对策研究》，《继续教育研究》2011 年第 1 期。

冯继康、钟钰：《论农村金融体系的缺陷与创新》，《齐鲁学刊》2007 年第 2 期。

张德元：《中国农村医疗卫生事业发展历程回顾与分析》，《中金在线》，2006 年 1 月 12 日。

杨国平：《中国新型农村合作医疗制度可持续发展研究》，复旦大学学位论文，2008。

陶勇:《农村公共产品供给与农民负担》,上海财经大学出版社,2005。

陆学艺:《当代中国社会阶层研究报告》,社会科学文献出版社,2002。

〔美〕乔纳森·布朗:《自我》,人民邮电出版社,2004。

图书在版编目(CIP)数据

辽河岸畔锡伯村/曹晓峰等著.—北京：社会科学文献出版社，2012.3
（中国百村调查丛书）
ISBN 978-7-5097-3114-7

Ⅰ.①辽… Ⅱ.①曹… Ⅲ.①乡村-社会调查-调查报告-沈阳市 Ⅳ.①D668

中国版本图书馆CIP数据核字（2012）第017588号

·中国百村调查丛书·拉塔湖村·

辽河岸畔锡伯村

著　　者／曹晓峰 等

出 版 人／谢寿光
出 版 者／社会科学文献出版社
地　　址／北京市西城区北三环中路甲29号院3号楼华龙大厦
邮政编码／100029

责任部门／皮书出版中心　（010）59367127　　责任编辑／丁　凡
电子信箱／pishubu@ssap.cn　　　　　　　　　责任校对／李　敏
项目统筹／邓泳红　　　　　　　　　　　　　　责任印制／岳　阳
总 经 销／社会科学文献出版社发行部　（010）59367081　59367089
读者服务／读者服务中心　（010）59367028

印　　装／三河市尚艺印装有限公司
开　　本／787mm×1092mm　1/16　　　印　张／18.75
版　　次／2012年3月第1版　　　　　　彩插印张／0.25
印　　次／2012年3月第1次印刷　　　　字　数／258千字
书　　号／ISBN 978-7-5097-3114-7
定　　价／49.00元

本书如有破损、缺页、装订错误，请与本社读者服务中心联系更换
版权所有　翻印必究